INTRODUCTION
TO CRIMINAL POLITICS

刑事政治导论

周建军　著

人民出版社

序

　　刑法与政治、统治,作为知识形态的刑法学与政治学,其相互联系是十分密切的。在历史上,政治学和法学曾长期结合在一起,例如,在古希腊,柏拉图的《理想国》和亚里士多德的《政治学》,是把政治和法律结合在一起来谈的,也就把政治学和法学结合在一起了。在中国,儒家学说曾长期占据思想领域的支配地位,伦理、政治、法律思想也就难解难分。在欧洲中世纪,天主教会居于统治地位,哲学、政治学和法学等学科都成了神学的附庸。古代印度的《摩奴法典》和公元 7 世纪出现的《古兰经》是宗教经典,也是法典。17、18 世纪资产阶级革命时期,这些学科才逐步摆脱神学的桎梏。但政治学和法学还是结合在一起。例如,洛克的《政府论》、卢梭的《社会契约论》,以至孟德斯鸠的《论法的精神》等作品,可以说都是兼具政治学和法学两种内容的著作。直到 19 世纪,两者才彼此分离,各自成为一门独立的学科。当然,国家、政府、政党等,都是法学和政治学所共同研究的问题,两者之间有紧密的联系也是不言而喻的。由此观察,如果我们将去政治化或者去意识形态化理解为祛除刑法知识的过度政治化或者过度意识形态化,或者清除那种将政治完全等同于阶级斗争的庸俗说教,我是赞成的;而如果将去政治化的目标定位在彻底地否定或者无视刑法的政治性乃至意识形态色彩,追求所谓的学术独立性和知识的纯粹性,则我以为是极不现实的。事皆有度,过犹不及,刑法与政治之间的天然联系应该得到科学的界定与正确的阐述,这就是我们学者的社会责任,更是法学学者的政治责任。刑法知识的过度政治化或者意识形态化固然是要反对的,但如果由此又走到刑法的非政治化或非意识形态化,同样会因为脱离社会现实而走向歧路。

三十多年来,我一直致力于刑事政策的研究,并积极尝试着将刑事政策提升到刑事政治的高度来认识。我的基本观点是:犯罪是蔑视社会秩序最极端的形式,因为犯罪的反社会性与社会危害性,也确立了国家统治的正当性或者合法性(legitimacy);犯罪现象从来都是政治国家和市民社会高度关注的基本问题,因而是政治学应该研究的基本问题;如果可以将亚里士多德的政治学理解为追求善的学问,则我所主张的刑事政治学就是如何治恶的学问,求善与治恶犹如一枚硬币的两面,是不可分离的;刑法是国家治理犯罪现象的最基本也最有力的手段,但从来不是唯一的手段;由于刑法特别是刑罚是最严厉的制裁,其所耗费的社会资源最大,因此刑法的干预具有最后性,必须在道德、纪律等非法律规范和民法、行政法等非刑法手段干预无效之后才能出手;刑法的作用和功能从来就不是自洽的,是不能自我满足的,其效力和效率取决于包括刑法在内的法律规范体系和非法律规范体系综合作用的发挥,因此刑法的作用具有附属性(subsidiarity);要有效治理犯罪现象,必须实行社会治安综合治理的战略,而综合治理的战略需要各种具体的制度加以贯彻落实;在社会转型和发展变化的过程中,犯罪现象在发展变化,治理犯罪的理念和宗旨也在发展变化,宽严相济的刑事政策符合和谐社会构建的目标,体现社会发展进步的要求,应该成为新时期的基本刑事政策,并为刑事立法的完善、司法制度的变革、社会治安的治理确定方向。

为此,我将刑事政策学称为治道,是治国的理念和方略,应该改名为刑事政治学。刑事政治学就是研究国家社会如何运用刑事法律科学来治理犯罪现象的学问。按照最通常的理解,刑事就是与犯罪有关的事务(crime-related matters,criminal affairs),而政治就是公共事务的管理,犯罪这一公共事务的管理或者治理就是刑事政治。因此,刑事政治学的宗旨就是要用政治学的常识、概念和方法来解释犯罪现象、犯罪本质、犯罪人、犯罪原因、刑事政策、刑事立法与司法等。

建军教授素来聪敏、勤奋,为人厚道,文笔犀利。2006年,他考入北京师范大学刑事法律科学研究院攻读博士学位时,便对刑事政策学产生了浓厚的兴趣。他夜以继日地钻研,发表了不少颇有见地的文章。2009年博士研究生毕业以后,一方面,他在博士论文的基础上完成的《刑事司法政策原理》被列入"十二五国家重点图书出版规划项目",并在 2015 年获得中国法学会"第三届优秀成果奖"三等奖;另一方面,毕业伊始,他便开始了《刑事政治导论》的写作。2015 年,他完成初稿,并打印好带给了我。此后,又经过长达两年的修改。这期间,他每每赴京,我们都要抓紧时间交流,甚至常常讨论到深夜。算起来,八年磨一剑,殊为不易,足见刑事政治理论的研究慎之又慎,绝难一蹴而就。

令人欣慰的是,本书不仅继续回应了刑法学与政治学的结合,还在善治理论的背景条件下正式、系统地提出了刑事政治理论的基本构成和治理目标。关于刑法学与政治学的结合,他明确提出:"刑事政治的命题,从形式上看,就是用政治学的原理来解释犯罪现象、犯罪人、犯罪原因、犯罪本质、刑事政策、刑事立法、刑事司法等问题。从根本上说,正如'政策'就是'政治'抑或'善治',刑事政策就是'治道''刑事政治'的提法,目的都是为了引入政治学的原理抑或常识来改造我们的刑事政策观念,改善刑事政策的合法性并实现刑事政策理论的正当指导。"在此基础上,他将刑事政治理论一分为三,即刑事政治原理、刑事反应理论和刑事批判理论,进一步论证了刑事政治理论的基本构成。很显然,这是"立法国家的智慧"(冯·费尔巴哈)与"作为组织艺术的刑事政策"(马克·安塞尔)的演绎和发展,具有重要的理论意义。

他明确提出,刑事政治的研究是以犯罪治理为目标的。犯罪治理是指各社会力量为抗制犯罪、增进社会福祉而采取的系统性反应。犯罪治理目标的确立既是一个政治问题,也是一种哲学范式。说它是个政治问题,主要是基于民生福祉抑或"生活改善"需要作出的判断。相对于犯罪治理目标显而易见的政治本质,它的哲学范式要复杂得多。考虑到犯罪治理目标的动态性和系统性,犯罪治理目标的确立至少包含以下三个方面的哲学范式:商谈的范式、相对的范式和系统的范式。以上均是建军教授对刑事政治理论研究的新见解。这样的见解虽然远未达到共识的境界,但我深信,它必将推进刑事政治理论研究的不断深入。

总的来说,我们的刑事政治理论研究并不是要与法律职业的专门化和法律知识理论的学术化等趋向唱反调,而是想说明一个基本的道理——法学乃治国之道,法律是治国之重器,良法是善治之前提,唯有良法才能促进发展、保障善治,而如何判定良法其实是政治问题。在法律地位日隆的当今社会,法律人对自己的专业和职业应该有层次更深的诠释、目标更高的期许。特别是尚未踏上职业之路的法律学子们,不仅要有法学的知识和方法,同时要具备政治学的基本素养;不仅要有法学的根底,而且要有政治家的头脑,从而很快走上依法治国的第一线,为建设社会主义法治国家做出更大的贡献。

卢建平

二〇一七年十一月十九日

目　　录

绪　言

按说在法治传统下，本不需要就公共事务的善治目的及其公共参与原则做出特别说明。正如西方主要国家的情况，民生福祉与公共参与乃公共事务不言自明的要求，政策(policy，即政治、公共政策)的制定、施行务必会给予足够的尊重。但对当代中国来说，情形有所不同。众所周知，在我们的现实生活中，善治传统远未形成，公共参与的理念和范式还很缺乏，以至于政治层面的刑事政策理论和适用甚至遭到了部分杰出学者的质疑。因此，以犯罪治理为目的，以商谈、相对、系统为主要范式，以公共参与和系统治理为主要进路的刑事政治理论需要在澄清政治本义的基础上，对犯罪治理的善治本质及其反应的系统化(科学化)和公共参与(民主化)作出专门说明。在此基础上，广义刑事政策理论(即刑事政治理论)也将在犯罪治理目标的确立和实现中以民主化和科学化为原则改善刑事政策理论的合法性，对刑事立法、司法和相关公共政策起到良好的指引作用，协同推动当代中国的治理改革，促进民生福祉的改善。

刑事政策理论与政治(即"善治")理论之间具有莫大的联系。长期以来，国内习惯于将"政策"理解为党和国家的意志(利益)反应，抑或阶级统治的工具。这个意义上的"政策"，能较好地辅助国家权力起到发号施令的作用。然而，政治学的研究表明，政治原本是指人类社会追求更好的生活的努力，核心乃公共问题的公共解决。两相比较，后者较好地实现了实质理性与程序理性的统一，更有利于国家权力的控制与法治环境的改善。同时，基于更好的生活的需要或公共问题公共解决的要义，多元参与及其利益冲突——妥协也是现代社会的基本准则。更为重要的是，上述基本准则还秉承了市场经济的机理，也将随之成为"良法善治"目标体系下贯穿经济、政治、社会领域的正常生活。

然而,从多元参与的角度来讲,国家和政党都只是社会力量的重要组成部分。唯其如此,才有在自利、自愿的基础上动员尽可能多的社会力量,形成相关社会力量体系的现实可能。因此,在党和国家提出"推进国家治理体系和治理能力现代化"目标的时候,我们不得不思考这样一个重大的理论和现实问题:犯罪治理如何实现治理体系和治理能力的现代化? 本书以为:一方面,治理体系的现代化,首先要解决的是治理主体和力量的多元化;另一方面,治理能力的现代化离不开治理方法抑或治理反应的体系化。落实到犯罪治理问题,源于犯罪存在的自然属性,消灭犯罪本无可能,犯罪控制的目标亦有失偏颇,为此犯罪治理目标的科学确立,犯罪治理力量和反应的多元化、系统化等将在犯罪治理体系和能力的现代化方面起到关键性作用。

犯罪治理从属于"善治"(good governance)或"治理"(governance)的范畴。治理亦称治道,源自古典拉丁文或古希腊语"操舵"(steering)一词,原意是控制、引导和操纵,是指在特定范围内行使权威。从国内的情况来看:1999年,俞可平先生的《治理和善治引论》率先对"治理"和"善治"展开了专门的研究。俞可平先生提出,有别于"统治""管理"等词汇,"治理一词是指在一个既定的范围内运用权威维持秩序,满足公众的需要。治理的目的是在各种不同的制度关系中运用权力去引导、控制和规范公民的各种活动,以最大限度地增进公共利益。"[1]"它隐含着一个政治进程,即在众多不同利益共同发挥作用的领域建立一致或取得认同,以便实施某项计划。"[2]在此基础上,有学者提出:作为一种治国理政的方略,善治包括民主治理、依法治理、社会共治、贤能治理、礼法合治五个方面的内容。[3] 也有学者从政府的角度提出:善治政府应当是一个适度型、服务型、责任型、开放型的有限政府。[4] 上述观点有一定的代表性,对犯罪治理理论的研究也有一定的启示作用。尽管学界对"治理"是否具有区别于统治、管理的含义提出了不同的意见,但在西方国家,更多的研究人员认为:"我们启用'治理'(governance)这个词汇是因为真的不知道如何

---

① 俞可平:《治理和善治引论》,载《马克思主义与现实》1999 年第 5 期。
② 俞可平:《治理与善治》,社会科学文献出版社 2000 年版,第 5—10 页。
③ 参见王利明:《法治:良法与善治》,《中国人民大学学报》2015 年第 2 期。
④ 参见肖金明:《构建善治型政府》,载《理论参考》2014 年第 2 期。

去形容正在发生的事情……治理这个概念历史悠久。此前,作为一个政治学概念,它仅限于国内事务的范畴。然而,它日渐应用于超越国家的政治事务……"①国内也普遍认为:"虽然治理理论目前还在讨论完善之中,但它打破了社会科学中长期存在的两分法传统思维方式,即市场与计划、公共部门与私人部门、政治国家与市民社会、民族国家与国际社会的两分,它把有效的管理看作是两者的合作过程……政府不是管理权力的唯一来源,市民社会同样也是管理权力的来源;它把治理看作是当代民主的一种新的实现形式。"②不难看出,尽管"治理"这个概念有一段较长的历史,但它的含义和要求仍然处在发展、变化的阶段,并非完全确定的。尤其对我们来说,市民社会尚未完全建成,国家包办公共事务的问题依然严重。在这样的背景下,如何系统地诠释治理的含义和要求,如何将治理理论与犯罪抗制③的事务结合起来,既要考虑到治理理论的渊源和本义,也要考虑到中国社会的实际情况。概言之,西方国家抑或外国学者认为理所当然的规则和要求,未必能照搬照套。即便他们觉得治理和管理之间未必存在很大的差别,也不影响我们根据改善国家治理的基本需要,深入研究治理理论,推动良法善治与民生福祉的改善。

　　总的来说,犯罪治理目标的确立既是一个政治问题,也是一种哲学范式。说它是政治问题,主要是基于民生福祉或"生活改善"需要作出的判断。尽管亚里士多德"城邦的长成出于人类'生活'的发展,而其实质的存在却是为了'优良的生活'……又事物的终点,或其极因,必然达到至善,那么,现在这个完全自足的城邦正该是(自然所趋向的)至善的社会团体了"④的观点提出至今,久达两千多年,但政治学依然将"民生福祉抑或生活改善"作为最核心的内容。例如,俞可平教授提出:"治理和善治思想对于中国的政治改革而言具

① Klaus Dingwerth and Philipp Pattberg, *Global Governance as a Perspective on World Politics*. *Global Governance* 12,2006,pp.187–188.

② 郝铁川:《从"统治"到"治理"——一种新的社会管理理论评价》,载《文汇报》2002 年 6 月 7 日,第 11 版。

③ "犯罪抗制"是刑事政策创始人费尔巴哈的提法。费尔巴哈把刑事政策定义为:"以科学的方法研究犯罪原因及刑罚成效,获得抗制犯罪的各种原理,国家根据此原理,运用刑罚及类似手段来抗制犯罪。"根据不同的译文,也有译作"犯罪抗制"。

④ [古希腊]亚里士多德:《政治学》,吴寿彭译,商务印书馆 1965 年版,第 7 页。

有特别重要的意义,中国政治发展的基本目标之一,应当是不断走向与社会主义市场经济体制相适应的善治。"①此外,诸如"民有、民治、民享","人民当家作主"之类流传甚广的提法,也都与民生福祉抑或"优良的生活"之间具有密不可分的关系。我们提出犯罪治理是一个政治问题,也是指犯罪抗制关联着社会治理与民生福祉,与"优良的生活"的政治诉求之间具有源流的关系。倘若不能考虑到这一点,仅从传统刑事政策理论或传统规范刑法学的观点出发,夸大刑法学、刑事政策学的纯粹性和专业性,势必存在"只见树木不见森林"的弊端。② 简言之,犯罪治理目标所具有的政治属性既是自利人性的必然要求,与政治科学的核心思想相吻合,又将在指导立法、司法,进而形成系统、科学的犯罪治理反应体系过程中确定其灵魂、指南式的法意地位。

相对于犯罪治理目标显而易见的政治本质,它的哲学范式要复杂得多。当然,法学界对这一点是有共识的。例如,贝罗尔茨海默尔(Berolzheimer)提出,政治是"法哲学的零钱",反过来说,法哲学是"世纪标准中的政治"。古斯塔夫·拉德布鲁赫(Gustav Radbruch)提出:"正如哲学无非是对生命的阐释,法哲学也无非是对日常政治的阐释,或者反过来说,党派的斗争也是一场出色的法哲学讨论。"③然而,从系统理论的角度来看,法哲学及其"零钱"更像整体轮廓与内在进路的关系。犯罪抗制的整体改善关乎"更好的生活",从属于善治或政治的范畴,这是显而易见的,但整体改善犯罪抗制的哲学进路则要复杂得多。所有这些也都表明从政治本质到哲学范式的研究不仅意味着研究的深入,更意味着犯罪治理目的及其政治本质的可行性。考虑到犯罪治理目标的动态性和系统性,犯罪治理目标的确立至少包含以下三个方面的哲学范式:商谈的范式、相对的范式和系统的范式。

从哲学层面来讲,商谈不仅是一种交往理性,更是自然有效④的反应模

---

① 俞可平:《增量民主与善治》,社会科学文献出版社 2003 年版,第 161 页。

② 但从国内的研究情况来看,这一点恰恰是很严重的。

③ 〔德〕拉德布鲁赫:《法学导论》,米健、朱林译,中国大百科全书出版社 1997 年版,第 3 页。

④ 源于犯罪存在的自然属性,犯罪治理需要在自利人性的基础上确立多元、渐进、妥协的反应模式。与亚氏提出来的城邦(善治)理论相似,相关反应模式也以自然人性的显明,更好的生活抑或至善为目的,反对激进、极端的反应形式。因此,犯罪治理目标体系下的反应模式具有突出的自然有效性质。

式。更重要的是,类似于市场经济的商品交换理论,商谈的哲学范式还蕴含着以商谈、交往(交换)促进公共参与进而改善刑事政策民主的进路。需要强调的是,犯罪治理亦属公共事务的范畴,民主化始终贯穿于相关事务的重要目的和要求。当然,这一点原本也是尤尔根·哈贝马斯(Jürgen Habermas)的商谈理论和尼古拉斯·卢曼(Niklas Luhmann)的社会系统理论极为看重的。在《在事实与规范之间:关于法律和民主法治国的商谈理论》一书中,哈贝马斯明确提出了商谈理论(原则)的关键所在:"公民自我立法的观念不应该被归结为单个个人的道德自我立法。对自主性必须作更普遍的和更中立的理解。为此我引入了一条商谈原则,这条原则对于道德和法起初是一视同仁的。商谈原则首先应该借助于法律形式的建制化而获得民主原则的内容,而民主原则则进一步赋予立法过程以形成合法性的力量。关键的想法是:民主原则是商谈原则和法律形式相互交叠的结果。"①在其社会理论中,卢曼也提出了"沟通决定社会(系统)的存在性问题"②。若从社会制度上做进一步的考虑,商谈的哲学范式还与卢梭的社会契约理论之间具有高度的契合性质。亦如本书在第一章第二节"卢梭:社会契约与犯罪治理协议"中阐明的:"在我们这样一个国家主导,甚至坐拥绝大部分权力资源的国家,市民社会尚未建成,社会权力有待培养……我们仍然需要从社会契约等国家学说中汲取合理的因素,改善包括犯罪治理在内的各种公共事务的处理。"不难看出,汲取了社会契约思想、商品交换原理合理内核的商谈范式将在国家权力的控制和民主原则的"获得"中进一步改善社会制度的机理。

相对范式是相对主义范式的简称,是在相对理性基础上发展起来的,以多元主体和利益折中为主要内容的关系模式。西方的哲学理论普遍认为相对主义(relativism)是一个具有"源于或决定于其他相关事项"含义的概念。③法哲学的研究也印证了这一点。例如,拉德布鲁赫在其代表作《法哲学》中提出:

<hr>

① [德]哈贝马斯:《在事实与规范之间:关于法律和民主法治国的商谈理论》,童世骏译,三联书店2003年版,第148页。

② Niklas Luhmann, *Theory of Society Volume*1, Trans. by Rhodes Barrett, Stanford University Press,2012,p.48.

③ Paul O'Grady: *Relativism*, Acumen Publishing Limited, 2002, p. 5; Timothy Mosteller: *Relativism:A Guide For The Perplexed*,Continuum International Publishing Group,p.2.

"相对主义能够证明多种世界观,它可以在没有自己立场的情况下,坚守对最终的价值评判立场的阐述……相对主义之所以能够放弃各种有争议的价值评判之间的自身立场,是因为它认为所有这些立场或者这些立场中的每一个所具有的唯一职责特点就是其代表人物都具有相同的权利,还因为它相信,被我们的意识排除在外的,而与更高一层的意识相处和睦的东西,就是我们需要的。"①所谓"与更高一层的意识相处和睦的东西",在拉氏的另一本著作中说得更明白一些:"相对主义既讲坚持己见,又讲公正对待异见。""相对主义,同时包含着唤起斗争和提醒尊重,在证实其对手所信奉的观点不可证明时就要对此进行斗争,在表明其对手所信奉的观点不可辩倒时就要对此表示尊重:一方面要做到果敢斗争,另一方面要做到判断宽容和公正——这就是相对主义的品德。""在相对主义、中立性和宽容思想的背后存在着的,是自由的实证价值,是法治国的自由,是作为个性生长之地的自由,是作为文化创造之基础的自由。"②源于相对主义对其他事项的承认和尊重,及其公正对待异见的要求,相对主义具有突出的多元主义特征。保罗·奥·格雷迪(Paul O'Grady)甚至提出,多元主义特征还是判断相对主义概念是否理性、科学的标志。③ 对刑事政治理论来说,相对主义的多元特征将有助于片面、极端化的刑事政策观念的改善。当代中国,尽管市场经济和法治建设的进步显而易见,但依然存在片面、极端化的刑事政策观念。众所周知,片面化、极端化刑事政策观念对犯罪抗制与民生福祉的改善极为不利,相对主义甚至因此应当成为刑事政治理论的基本模式之一,具有重要的政治、哲学地位。当代中国的犯罪抗制,也必须考虑到中国共产党的领导地位和作用。对中国共产党来说,也存在犯罪抗制路线忽左忽右的危险。因此,能否形成一个主体多元、利益共享的反应模式,以此消弭路线、主义的极端变化,引领犯罪治理的科学发展,切实履行好"更好的生活"的政治本质,将有利于中国共产党政治地位的巩固和发展。具体体现到犯罪治理的理念,能否公正对待犯罪人、刑事被害人的利益,尊重其主

① [德]G.拉德布鲁赫:《法哲学》,王朴译,法律出版社2005年版,第13页。
② [德]G.拉德布鲁赫:《法律智慧警句集》,舒国滢译,中国法制出版社2001年版,第21—22页。
③ Paul O'Grady:*Relativism*,Acumen Publishing Limited,2002,p.5.

体资格和"不能辩倒的"利益,也将成为刑事政治理论需要重点关切的模式层面。受此启发,笔者曾以"刑事政策的相对性质""分子抑或分母:犯罪人主体地位的提出"等为题提出了建构犯罪治理多元模式的初衷。但是,相对主义范式所涉既广且深,政治观念与哲学模式的改善还只是犯罪治理理论和实践最终得以形成"至善"局面的关键所在。其他的,诸如如何进一步形成以商谈、自利、相对为根本特征的哲学模式,使之与以平等、自利、交换为根本特征的市场经济模式协调、一致等,也将成为相对哲学范式和刑事政治理论重要旨趣。话说回来,正因为犯罪治理事务所涉如此广泛(甚至需要纳入社会治理的范畴),以犯罪治理为主要目标的刑事政治理论也必然得到所涉既广且深的相对范式的支撑。

系统范式是指以功能或利益的增进为目的形成的整体反应模式。众所周知,源于犯罪抗制的复杂性,李斯特提出了"最好的社会政策就是最好的刑事政策"的著名论断。尽管上述论断的具体含义有待进一步挖掘,但它对犯罪治理系统范式的支撑却是不言而喻的。犯罪治理的系统范式,主要是指以犯罪治理功能抑或利益的增进为目的形成的整体反应模式。犯罪治理功能抑或利益的增进,不仅取决于犯罪抗制事务的逐步改善,也取决于在犯罪抗制事务中凸显出来的,各社会边缘人士主体地位和利益的保障和恢复。亦如社会学"木桶理论"所揭示的,各社会边缘人士地位和利益的保障,既是犯罪抗制的重要内容,也是社会治理水平的标志。因此,犯罪抗制事务的改善与社会治理的整体水平之间存在一种以"最好的社会政策就是最好的刑事政策"的论断为标志的关系。当然,对上述关系的具体理解是系统、动态的。从静态的意义上讲,经由上述关系,不仅可以剖析出社会因素的犯罪学意义,而且可以进一步得出刑事政策的本质——以犯罪治理为目的的社会政策。从动态的意义上讲,上述关系必将成为犯罪治理运动(主要是指社会政策的刑事政策化和刑事政策的社会政策化)的主要动力。一言以蔽之,犯罪治理的系统范式不仅决定了刑事政策的科学本质,而且经此形成了犯罪治理反应的基本模式——社会治理的整体反应。

在刑事政治理论的研究中,笔者始终能感受到来自犯罪治理理论和实践层面的迫切需求。不论是刑事政治理论基本范畴的澄清,还是相关哲学范式、研究方法的阐明,都存在突出的现实基础和需求。其中,又以犯罪治理目的的确立和实现最为迫切。一方面,犯罪治理目标的确立具有重大的现实意义,而非单纯的辞藻更替或学术山头主义。当然,这一点要从中国犯罪抗制的现实基础说起。当代中国的犯罪抗制,无论理论抑或实践,长期受"管控"思维、意识形态与利益格局的影响,出现了社会治理的严重不足。现实层面,控制犯罪或犯罪控制依然是各国刑事法理论和实践中再频繁不过的思维和词汇。考虑到各国政制、政策基础的不同,西方国家的"犯罪控制"(crime control)理论更容易从多元主体、利益妥协的思维出发,通过多元参与、系统治理的方法形成商谈、相对、系统的范式,因而具有犯罪治理(crime governance)的实质。换句话说,在西方国家的政制基础上,他们的犯罪控制思维更多地融合了商谈、相对、系统的哲学范式,更容易形成犯罪治理的思维和进路。然而,国内的"犯罪控制"论者往往意识不到这一点,迄今依然以为:"犯罪控制,是指基于犯罪条件的揭示,由国家与社会采取各种措施与方法,致力于减少、消除犯罪发生的致罪因素,对于个体犯罪现象以及社会犯罪现象,予以限控与遏制的一系列活动。"①尽管上述理念坚持声称其犯罪控制主体具备了从国家、社会组织到个人的"全方位"特征,其方法也具备"综合多样"的特征,但这样一种"致力于减少、消除犯罪发生的致罪因素"的控制理念在初步具备多元主体思维的进步之余依然存在以下两个方面的不足:其一,存在对犯罪自然存在规律的忽视;其二,对犯罪人、被害人等利益攸关者的地位和作用的研究也存在一定的软肋。要知道,从犯罪自然存在规律出发,犯罪的地位和作用是相对、复杂的,致罪的因素也是辩证、系统的,且必然存在未必能被减少、消除的部分。申言之,尽管主体貌似已经多元,但"致力于减少、消除犯罪发生的致罪因素"的犯罪控制理念依然存在违背犯罪存在规律,忽视犯罪人、被害人主体地位和利益的局限性。更何况,"综合多样"的方法与理性、系统的犯罪治理方法之间也存在根本性差别。因此,犯罪治理目标的提出依然具有重要的地位和作用。另一方面,从"国家治理体系和治理能力现代化"的政治目标出发,犯罪治理

---

① 张小虎:《犯罪预防与犯罪控制的基本理念》,载《河南政法管理干部学院学报》2008 年第 1 期。

目标的确立和实现也是紧迫、必然的现实要求。2013 年 11 月,中国共产党正式提出了"推进国家治理体系和治理能力现代化"的总目标,注重改革的系统性、整体性和协调性。根据公共政策和系统理论的研究,现代化的国家治理体系必然是在尊重相关主体地位和利益的基础上,全社会广泛参与的社会治理体系。在社会治理体系中,国家不过是其中重要但非唯一的主体。古希腊城邦的历史早就证明,没有国家的时候,社会治理也能达到较高的水平。反观一些极权国家,国家权力的极端"控制"使得民生凋敝、人性凋零,与善治愿景相背而驰。因此,"国家治理体系和治理能力现代化"既是国家参与社会治理,实现善治目标的主动担当,也是国家改善管理(控制)主体地位,在尊重事务属性和规律的基础上,以商谈、相对、系统的范式确立公共事务反应机理的自我约束。从商谈、相对、系统的范式来说,国家既是犯罪治理的重要参与者,也只是犯罪治理的参与者,决不能以犯罪治理事务的包办者自居。在国家包办犯罪抗制事务的传统中,盛行片面、压制性的刑事政策,很难形成国家与其他社会主体商谈的范式,犯罪抗制的方法也具有非理性、非系统的特点,"头痛医头脚痛医脚""重刑有余轻刑不足"等方面的问题始终不能得到有效的回应。因此,"国家治理体系和治理能力现代化"本质的澄清,社会治理思维的确立,犯罪抗制事务的改善,都有赖犯罪治理目标的确立和实现。尤其在"国家治理体系和治理能力现代化"的政治愿景下,犯罪治理目标的确立和实现将在厘清国家治理本质的基础上推行商谈、相对、系统的哲学思维和范式,为社会治理体系和能力的现代化铺开一条现实的路径。考虑到转型中国的实际情况和中国共产党的改革决心,上述路径无疑是必然、迫切的。

尽管刑事政治理论所承载的理论和现实意义已经引起了部分学者的关注,但缘于僵化的罪刑法定原则等思想观念的影响,相关哲学范式和治理进路的确立并非易事。为此,我们有必要对它的历史、基本范畴和学术使命作出说明,借此推动相关理论和实践的逐步改善。在相关历史的研究中,我们以为现代意义上的刑事政策思想大抵属于启蒙时期以后的事情。特别是孟德斯鸠(Charles de Secondat,Baron de Montesquieu)、卢梭(Jean-Jacques Rousseau)、切萨雷·博尼萨纳·贝卡利亚(Cesare Bonesana Beccaria)、保罗·约翰·安塞姆里特·冯·费尔巴哈(Paul Johann Anselm Von Feuerbach)、尤尔根·哈贝马斯

（Jürgen Habermas）、拉德布鲁赫（Gustav Radbruch）、弗兰兹·冯·李斯特（Franz Von List）等人以国家治理抑或刑法制度为核心展开的理论批判对广义刑事政策理论的形成、发展起到了突出的支撑作用。其中，孟德斯鸠在"法意的探寻"中将法律的精神界定为"源于事物本性的关系"，它也奠定了刑事政策与刑事法律之间"相类而不相同"的二律背反关系的基石。究其实质，刑事政策所具有的改善犯罪抗制以实现更好生活要求的性质也具有根本层面上的"法意"本性。相形之下，以卢梭的社会契约理论为基础的国家学说对犯罪治理理论的影响力主要侧重于相关体系和能力完善的启示。尤其在犯罪治理协议层面，基于社会契约理论，犯罪治理不再是国家一己之力的事务，因契约而生的刑事司法权力也更容易被纳入相对、商谈的界面，进而改善刑事政策的民主基础，提升犯罪治理的内生动力。从形式法治主义出发，罪刑法定原则一向被奉为规范刑法的"最高原则"。但是，考察"近代刑法学之父"——贝卡利亚的刑法思想（尤其追求"最大幸福"的刑法思想），作为罪刑法定原则基础的社会契约，其目的主要在于公共利益的改善。申言之，贝氏废除死刑的主张、预防犯罪的目的、正当程序抑或犯罪嫌疑人权利的保障，都建立在公共利益保护、衡量的基础之上。因此，在罪刑法定原则之上还有公共利益的衡量与保护。也就是说，较之罪刑法定原则，公共利益的保护具有更为优先的实质理性地位。

严格说来，作为刑事政治理论基石之一的功利思想亦应阐释为社会福利思想。区别于一般意义上的利益衡量，社会福利思想更加注重包括机会和结果的系统性改善，即社会福利的系统改善。所谓社会福利的系统性改善，主要包括四个方面的要求：第一，它不是指贫困的消除，而是贫困的改善。市场经济条件下，贫困是相对的，但也是必然的存在。因此，贫困只能被改善，而不能被消除。第二，它是改善性的，而不是结局性的。根据自利的人性，难以划分出社会利益的顶限。加之贫困的界定、相关的因素也都是系统、复杂的，社会福利的改善不存在一劳永逸或终局性的标准。第三，系统性的改善是公共参与条件下的利益实现。反过来，没有行为人的自愿参与，财富的增加未必符合行为人的利益诉求。第四，考虑到以竞争促进社会发展的基本规则，社会利益的扩大也离不开公共参与的改善。因此，从系统、动态的意义上讲，社会福利的系统改善也算得上一种公共参与条件下的利益实现。其中,还伴随着底线保障的逐步抬升。此外,建立在社会福利系统改善基础上的刑事政治理论,不仅存在商谈、相对、系统的范式,更强调批判理性与方法的建构。所谓理性,主要是指事务属性和规律。作为公共政策的刑事政策必然具有多元参与、系统治理的特性。因此,源于公共政策的多元利益和批判理性,刑事政治理论具有突出的批判特性。与此同时,广义刑事政策理论的研究也表明,作为批判犯罪学的刑事政治研究有助于犯罪原因和功能的全面揭示;作为批判刑法学的刑事政治理论也将在维护统治利益的目标(保守性)中保持必要的张力(进步性),以满足合法化的要求。考虑到中国社会的实际情况,刑事政治理论还要结合刑法修正、司法改革等现实途径展开理性的批判研究,改善犯罪治理的体系和能力。从最终的意义上讲,没有批判的理性抑或理性的批判就没有科学的批判理论,科学的刑事政治理论也将无从谈起。

因此,在刑事政治理论的系统研究中,既要立足日常政治抑或"更好的生活"等显而易见的知识诠释好相关理论的"善治"(政治)本质,又要结合相关哲学范式,引导刑事政治理论进入相对、协商的治理进路,推动相关理论的民主化和科学化。亦如前文所言,汲取了社会契约思想、商品交换原理合理内核的商谈范式将在国家权力的控制和民主原则的"获得"中进一步改善社会制度的机理。可见,民主本身是个好东西①,民主原则所承担的改善社会制度机理的功能也不容小觑。尤其在中国共产党提出"国家治理体系和治理能力现代化"的背景下,亟须结合民主原则的要求准确理解"国家治理"的含义,并将"国家治理"与"作为社会政策的刑事政策"结合起来,探寻"最好的刑事政策"的存在,诠释"社会治理"的机理,推动犯罪治理与社会治理的整体改善。与刑事政治理论民主原则的机理改善相比,刑事政治理论的科学化更侧重于犯罪治理基础的理性化与治理方法的知识积累。犯罪治理基础的理性化,主要是指犯罪治理需要符合犯罪存在的自然基础和客观规律。研究表明,犯罪的自然存在是科学的犯罪抗制的基础。但是,传统的刑事政策理论更习惯于

---

① 参见俞可平:《民主是个好东西》,载《民主》2007年第1期;闫健编:《民主是个好东西:俞可平访谈录》,社会科学文献出版社2006年版,第1—5页。

从消灭或控制犯罪的理想出发,妄图一劳永逸或采用一种方法彻底解决所有的犯罪问题。然而,犯罪是一种自然存在。犯罪治理,一忌悖言乱辞,妄图消灭犯罪,不过徒劳无功;二忌遁天妄行,不尊法理,终无裨益。① 因此,科学的刑事政策理论务必要从犯罪的自然基础出发,遵循犯罪问题的属性和规律,为犯罪问题的系统抗制奠定科学的基础。犯罪治理方法的知识积累是指犯罪抗制要在系统理论的指导下,充分汲取犯罪学、刑法学、政治学、经济学等关联学科的知识,改善犯罪抗制的力量和方法,形成犯罪治理的系统反应。可见,犯罪治理需要介入的力量和方法丝毫不亚于任何其他社会问题,相关体系的科学程度也足以达到"最好的社会政策"的要求。究其实质,刑事政治理论也算是我们对"最好的社会政策就是最好的刑事政策"这一至理名言的系统诠释。概言之,刑事政治理论的任务就是从犯罪存在的自然属性和规律出发,系统研究犯罪地位和功能的相对性质,理性对待必然存在且未必能被减少、消除的犯罪问题,并以商谈、相对、系统的哲学范式开展批判犯罪学、批判刑法学的研究,建构起与市场经济、国家治理、社会治理相适应的犯罪治理理论和体系。

---

① 亦如拙文《犯罪治理的斯芬克斯之谜》所言:"基于现实的损害,犯罪是可恶的。但这个可恶的东西,从来就不是一个绝对确定的存在。初始的时候,衣不裹体,食不果腹,天谴神罚,共妻公有,但凭一己之力;尔后私念渐生,文明见长,泾渭分明,家国天下,始有'犯罪'之谓。然而,犯罪的存在并不以犯罪的名义为前提。恶行、不轨、越轨、虞犯、病态也都是它的别名。它日出而作,日落不息,亘古如斯。再者,普天之下,没有不生病的人类,也没有不犯罪的社会。这个可恶的东西,虽有恶名,亦有裨益。类似于伊甸园里的青苹果,它引诱出人类的'原罪',但也启发了我们的智慧。更何况,谁是谁的谁,东边日出西边雨,张家的犯罪未必不是李家的功德。可见,犯罪本乃自然的存在,生生息息。"载《检察风云》,2016 年第 5 期。

第一章 刑事政治的法意与历史

基于犯罪所具有的恒久、难缠的属性,犯罪这一公共事务的治理必然属于公共事务抑或公共政策(public policy 抑或 policy)的范畴,具有治道的性质。考虑到国家治理(社会治理)的理性和渊源,现代意义上的刑事政策思想大抵属于启蒙时期以后的事情。其中,孟德斯鸠、卢梭、贝卡利亚、边沁、李斯特等人以刑法制度抑或国家治理为目的展开的治理理论批判对广义刑事政策理论的形成、发展起到了突出的支撑作用。在此基础上提出来的犯罪治理协议、"李斯特鸿沟"的误读、"最好的社会政策"的诠释等,将引导刑事政策理论进入协商、治理的进路,为刑事政治理论的民主化和科学化奠定重要的思想基础。

鉴于刑事政治理论所具有的立法指南和司法指导作用,刑事政治理论具有必然的法意[基于刑事指南(guideline)的含义所具有的相通但不等同于法律的本意]。在其法意的理解中,尤其需要将其区别于狭义的刑事政策理论。本书认为,区别于传统、工具意义层面的刑事政策理论,广义刑事政策理论(即刑事政治理论)是一种理性、系统的犯罪治理观念和方法论。但是,基于人性多元、普遍的性质,理性的犯罪治理观念也需要考虑到犯罪消灭抑或犯罪控制的自发性反应,并给予必要的引导。从这个意义上讲,广义刑事政策理论也是狭义刑事政策理论的扬弃,二者绝非决然对立的关系。

第一节 孟德斯鸠:法意探寻与刑事政治的法意

孟德斯鸠是法国启蒙思想家,古典自然法学派的代表人物,国家理论三权分立学说的奠基人。对刑事政治理论而言,他的理论在政治法意、刑法法意的探寻和刑法目的的重构等方面依然发挥着重要作用。

一、再论法意的探寻

在《波斯人信札》中,孟德斯鸠通过对宗教仪式、迷信及其争议的描述,指出宗教应以"遵守法律、热爱人类、孝顺父母"为宗旨的本质:

"有一个人,天天向上帝这样祷告:'主呵,关于你,人们作吵闹不休的争执,我一点也不懂。我愿意按照你的意志为你服务,可是我所请教的每一个人,都要我按照他的样子为你服务。我向你祈祷时,不知道应当用何种语言。我也不知道应该采取何种姿势:有人说我应当站着向你祷告;另一个人叫我坐下;又一人非让我跪着不可。不仅如此,有些人认为我必须每晨以冷水沐浴;按另一些人的意见:如果我不把身上皮肉割去一小块,你就会用憎恶的目光看我。有一天,我偶尔在一家商贩客栈里吃了兔肉。旁边有三个人,他们把我吓得发抖。他们三个全对我表示,说我严重冒犯了你。其中一个人说,因为兔子是肮脏的畜生;另一个说,因为那兔子是被窒息而死的;最后那个人说,因为我吃的不是鱼。有一婆罗门教徒从旁走过,我请他判断,他对我说:'他们都错了,因为显然你没有亲手杀死兔子。'"①

在对宗教仪式、迷信的批评中,孟德斯鸠树立了他探寻(宗教)事务本意的范式。这一点,在他对法意的探寻中得到了进一步发挥。当然,论及法意的探寻,《波斯人信札》只是《论法的精神》的铺垫抑或准备:

"我时常寻求,哪一个政府最符合理性。最完善的政府,我觉得似乎是能以较少的代价达到统治目的的政府;因此,能以最合乎众人的倾向于好尚的方式引导众人,乃是最完善的政府。

如果在温和的政府之下,人民驯顺,不下于在严峻的政府之下,则前者更为可取,由于它更符合理性,而严峻是外来的因素。

亲爱的磊迭,你不妨相信,在刑罚多少偏于残酷的国家,并不使人因

---

① [法]孟德斯鸠:《波斯人信札》,罗大冈译,人民文学出版社1958年版,第73页。

此更服从法律。在刑罚较轻的国家,人们惧怕刑罚,也不下于刑罚残暴恶毒的国家。

无论政府温和或残酷,惩罚总应当有程度之分;按罪行大小,定惩罚轻重。人的想象,自然而然适合于所在国的习俗:八天监禁,或轻微罚款,对于一个生在温和国家的欧洲人,其刺激的程度,不下于割去一条手臂对一个亚洲人的威吓。某种程度的畏惧,联系在某一程度的刑罚上,而个人按自己的方式,分别程度之轻重。一个人法国人受了某种惩罚,声名扫地,懊丧欲绝;同样的惩罚,施之于土耳其人,恐怕连一刻钟的睡眠都不会使他失去。

……

我甚至发现那里的君主,虽然本身就是法律,却比任何别处,更不能主宰一切。

……

有罪不罚,逍遥法外,令人绝望的情况,肯定了纷扰与混乱,并使之扩大;

在这些国内,发生的并不是大大小小的叛乱,而且,怨言偶语与揭竿而起,两者之间,决无距离。"①

这些文字的力量,诚如陈兴良教授所言:"……《波斯人信札》,这与其说是一部文学作品,毋宁说是一部以书信体写作的关于政治社会问题的著作……充分表明了孟德斯鸠对政治社会的关怀……《波斯人信札》问世于1721 年,这一年孟德斯鸠32 岁。该书的出版在当时的法国巴黎引起轰动,以至于巴黎人奔走相告。那么,这本书到底给法国社会带来什么讯息呢? 不是它所记录的异国风情,而是它所展现的一种超越现实的渴望,使长期在路易十四的君主独裁的绝对专制统治之下的法国人民获得了一种心理的宣泄。"②不过,依现在的情形,孟德斯鸠对严刑峻法的批判不仅属于刑法思想的启蒙,更属于批判刑法,即刑事政策理论的范畴。

---

① ［法］孟德斯鸠:《波斯人信札》,罗大冈译,人民文学出版社 1958 年版,第 140—141 页。
② 陈兴良:《刑法的启蒙》,法律出版社 1998 年版,第 2 页。

中国刑事政策理论的发展,遭遇到严重的政治否定抑或政治怀疑的"瓶颈"。源于工具理论及其意识形态,学界很厌恶政治的提法。亦如狭义刑事政策理论所倡导的,刑事政策也不过是统治阶级用以控制犯罪的工具。然而,如康德(Immanuel Kant)所言:"一般实践理性批判就有责任去防范以经验为条件的理性想要单独给出意志决定的狂妄要求。只有纯粹理性的应用,倘若这种理性的存在得以证明的话,才是内在的;相反,自封为王的以经验为条件的理性应用则是超验的,并且表现在完全逾越自己领域以外的各种无理要求和号令之中。"①当然,康德对实践理性的批判只是进一步印证了我们对政治抑或刑事政治本意的判断。在刑事政治理论倡导中,我们还需要在研究刑事政治的本意、历史和逻辑的基础上展开相关理论的思辨,通过理性的批判,确立刑事政治理论的科学性质。② 因此,作为批评刑法学,刑事政策理论的发展需要率先澄清一个非常重要的问题——刑事政治的本意和法意。

类似于孟德斯鸠对法意的探寻,刑事政治的本意也需要在政治关怀抑或政治批判的进程中得以澄清,获得成长。在法意的探寻中,孟德斯鸠指出:

"从最广泛的意义上说,法是源于事物本性的必然关系。就此而言,一切存在物都各有其法,物质世界有其法,超人智灵有其法,兽类有其法,人类有其法。

……

由此可见,存在着一个初元理性,法就是初元理性和各种存在物之间的关系,也是各种存在物之间的相互关系。

作为宇宙的创造者和保护者,上帝与宇宙有关系,上帝创造宇宙时所依据的法,便是他保护宇宙时所依据的法。他依照这些规则行事,因为他了解这些规则;他了解这些规则,是因为他曾制定这些规则;他之所以制定这些规则,是因为这些规则与他的智能和能力有关。

……

---

① [德]康德:《实践理性批判》,韩水法译,商务印书馆2003年版,第14页。
② 在《纯粹理性批判》中,康德进一步提出:"理性的批判最终必然导致科学;相反,理性的无批判的独断运用则会引向那些无根据的、可以同样似是而非的主张与之对立的主张,因而导致怀疑论。"[德]康德:《三大批判合集》,邓晓芒译,人民出版社2009年版,第14页。

因此,创世看似一种随心所欲的行为,其实它意味着一些不变的法则,就像无神论者所宣称的永恒宿命那样。没有法则世界便不复存在,所以声言造物主可以不凭借这些法则来治理世界,那是谬论。"①

在孟德斯鸠所说的"初元理性"中,"元"是最高级的意思。亦如康德在《道德形而上基础》(Foundations of the Metaphysics Morals)中提到的,犯罪学的形而上也称犯罪学的"元哲学",即关于犯罪学本身的学问。因此,初元理性应该是指在人类社会中,起到支配作用,地位最高、作用最大的规律。这种规律,用古典自然法学派另一位代表人物约翰·洛克(John Locke)的话说:"自然状态有一种为人人所应遵守的自然法对它起着支配作用;而理性,也就是自然法,教导着有意遵从理性的全人类:人们既然都是平等和独立的,任何人就不得侵害他人的生命、健康、自由和财产。"②这一点,在严复的译本《法意》中也说得很清楚:"法、自其最大之义而言之。出于万物自然之理。盖自天生万物。有伦有脊。法自弥纶。不待施设。宇宙无无法之物。物立而法形焉。天有天理。形气有形气之理。形而上者固有其理。形而下者亦有其理。乃至禽兽草木。莫不皆然。而于人尤著。有理斯有法矣。"③再明白不过,万物自然之理就是自然法。换一个角度,古典自然法学派取法于自然,所探寻的必然、也只能是元级别的法律——法的精神。

孟德斯鸠取法于自然,将法律的精神抑或性质界定为"源于事物本性的必然关系",对刑事政治本意的探寻也有启发。从源于事物本性的角度来看,人类基于生存抑或更好的生活的需要而生活在一起,形成了城邦(古希腊为polis,英译为 City-state),即现在所说的政治(policy)。可见,政治不过是人类社会(甚至可以延伸至生物)普遍具有的趋利避害抑或寻求更好生活的本性。正因为如此,亚里士多德(Αριστοτ έλης,Aristotélēs)在《政治学》中指出:"人类自然地应该是趋向于城市生活的动物","人在本性上应该是一个政治动物"。④ 换句话说,任何人都不可以独自存活,更不用说更好的生活了。当然,

① [法]孟德斯鸠:《论法的精神》(上),许明龙译,商务印书馆 2014 年版,第 9—10 页。
② [英]洛克:《政府论》,叶启芳、翟菊农译,商务印书馆 2012 年版,第 4 页。
③ [法]孟德斯鸠:《法意》,严复译,北京时代华文书局 2014 年版,第 1 页。
④ [古希腊]亚里士多德:《政治学》,吴寿彭译,商务印书馆 2014 年版,第 7 页。

我们将政治界定为善治抑或公共事务的公共处理,不仅意味着政治乃人性抑或共同生活的必然要求,而且表明,随着社会的发展、知识的积累,人性也会对共同生活的事务提出更高的要求。因此,政治(善治)绝非乌托邦式的最高理想,它也是渐进、发展的生活艺术。

既然政治是人性的普遍要求,那么,必然产生以下两个方面的结论:第一,政治是众人之事,将政治界定为个别阶级抑或阶层的意志不符合政治事务的本性。众人之事必然需要众人参与,反映众人的利益,实现众人之事的逐步改善。第二,刑事政治也属于人类社会改善共同生活的本性要求,也需要包括国家、犯罪人、被害人在内的相关社会力量的参与,反映他们的利益,寻求犯罪治理事务的逐步改善。概言之,不管是从自然法的角度,还是从事务的本性出发,刑事政治的本意在于人类社会治理犯罪、改善共同生活的努力,具有和法律相类但不等同的法意。

二、刑法的法意与效用

不管是《波斯人信札》,还是《论法的精神》,孟德斯鸠都倾注了极大的热忱讨论刑法抑或刑罚的问题。在《波斯人信札》的第 80 封信中,他明确提出:"在刑罚多少偏于残酷的国家,并不使人因此更服从法律。在刑罚较轻的国家,人们惧怕刑罚,也不下于刑罚残暴恶毒的国家⋯⋯无论政府温和或残酷,惩罚总应当有程度之分;按罪行大小,定惩罚轻重。人的想象,自然而然适合于所在国的习俗:八天监禁,或轻微罚款,对于一个生在温和国家的欧洲人,其刺激的程度,不下于割去一条手臂对一个亚洲人的威吓。某种程度的畏惧,联系在某一程度的刑罚上,而个人按自己的方式,分别程度之轻重。一个人法国人受了某种惩罚,声名扫地,懊丧欲绝;同样的惩罚,施之于土耳其人,恐怕连一刻钟的睡眠都不会使他失去。"很显然,孟德斯鸠对严刑峻罚的质疑至今仍然具有重要的指导意义。仅凭这一点,他对刑法地位和作用的认识已经达到了相当高的水准。

在《论法的精神》中,基于对刑法精神的重视和探寻,孟德斯鸠通过一系列他观察到的事务,表达了他对刑法地位和作用的怀疑和关切。

例如,在《日本法律的无效》一文中,孟德斯鸠指出:

"日本民族固执、任性、坚毅、古怪的性格令人吃惊,他们敢于面对冒任何风险和任何苦难。乍一看,制定严苛法律的立法者似乎可以因此而免受斥责。可是,这些生来就不怕死,动辄切腹自杀的人,会不会由于经常看到他人受刑而改弦易辙而自行收敛呢?会不会因为见多不怪而习以为常呢?

……

明智的立法者想要引导人们的精神回归,应该借助以下各种手段:正确地运用适度的奖惩,宣扬与日本人性格相宜的哲理、道德和宗教箴言,正确运用荣誉规则和羞辱刺激,让人民享受持久的幸福和温馨的安宁。倘若立法者担心,由于人民已经养成了不受重刑不收敛的习惯,轻刑因而无济于事,在这种情况下,立法者可以不事张扬,采取不易察觉的行动,轻判最应获得宽宥的个别案件,借以最终改变所有案件的判罚。

……

人们的心灵到处受到惊吓,变得愈加残暴,因而只有更加残暴才能驾驭它们。

这就是日本法律的起源,这就是日本法律的精神。日本法律的暴烈曾经胜过它的力量,它成功地摧毁了基督教。然而,闻所未闻的努力恰恰证明了它的无敌。它试图建立起一种良好的社会治理,却进一步彰显了它的无能。"①

孟德斯鸠所指法律严苛的日本,是德川幕府时代的日本:据史料记载,这个时期的日本,和当时的清朝政府一样,对外闭关锁国,对内施行皇权(实际上是幕府)至上的统治,法律极其严苛。1614 年,德川幕府开始禁止基督教,驱逐传教士,并处决了大量的基督徒,招致西方社会的不满。有意思的是,同一时期的中国社会,法律同样严苛,却没有遭到孟德斯鸠的批评。事实上,他注意到了中国的情况,但只是通过中国的例子来证明他关于气候、政体和法律的理论:

"由于特殊的原因,某些国家需要制定节俭法。气候能使人口众多,

---

① ［法］孟德斯鸠:《论法的精神》(上),许明龙译,商务印书馆 2014 年版,第 105—106 页。

可是在另一方面，能让这许多人生存的手段却极不可靠，所以，全民务农是个良策。在这些国家，奢侈是危险的，节俭法应该严而又严……在英国，土地产出的谷物远多于养活耕种者和制衣者之所需，因而那里就有一些制造时髦用品的工艺，于是也就带动了奢侈。法国生产的小麦足以供农夫和制造业者食用。此外，对外贸易可以用许多生活必需品换取时髦用品，所以法国人不必惧怕奢侈。

中国恰恰相反，妇女生育力极强，人口繁衍迅速，以至于无论如何垦殖土地，居民也只能勉强果腹。奢侈当然是有害的，需要的是勤劳和节俭的精神，这一点与任何一个共和国一样。必须从事日常生活所需的工艺，远离专供享受的工艺。"①

不难看出，孟德斯鸠的观察和理论存在一些问题。以他关于"中国必须远离专供享受的工艺"的判断为例，这一判断与中国工艺闻名于世的实际情况严重背离。这给我们提了一个醒，孟德斯鸠的理论在获得极大成功的同时，也有其局限性。尤其他关于刑法效果的论断，更值得深思："人的精神特征在人所使用的各种惩罚中得到了体现。让我们回想一下日本人的惩罚手段吧，残暴的惩罚比长期的惩罚更能激起反抗，长期的惩罚只会令人灰心丧气，而不会令人义愤填膺；这种惩罚看起来好像不难承受，实际上却是更难承受。""总之，历史已经充分证明，刑法的效果向来就只有摧毁而已，别无其他。"②按这种说法，除了摧毁、破坏，刑法别无他用。对此，有论者指出："……孟德斯鸠总结道：'一言以蔽之，历史已经充分地告诉我们，刑法除了破坏而外，是没有其他效果的'这表明了孟德斯鸠基于资产阶级民主思想对封建专制刑法的不满和否定，但作为对刑法整体的历史评价，则不免失于片面，不够妥当。"③然而，系统分析孟德斯鸠的作品，上述结论因日本德川幕府后期迫害基督教徒的案例而起，乃孟德斯鸠针对宗教与刑法的关系抑或冲突提出"应当避免在宗教事务中援引刑法"的依据。一言以蔽之，他坚决反对严刑峻法，但不完全否定刑法的效用。

---

① ［法］孟德斯鸠：《论法的精神》（上），许明龙译，商务印书馆 2014 年版，第 121 页。
② ［法］孟德斯鸠：《论法的精神》（下），许明龙译，商务印书馆 2014 年版，第 556 页。
③ 马克昌：《近代西方刑法学说史略》，中国检察出版社 1996 年版，第 22—23 页。

在《波斯人信札》第 80 封信《郁斯贝克寄磊迭（寄威尼斯）》中，孟德斯鸠就提出了反对严刑峻法的观点："如果在温和的政府之下，人民驯服，不下于在严峻的政府之下，则前者更为可取，由于它更符合理性，而严峻是外来的因素……在刑罚多少偏于残酷的国家，并不使人因此而更服从法律。在刑罚较轻的国家，人民惧怕刑罚，也不下于刑罚残暴恶毒的国家。"①在《论法的精神》中，通过《民若有德，刑罚可少》《刑罚的力量》《日本法律的无效》《罗马元老院的精神》《罪与罚的正确比例》等十几篇文章反复表达了他反对酷刑的观点。但是，在反对酷刑的同时，孟德斯鸠也借罗马元老院之口承认："严酷的刑罚固然可以震慑人心，但是，这样一来，恐怕再也不会有人来控告，再不会有人敢判案了。反之，如果刑罚适中，就不愁没有控告者和法官。"②换句话说，刑罚并非别无他用的事务。

例如，在《刑罚的力量》一文中，孟德斯鸠指出："如果在一个国家里，刑罚不能使人产生耻辱心，那肯定是施行暴政的后果，因为暴政不分恶棍和君子，施以同样的刑罚。"③很显然，这句话在反对酷刑、暴政的同时，也表明刑罚所具有的让人产生耻辱心的效用。在《罗马法关于刑罚的规定》一文中，他还指出了刑罚与政体、政治法的适应性，没收财产刑的预防作用："随着政治法的更改，伟大的罗马人民也更改了公民法中的刑罚规定，这就让我深信，刑罚是与政体的性质相关的……狄特-李维在谈到罗马人时曾说，人民从来不曾如此喜爱宽和的刑罚，他说的正是这个时期④。""罗马在这个时期，不仅刑罚宽和，而且被告在受审前有权出走，由此可见，罗马人遵循的是我所说的共和政体的精神。"⑤"苏拉的几乎所有法律都只禁止流放人员返回原地，凯撒则增加了关于没收财产的条文，因为被处流放的富人如果依然保有财产权的话，他们就会更加肆无忌惮地犯法了。"⑥在《罪与罚的正确比例》一文中，孟德斯鸠进

---

① ［法］孟德斯鸠：《波斯人信札》，罗大冈译，人民文学出版社 1958 年版，第 140 页。
② ［法］孟德斯鸠：《论法的精神》（上），许明龙译，商务印书馆 2014 年版，第 107 页。
③ ［法］孟德斯鸠：《论法的精神》（上），许明龙译，商务印书馆 2014 年版，第 103 页。
④ "这个时期"是指罗马"十人团"被驱除以后，鲍尔希安法禁止处死罗马公民，刑罚宽和的时期。
⑤ ［法］孟德斯鸠：《论法的精神》（上），许明龙译，商务印书馆 2014 年版，第 107 页。
⑥ ［法］孟德斯鸠：《论法的精神》（上），许明龙译，商务印书馆 2014 年版，第 108 页。

一步阐明了刑罚的预防作用:"在我们这里,对拦路抢劫和杀人劫财的人,都判以同样的刑罚。很显然,为了保障公共安全,这两种罪行应该量刑有别。"①"在中国,对残忍的抢劫犯处以凌迟,对其他的抢劫犯则不处以凌迟。量刑上的区别使得中国的强盗抢劫而不杀人。"②"在莫斯科公国,盗窃犯和杀人犯的刑罚相同,所以那里的盗贼总是既掠财又杀人。他们说,人死了,什么也不会说了。"③概言之,孟德斯鸠并不否定刑罚及其适当运用所具有的心理强制、剥夺犯罪能力、阻止犯罪等现代意义上称之为报应、预防犯罪的作用。

细究起来,孟德斯鸠在《刑法》一文中突然提出"刑法的效果向来就只有摧毁而已,别无其他"论断的原因主要有两个:第一,作为保障法、惩罚法的刑法,长期存在破坏、摧毁功能有余,建设抑或恢复法益功能不足的问题。这种情况,普遍存在于各个时代的各个国家,应当成为批判刑法学抑或刑法基本理论的重要问题继续探讨。以前的情况,孟德斯鸠说了很多,不再赘述。仅从当代的情况来看,一些并不侵犯刑法法益,不需要刑法介入的情况(如通奸行为),最近才从韩国刑法中剥离出来。到现在,一些国家和地区依然存在通奸入罪的问题。在过分强调保障(主要是对秩序的保障)、惩罚的刑法体系下,甚至会出现受害人为犯罪人求情抑或检察官为被告人求情而难以如愿的情况。换句话说,受害人(包括国家受害人)都能原谅的情况,没有刑法介入的必要性。作为保障法的刑法究竟保障了谁的利益,抑或作为惩罚法的刑法,又是为何在惩罚? 这个问题一直都很严重,以至于孟德斯鸠采用大量篇幅斥责严刑峻法毫无裨益的情况。第二,在宗教与刑法的关系中,孟德斯鸠指出了刑法无能为力的情况——刑罚效用的边界。在《刑法》一文中,孟德斯鸠指出:"应该避免在宗教事务中援引刑法……宗教给予人的恐惧和许诺都如此之大,以至于当这些恐惧和许诺已然进入我们的心灵时,无论官吏采用何种手段迫使我们脱离宗教,结果似乎都将是这样:如果把我们所信奉的宗教夺走,那就什么也不能留下;如果不把它夺走,那就不能从我们这里拿走任何东西……

---

① [法]孟德斯鸠:《论法的精神》(上),许明龙译,商务印书馆2014年版,第110页。
② [法]孟德斯鸠:《论法的精神》(上),许明龙译,商务印书馆2014年版,第110页
③ [法]孟德斯鸠:《论法的精神》(上),许明龙译,商务印书馆2014年版,第111页。

总之,历史已经充分证明,刑法的效果向来就只有摧毁而已,别无其他。"①严格说来,孟德斯鸠"刑法的效果向来就只有摧毁而已,别无其他"的论断是指刑罚对信仰犯(亦称确信犯)无效的情况。关于信仰犯,据拉德布鲁赫介绍:"信仰犯决不是卑劣之人;他纯粹是一个异端思想者,既不必要改造,也不可能改造。其信仰,由于有理由支持,所以只能根据理由来予以辩驳……对于信仰犯,要取消报复和教化的刑罚目的,并且不要对他们进行威慑——因为对于信仰犯而言,殉道常常几乎是有些诱惑性的事情。"②可见,倘若结合相关背景材料,将孟德斯鸠有关刑法毫无他用的论断理解为刑法对信仰犯无效的情况,那么孟德斯鸠和拉德布鲁赫的观点有着惊人的一致。实际上,言论自由、宗教信仰都是位阶高于刑法权力的自然权利。刑法对该类事务的介入,既是不该,也难有收益。

三、刑事政治的法意

严格说来,刑事政治的法意是指作为犯罪治理指南(guideline)的刑事政策根据犯罪的客观属性和规律,改善犯罪治理实现更好生活的目的和性质。在刑事政治法意的理解中,需要注意两个方面的问题:第一,刑事政治和法律具有相类的性质,都是人们追求更好生活的体现。孟德斯鸠的法意探寻给我们一个很重要的启示,法律之上还存在决定法律、高于法律的本性和规律。在刑事政治的研究中,我们也发现,从雅典时期开始,基于更好的生活的需要,才产生了城邦和法律。可见,城邦以及城邦的法律都是民众追求更好生活的体现。换句话说,没有生活抑或共同事务的改善,城邦和法律就失去了存在的价值和意义。因此,追本溯源,刑事政治和法律都是人们追求更好生活的体现。从生活的改善抑或更好地处理公共事务的角度,它们具有共通的本性和目的。第二,法意并不等同于法律。尽管本性、目的相通,但也不能将二者简单混同。在城邦事务的体系中,犯罪治理非常重要但不是全部。刑事政治只是更好地处理犯罪事务的指南,有益于公共事务的改善,既不是事务本身,也不是共同

---

① 　[法]孟德斯鸠:《论法的精神》(上),许明龙译,商务印书馆2014年版,第555—556页。
② 　[德]G.拉德布鲁赫:《法律智慧警句集》,舒国滢译,中国法制出版社2001年版,第47—48页。

事务的全部。共同事务的改善,不仅取决于各个事务的改善,也取决于对共同事务属性和规律的遵守。犯罪治理这一共同事务的处理,既要服从更好的生活的需要,也要遵守法治的属性和规律。国人常说"发于心而止于理",也是这个意思。因此,基于共同事务的机理,刑事政治具有与法律相类的法意,又不能将二者混同。这也是法治精神的应有之义。

最后,孟德斯鸠对刑法法意和效用的追寻还有一点启示:不管是对严刑峻法的批判,还是论及宗教与刑法的关系,孟德斯鸠都将"刑法是否有效"作为最重要的判断依据。对我们来说,现在的刑法理论,越来越复杂,刑事法学的体系也越来越庞大,相关的主张更是推陈出新、举不胜举。在此之中,我们往往忽视了相关法律及其理论的有效性——既然犯罪是对刑法法益的侵犯,那么刑法就该将法益的恢复作为最根本的法意(目的)。从这个角度来讲,刑罚的报应、预防功能都只是法益恢复目的的体现。一旦相关功能与法益恢复的目的发生冲突,就该对它们的作用范围和方式作出调整,使之适应法益恢复目的的需要。考虑到民主的要求,对相关法益的恢复还要以尽可能公开、公平的方式来实现。说到底,刑法的理论和制度,既要搞清真正的被害主体和法益,也要尽可能公开、公平地对他们因犯罪而受损的利益进行恢复。当然,这也是刑事政治理论法意的重要组成部分。

第二节 卢梭:社会契约与犯罪治理协议

学界常将孟德斯鸠对法意的探寻视为刑法启蒙思想的肇始,但是,卢梭的社会契约理论对现代刑事政策思想的影响更为深远。通常认为,社会契约理论乃现代国家理论的基础。但有学者提出,社会契约不过是学者的臆想,属于唯心的范畴,难以成为现代国家的理论基础。本书认为,理论的价值在于对实践抑或社会实际的指导作用。毛泽东同志也在《实践论》中指出:"马克思主义看重理论,正是,也仅仅是,因为它能够指导行动。如果有了正确的理论,只是把它空谈一阵,束之高阁,并不实行,那末,这种理论再好也是没有意义的。"[1]因此,

---

[1] 《毛泽东选集》第一卷,人民出版社1991年版,第292页。

社会契约理论唯心与否并不重要,它的价值在于它的国家学说构成现代国家治理体系的基础——它对我们的犯罪治理体系的完善、犯罪治理能力的提升依然具有重要的指导意义。

一、社会契约中的外邦人问题

在《社会契约论》中,卢梭提出:"只有一种法律由于其性质而必须全体一致同意才能通过;这个法律是:社会公约,因为政治结合是世界上最自愿的行为。每一个人生来都是自由的,是自己的主人,因此,无论何人都不能以任何借口在未得到他本人同意的情况下就奴役他。"①由此可以看出,全体自愿缔约是构成现代国家理论抑或政制基础的社会契约的根本特征。关于全体自愿缔约,卢梭进一步指出:"即使在订立社会公约时有人表示反对,他们的反对也不能使公约无效,顶多只是把这些人不包括在内罢了;他们是公民中的外邦人。而在国家建立以后,居留在国内就表示同意,住在国家的领土上,就表示服从主权。"②从平等、民主的角度来说,全体自愿缔约遇到了一个棘手的问题——外邦人的地位和作用。在何兆武翻译的文本中,③相关的表述略显武断:"可是,如果在订立契约的时候出现了反对者的话,这些人的反对也并不能使契约无效,那只不过是不许把这些人包括在契约之内罢了;他们是公民中间的外邦人。"细究起来,"顶多不把这些人包括在内"④属于主政(主治)者的意愿表达,也算合理。但是,"不许把这些人包括在契约之内"的表达,存在一个"不许把这些人包括在契约之内"的依据是什么的问题。这个依据不仅关联着外邦人的地位和作用,而且关系到社会契约的合法性。按《社会契约论》的说法:"一个人既然是自由的,怎么又不得不服从不属于他的意志呢? 反对

---

① ［法］卢梭:《卢梭全集》第4卷,李平沤译,商务印书馆2012年版,第131页。
② ［法］卢梭:《卢梭全集》第4卷,李平沤译,商务印书馆2012年版,第131页。
③ 在何兆武的译本中,相关表述为:"可是,如果在订立契约的时候出现了反对者的话,这些人的反对也并不能使契约无效,那只不过是不许把这些人包括在契约之内罢了;他们是公民中间的外邦人。但是,在国家成立以后,则居留就构成同意;而居住在领土之内,也就是服从主权。"参见［法］卢梭:《社会契约论》,何兆武译,商务印书馆2012年版,第157页。
④ 将"顶多把这些人不包括在内"翻译为"顶多不把这些人包括在内"更符合我们的思维逻辑和语言习惯。

者既然是屈从于他不同意的法律,又怎么能说他是自由的呢?"

外邦人原本是《圣经》和古希腊政治理论中的提法。《圣经》说:"没有律法的外邦人,若顺着本性行律法上的事,他们虽然没有律法,自己就是自己的律法。"同时,上帝也说,他也是外邦人的上帝,他希望他的选民将敬畏上帝的态度传给"外邦人"。在古希腊的政治理论中,希腊人不仅在本国是优种,就是在世界任何地方,也都应该是优种;而外邦人只能在本国才是优种,到本国以外的地方,都算不得优种。但是,亚里士多德并不认为希腊人必然优种,而外邦人绝对"外邦"。在《政治学》中,亚里士多德指出:"这些措辞(即希腊人优种,而外邦人次优的措辞,笔者注)所含蓄的意思就在以品德的善恶为奴隶和自由人以及劣种和优种的判别。照他们的想法,人生人,兽生兽,善人的后裔也应该是善人。这虽然确实是自然的本旨,但自然也不能常常如愿地维持这样的规律……人类确实原来存在自然奴隶和自然自由人的区别,前者为奴,后者为主,跟随其天赋的本分而成为统治和从属,这就有益而合乎正义。谁要是滥用或误用主人的权威,那就必然损害主奴双方的利益……在合乎自然的奴隶体系中,两者各尽自己的职分,这就存在着友爱和共同利益。但凭借权力和法律所造成的强迫奴役,情况恰恰相反(那里充塞着仇恨和利害的冲突)。"①也就是说,不管是宗教教义还是政治理论,即便主奴两分,也不能否定外邦人的基本地位——他们既是上帝的子民,也是本国的优种人。说到底,每一个基督徒都曾是"外邦人",优种人也不必然优种。更何况,在外邦人的本国,他们也是优种人,他们参与社会契约的地位不能被否认。

因此,在形成社会契约的过程中,"不许把这些人包括在契约之内"是没有依据的。但是,卢梭认为:"一个人既然是公民,这就表明他是同意所有一切法律的,甚至对那些不顾他的意愿而订的法律和他如果破坏其中任何一条就要对他实行惩罚的法律也是同意的。国家全体成员的经常意志就是公意。正是有了这个公意,所以他才成为公民,而且是自由的。"②按这种说法,订立

① [古希腊]亚里士多德:《政治学》,吴寿彭译,商务印书馆1965年版,第18—19页。
② [法]卢梭:《卢梭全集》第4卷,李平沤译,商务印书馆2012年版,第132页。

契约的时候,将反对者排除在外,并斥之为外邦人;一旦需要他们遵守契约抑或法律,又称之为公民,因此需要遵守国家全体成员的经常意志,具有遵守一切法律的义务。在笔者看来,不排除外邦人也能成为公民。但是,这样的表述仍然无法解释"全体成员"内涵因反对与否而发生的变化。根据正当的国家理论,公民既是社会契约的订立者,也是社会契约的履行者。从这个角度来讲,断然将反对者排除在"全体成员"之外是不合理的。根据公共政策的研究,公共利益具有多元、妥协的特性,必然存在相互对立抑或反对的利益。作为公共政策的实现方式,立法也需要反映多元利益的要求,以至于全部代表都同意的情况还要被认为是非法的。从根本上说,社会契约既是最重要的公共政策,也是最重要的法律,必然存在反对的声音和利益。概言之,反对不改变自由、合法的本性。卢梭不必将反对社会契约的成员界定为外邦人,并排除在"全体成员"之外。

二、外邦人与犯罪治理协议的成立

实际上,外邦人的地位和作用,不仅关乎犯罪治理契约的合法成立,对犯罪治理契约的改善也很关键。所谓犯罪治理契约,是指参与犯罪治理的社会力量就犯罪治理形成的以权利、义务为内容的协议。一般认为,由于犯罪是一种严重的恶行,因此需要国家权力进行控制、预防。在我国,受传统意识形态的影响,国家占据了绝大部分权力资源,并将犯罪视为可以凭借一己之力进行控制的事务。为此,曾经不惜通过从重、从快打击犯罪的方式来压制犯罪高发的局面,甚至提出过消灭犯罪的目标。结果事与愿违,犯罪问题越发严重。在反思传统犯罪控制方法有效性的时候,犯罪学界提出了治道、刑法契约化、刑法私法化等以消解权力垄断,改善犯罪治理基础为目的的概念和思想。例如,2005 年,卢建平教授指出:"在一个国家主导甚至是垄断一切的刑事政策模式中,市民社会的地位作用是很难设想的,也是传统的刑事政策概念或观念所难以包容的。只有将刑事政策上升到政治的层面,才有可能考虑市民社会在刑事政策体系中的地位与作用,政治国家与市民社会双本位的二元犯罪控制模式的实现才是可能的,国家主导、社会力量广泛参与的综合治理的政策特色才能充分显示出来,作为'治道'的刑事政策的本色也才能得到完全的展示。"①2009 年,储槐植教授撰文指出:"罪刑法定原则明确昭示,刑法立法是国家与国民(通过选举代表)在刑事领域依法订立的有关权利义务的协议,这就是刑法契约。刑法作为国家与国民的契约:国民权利对应国家义务——国民不犯法则有行动自由,国家承担不得启用刑法的义务;国民义务对应国家权利(权力权利化)——国民犯法则承担受罚义务,国家便有权启用刑罚。刑法作为国家与国民在刑事领域的社会契约,在逻辑上必然导致这样的结论,罪刑法定原则与其载体刑法运作相同,具有双重功能价值,惩罚犯罪,保障自由。"②受此启发,倘若存在以犯罪治理为目的的协议——通过商谈③形成的兼顾各方利益,各方按照权利、义务方式参与犯罪治理的局面,必将提升犯罪事务处理的公共水平。当然,这样的协议既是一种假说,又不是纯粹的空想。说它是假说,主要是指它对国家权力垄断的消解,需要从社会契约这一伟大的国家理论假说得到支撑,并落实到犯罪治理这一公共事务的公共处理之中。说它不是纯粹的空想,是指随着犯罪治理观念的改善,现实层面完全可以通过犯罪治理协议动员各种社会力量参与犯罪治理。从国家层面来说,国家领导人可以通过签署犯罪治理协议的方式来保证相关犯罪治理目标、方式的实现。从地方的角度来讲,犯罪治理协议可以充分考虑到各个地方、各种社会力量的具体情况,并在尊重他们的意愿和利益的基础上,调动他们参与、实施犯罪治理的积极性,真正实现犯罪治理的社会参与和源头治理。在此之中,包括犯罪人、被害人、相关社会组织在内的各种社会力量,他们都是犯罪治理协议的参与者、实施者,并根据相关协议,享有一定的权利,承担一定的义务,最终也会在犯罪治理事务的改善中获得利益。在此之前,类似于社会契约中的外邦人,大量存在的犯罪人、被害人等,权利没保障,利益被忽视,对犯罪治理事务的参与、实施也只停留在"遵守国家法律"的层

---

① 卢建平:《作为"治道"的刑事政策》,载《华东政法学院学报》2005 年第 4 期。
② 储槐植:《刑法契约化》,载《中外法学》2009 年第 6 期。
③ 在哈贝马斯看来,人与人之间伦理关系的调整,共同规范的认定和维护是通过商谈进行的。商谈还进一步产生政治多元主义的原则,以及议会的意见形成和意志形成过程在政党合作下得到政治公共领域中对所有公民开放的非政治意见形成过程之补充的必要性。参见[德]哈贝马斯:《在事实与规范之间:关于法律和民主法治国的商谈理论》,童世骏译,三联书店 2011 年版,第 206—208 页。

面,成为犯罪治理这一公共事务的外邦人(局外人)。因此,外邦人在社会契约中的地位和作用,不仅关乎犯罪治理契约的合法成立,对犯罪治理协议的施行也很关键。

三、社会契约、外邦人与犯罪治理协议的执行

在我们这样一个具有主导地位的国家,市民社会尚未建成,社会权力有待培养,市民与国家地位悬殊,犯罪治理协议的理解、实施,存在更多的困难。因此,我们仍然需要从社会契约等国家学说中汲取合理的因素,改善包括犯罪治理在内的各种公共事务的处理。

首先,公民与国家订立社会契约的假说,不仅为公民权利奠定了重要的理论基础,而且树立了一个强调商谈、自治的契约范式。根据古罗马法学家乌尔比安区分公法、私法的理论:凡是在规范调整方面实行"放任",在个别调整方面强调"协商"(契约)的法律规范,应当划入私法的范畴;与之相反,凡是强调"指令"、管制的法律规范,应当划入公法的范畴。① 在犯罪治理协议抑或市民社会的视野下,各种社会力量都存在自己的犯罪治理主张,甚至有可能是冲突、对立的利益主张。例如,被害人与犯罪人的犯罪治理主张往往就是冲突的。基于秩序利益的主张和基于人权保障的主张,往往就是对立的。基于多元利益冲突、妥协的公共政策原理,市民社会条件下的犯罪治理不可能是一种利益主张完全消灭另一种利益主张的情况,而只能在多元利益的冲突、妥协中,逐渐实现犯罪治理事务的改善。因此,市民社会条件下,不仅犯罪治理的目标、方式是放任的,相关事务的处理更是一个协商、妥协的过程,符合私法规范的基本特征。

其次,犯罪治理协议的形成需要加强对局外人地位和作用的研究。在我国,基于犯罪控制的目的,刑罚的报应功能和秩序利益居于突出的地位,而犯罪人和被害人的利益长期遭到忽视。一方面,在相关法律中,作为刑事程序当事人之一的犯罪人,不仅权利难以得到保障,甚至被称作犯罪分子,成为犯罪控制系统的局外人。考虑到相关的规定和语境,"犯罪分子"是一个充满蔑视

---

① 参见江平、米健:《罗马法基础》,中国政法大学出版社 1991 年版,第 9 页。

和憎恶的词汇。实际上，犯罪学的研究表明："作为分子的犯罪主体就是犯罪人，即触罪抑或越轨的行为主体……实施了犯罪（包括应然的犯罪）行为的主体，不论是否被发觉、逮捕，也不论地位高低——居庙堂之高抑或流离失所都不为所问，都是犯罪学意义上的犯罪人。穷人和无权势者，基本无关于规则的设定，却是规则适用的对象。换句话说，人为刀俎我为鱼肉，因此贫穷抑或无权势的犯罪人也被称为犯罪学意义上的'局外人'，他们实施的犯罪也被剖析得淋漓尽致。然而，居庙堂之高，执掌政治决策抑或立法、司法的权力，甚至能让法律绕着自己转圈，很难将其界定为法律意义上的犯罪人，更谈不上深入的研究以及有效的治理。其实，后者对社会发展的阻碍、破坏远甚于前者，他们所实施的犯罪也才是犯罪研究、治理的难点。"①另一方面，被犯罪行为直接侵犯的被害人甚至不是现行刑事诉讼程序法律中的当事人，对相关程序的启动和运行并不能发挥独立抑或重要的作用。与之相反，主要基于秩序利益需要而介入的国家权力，不仅占有了绝大部分司法资源，而且长期具有忽视被害利益的倾向，以至于被害人的利益很难从国家的犯罪控制系统中得到有效的恢复。此外，由于地位悬殊，相关的社会组织、地方性权力也缺乏与国家权力协商，并达成协议的能力。一言以蔽之，他们都是现行犯罪控制系统的局外人。因此，在犯罪治理协议的形成中，务必要加强对犯罪人、被害人、相关社会组织（社会权力）、地方权力的研究，保障他们的地位，彰显他们的权益，尽快达成多元参与、有权有利的犯罪治理协议。

最后，社会契约抑或犯罪治理协议的深入研究，还将为批判刑法学的发展（尤其犯罪本质、刑罚目的的改善）提供方法论意义上的支撑。源于社会契约理论，刑法学的研究进一步指出："只有法律才能为犯罪规定刑罚。只有代表根据社会契约而联合起来的整个社会的立法者才拥有这一权威……代表社会的君主只能制定约束一切成员的普遍性法律，但不能判定某个人是否触犯了社会契约。由于国家可能分成为两方：君主所代表的一方断定出现了对契约的侵犯，而被告一方则予以否认。所以……即使严酷的刑罚的确不是在直接与公共福利及预防犯罪的宗旨相对抗，而只是徒劳无功而

① 周建军：《分子抑或分母：犯罪主体的提倡》，载《法学家茶座》2014年第1辑。

已,在这种情况下,它也不但违背了开明理性所萌发的善良美德……同时,严酷的刑罚也违背了公正社会契约的本质。"①"只有法律才能为犯罪规定刑罚",指的是罪刑法定原则;"需要一个判定事实真相的第三者",指的是司法权的性质,尤其立法权与司法权的分离、制衡;严酷的刑罚(即酷刑)违背善良美德和社会契约的情况,指的是刑罚的合法(约)性。很显然,这些都是刑法理论的基石。一般说来,我们对他们的理解也没有太多的争议。但在犯罪治理协议的层面上,罪刑法定原则、司法权的性质、犯罪的本质、刑罚的目的等,都需要进行调整。

1.犯罪治理协议中的罪刑法定原则。通常认为,基于人权保障的需要,国家权力(尤其刑事权力)应该受到严格限制。因此,以刑法契约的方式载明相关的权利、义务,构筑限制国家刑罚权力的藩篱。若从犯罪治理契约的角度来说,这种刑法契约还存在一些可以改进的问题:对国家来说,与其迫使它接受城下之盟,不如以商谈、自治的范式来解决问题。根据公共政策的研究,商谈、自治的范式不仅有利于多元利益的实现,有效避免局外人的问题,也有助于国家行为方式的改造——连犯罪这等严重、突出的问题都需要充分考虑到犯罪人、被告人的地位和作用,其他国家行为的改善更是应当了。对市民和其他社会力量来说,一份自己参与,并考虑到了自己利益的犯罪治理协议(类似于哈特的法律共同体),更值得履行。于是,犯罪治理不再是国家一己之力的事务,综合治理以及全社会的参与才不至于成为一句空话。更重要的是,基于犯罪治理协议,还可以较好地解决有罪不罚、重罪轻罚的问题。原因很简单,既然刑法契约和犯罪治理协议都是国家、民众和其他社会力量协商一致的利益反应,在刑罚不能改善各方利益的情况下,只要不与法律的禁止性规定相冲突,出罪、不罚抑或轻罚都是合理的。然而,相反的情况是不允许的。

2.犯罪治理协议界面的刑事司法权力(刑事司法权)。在犯罪治理协议的界面上,司法权力必由司法机关独立行使,这是毋庸置疑的。但有一点需要指出的是,刑事司法权既不是单一的社会权力,也不是单一的中央事权,而是

---

① [意]贝卡利亚:《论犯罪与刑罚》,黄风译,中国法制出版社 2005 年版,第 13—14 页。

基于社会契约产生的,以犯罪治理为目的的事务权力。① 它既不属于个别社会组织,也不该为国家所专有。在我们的司法改革中,随着巡回法庭的建立,越来越多的人认为司法权乃中央事权,为此要建立跨地区的巡回法庭,以此独立于地方权力的制约。本书认为,在犯罪治理共同体中,最高司法机关居于突出的地位,他们的利益(尤其秩序利益)应该得到充分的考虑。但这并不能否定其他社会力量的主体地位,更不能因此否定其他利益抑或权利因素的客观存在。要知道,权利(其本质就是利益)是社会契约的前提和基础,②因契约而产生的刑事司法权力不能本末倒置,反而居于唯一重要的地位。当然,基于事务权力抑或从犯罪治理协议的角度来看,犯罪治理是一项综合的事务,需要得到包括司法机关、犯罪人、被告人、相关社会组织在内的各种社会力量的参与。因此,刑事司法权力的主体具有开放性,所有参与犯罪治理的社会力量都是相关公共事务的主体。在此之中,各社会力量都有自己独立的利益,经协商一致,共同致力于犯罪治理的事业。

3. 犯罪治理协议视野下的罪、刑本质及其治理问题。根据传统的观念,犯罪是一种恶,因此要采取害恶的方式进行控制。但是,随着政治犯罪、国家犯罪、制度犯罪等犯罪问题的提出,关于犯罪地位和功能的异议越来越多。众所周知,政治犯罪多属精英犯罪的范畴,在特定的历史时期,甚至可以通过极端的方式来解决社会治理系统难以解决的根本性问题,功莫大焉。以当代中国的民营企业犯罪为例,从作为资本主义的尾巴开始,它们就对中国市场力量的复苏、搞活、壮大起到了重要作用。然而,它们至今难免仰人鼻息,就有国家(制度)犯罪的影子。凡此等等,无不说明犯罪原因、形态和作用的复杂性。考虑到犯罪原因、形态和功能的复杂性,刑罚的性质、地位

---

① 在哈贝马斯看来,立法、执法(司法)和行政权力都属于政治权力的范畴。所谓政治权力,不过是人民主权的体现,都来自公民的交往权力。其中,立法部门论证和通过普遍法案,司法部门依照这种法律来解决行为冲突,行政部门负责实施那些不自动生效而需要加以执行的法律。这些不同的部门有不同的商谈逻辑。立法商谈是论证性商谈;司法商谈是运用性商谈,是关于规范运用的商谈;而施行法律的商谈是实用性商谈。参见[德]哈贝马斯:《在事实与规范之间:关于法律和民主法治国的商谈理论》,童世骏译,三联书店2011年版,第206—234页。
② 参见王晓升:《商谈道德与商议民主——哈贝马斯政治伦理思想研究》,社会科学文献出版社2009年版,第255页。

和作用也不能一概而论。从一元的国家——社会形态上看,刑罚不过起到了报应、预防犯罪的目的和作用。但是,从犯罪治理协议的角度来讲,报应和预防的目的反映的主要是国家和社会的利益(尤其秩序利益),存在利益主体的缺失。为此,笔者曾经撰文指出:"任何单一的目的主体、片面的目的利益、非妥协的目的实现以及绝对确定的目的表述都存在利益多元的阙如,有违公共政策的基本要求……刑罚的目的利益绝不能仅限于国家抑或社会基于报应、预防的考虑,应当将法益保护,尤其被害人利益的恢复作为刑罚目的的重要构成。"[1]现在看来,将刑罚的目的归纳为"被犯罪侵犯的利益的恢复",不仅与犯罪侵犯法益的基本判断相匹配,而且能够满足多元犯罪治理主体的相关利益要求。从治理的角度来讲,刑罚反应至少要做到制裁有力、救济有方、保障到位等几个方面的利益要求。否则,就会存在犯罪治理利益非完整、非妥协的情况。

第三节　贝卡利亚:刑法的利益衡量与报应

切萨雷·博尼萨纳·贝卡利亚侯爵是意大利犯罪学家、刑法学家和经济学家,古典犯罪学派和古典刑事学派的创始人。1764年,贝卡利亚的《论犯罪与刑罚》出版了,这是人类历史上第一部系统阐述犯罪与刑罚问题的著作。在法国启蒙思想家孟德斯鸠、卢梭等百科全书派学者及先驱的基础上,贝卡利亚系统阐述了罪刑法定原则、废除死刑和预防犯罪的主张。在他所处的时代,这些论述代表最高的水平,起到了"近代刑法改革运动导火索"的作用。在《贝卡利亚传略》一文中,著名刑法学家黄风教授称其为"振聋发聩的论述"[2]。更有意义的是,《论犯罪与刑罚》关于罪刑法定原则和死刑的论述,源于最大多数人最大幸福的功利主义观念。在此基础上,贝卡利亚还提出了犯罪是一种对社会的损害,刑罚的目的在于阻止人们犯罪,而不是社会报复的观点。从社会治理的角度来讲,"最大多数人最大幸福"的追求、阻止犯罪抑或

---

[1]　周建军:《刑事司法政策原理》,清华大学出版社2011年版,第237—238页。
[2]　黄风:《贝卡利亚传略》,载《论犯罪与刑罚》,中国民主法制出版社2005年版,第143页。

预防犯罪要比报复犯罪更加重要的思想,是位阶高于罪刑法定原则的终极思想,对这个原则的理解和适用具有重要的指导作用。然而,刑法学界对此并不在意,因此带来了很多问题。

一、追求"最大幸福"的刑法

贝卡利亚据以论证罪刑法定原则的基础是社会契约理论。在社会契约理论的阐述中,贝卡利亚明确指出社会契约的目的在于公共利益。例如,在《刑罚的起源、惩罚权》一文中,他指出建立社会契约的原因在于"公共利益"——"没有一个人为了公共利益将自己的那份自由毫无代价地捐赠出来,这只是浪漫的空想。"①论及刑讯问题,他指出:"只要还不能断定他已经侵犯了给予他公共保护的契约,社会就不能取消对他的公共保护。"②在废除死刑的主张中,他再一次指出了民众提出和遵守社会契约的条件:"真正和最有益的法律是怎样的呢?那就是当一向到处声张的私人利益不再喧嚣或者同公共利益结合在一起时,所有人都情愿遵守和提出的契约和条件。"③不难看出,《论犯罪与刑罚》的主要观点,如社会契约的形成、实现,废除死刑的主张,预防犯罪的目的,正当程序抑或犯罪嫌疑人权利的保障,都建立在公共利益保护、衡量的基础之上。

与我国刑法学界将《论犯罪与刑罚》的主要贡献归结于罪刑法定原则、预防犯罪的目的和废除死刑的主张④不同,美国犯罪学家巴恩斯(Harry Elmer Barnes)和蒂特斯(Negley K.Teeters)在其《犯罪学的新见解》一书中,将贝卡利亚的主要思想观点概括为包括最大多数人的最大幸福的功利主义观念在内的六个方面的内容。这一点还得到了包括乔治·沃尔德(George B.Vold)在《理

---

① [意]贝卡利亚:《论犯罪与刑罚》,黄风译,中国民主法制出版社 2005 年版,第 10 页。
② [意]贝卡利亚:《论犯罪与刑罚》,黄风译,中国民主法制出版社 2005 年版,第 37 页。
③ [意]贝卡利亚:《论犯罪与刑罚》,黄风译,中国民主法制出版社 2005 年版,第 62 页。
④ 刑法学界普遍认为,《论犯罪与刑罚》主要有四个方面的内容:罪刑法定主义思想、双重预防的刑罚目的观、追求最佳效果的刑法适用原则和在法制国家废除死刑的主张。但是,追求最佳效果的刑法适用原则也是围绕预防犯罪的目的展开的,可以将其纳入预防犯罪目的的范畴。

论犯罪学》,弗农·福克斯(Vernon Fox)在《犯罪学导论》中的沿用:[1]

1. 为了最大多数人的最大幸福的功利主义观念,应当是一切社会行动的基础;

2. 必须把犯罪看成一种相对社会的损害;

3. 预防犯罪比惩罚犯罪更重要,这意味着公布法律,以便使每个人都知道良好的行为会受到奖赏,犯罪行为必然遭受刑罚,从而预防犯罪;

4. 应当废除秘密控告和拷问,而用人道的迅速地审判来代替;让共犯为控告方提供证据(turning state's evidence),完全是"对不忠行为的公开认可",应当废除;

5. 刑罚目的是阻止人们犯罪,而不是进行社会报复;

6. 应当更广泛地使用监禁,但是应当对监禁加以改良。

不难发现,以上六个方面的内容,都是围绕着公共利益的形成、实现来展开的,具有突出的利益衡量特点。实际上,公共利益追求抑或利益衡量还是社会契约理论的核心内容。以霍布斯(Thomas Hobbes)的社会契约理论为例:"由于这种按约建立国家的制度其目的是为了全体的和平与防卫,任何对这一目的具有权力的人也就具有对于手段的权利;所以具有主权的任何个人或集体就当然有权审定和平与防卫的手段,也有权审定和平及防卫一切障碍与防害的事情。为了保持和平与安全,对内防止分歧,对外对付敌人,他也当然有权事先做出他认为必要的事情,或在和平与安全已失去时,做出一切努力来加以恢复。"[2]不难看出,不管是订立社会契约的动机,还是这个契约的核心内容——"全体的和平与防卫"与少量个人权利的付出之间的取舍,都具有突出的利益衡量特点。更何况,功利主义的创始者穆勒(John Stuart Mill)明确指出,功利主义的幸福不是指任何一个人的幸福,而是指最大多数人的最大幸

---

[1]　See Harry Elmer Barnes and Negley K.Teeters, *New Horizons in Criminology*: *The American crime problem*, 2nded., New York: Prentice Hall, 1951, pp.460−461; George B.Vold, *Theoretical Criminology*, New York: Oxford University Press, 1958, pp.25−26; Vernon Fox, *Introduction to Criminology*, England Cliffs, NJ: Prentice Hall, 1976, p.36.转引自吴宗宪:《西方犯罪学史》第1卷,中国人民公安大学出版社2010年版,第113页。

[2]　[英]霍布斯:《利维坦》,黎思复、黎廷弼译,商务印书馆1986年版,第136—137页。

福——"构成功利主义的行为对错标准的幸福,不是行为者本人的幸福,而是所有相关人员的幸福……功利主义要求,行为者在他自己的幸福与他人的幸福之间,应当像一个公正无私的仁慈的旁观者那样,做到严格的不偏不倚。"①从制度经济的角度来讲,严格的不偏不倚非常理想,但是,兼顾个人、多数人幸福的利益衡量依然具有根本性的地位和作用。最关键的是,一旦将利益抑或效用界定为最大多数人的最大幸福,公共政策就产生了。

源于社会契约理论的合作精神,"最大多数的最大幸福"是一个相对的概念,既不能得出个人利益不受限制主张,也不能得出"公共利益"必然优先的结论。要知道,根据社会契约理论,以"多数人最大的幸福"为指针的公共利益不仅源于个人权利的让与,还要通过个人与国家的合作,实现个人幸福、公共利益的整体改善。其中,个人利益的改善具有标志性的地位。换句话说,倘若国家无力保障相关的自然权利,无益于个人幸福的改善,甚至还不如离群索居的状态,国家及其制度的合法性必将遭到蔑视,改造相关制度的必要性也会随之增加。在公共政策的视野中,刑法是犯罪治理堤坝体系中最重要但不是唯一的反应方法。基于刑法的这种定位和属性,刑法的制定和适用也要将个人、多数人幸福的利益衡量作为犯罪治理合作的核心价值。

二、报应刑的性质和地位

贝卡利亚对报应刑持彻底否定的态度。他明确指出:"对被抓获者的刑罚达到了它的唯一目的,即以威慑来防止他人再犯类似罪行。"②"刑罚的目的既不是要摧残折磨一个感知者,也不是要消除业已犯下的罪行。"③既然刑罚的唯一目的在于"以威慑来防止他人再犯类似罪行",那么报应刑究竟处于何种地位?

报应刑分为道义报应刑和法律报应刑。学界普遍认为,康德是道义报应主义的奠基人。康德提出:"道德科学的最高原则是:'依照一个能够像一项

---

① [英]约翰·穆勒:《功利主义》,徐大建译,上海世纪出版集团2008年版,第17页。
② [意]贝卡利亚:《论犯罪与刑罚》,黄风译,中国民主法制出版社2005年版,第42页。
③ [意]贝卡利亚:《论犯罪与刑罚》,黄风译,中国民主法制出版社2005年版,第52页。

普遍法则那样有效的法则去行动.'凡是不符合这个条件的准则,就是违背道德."①"一项道德的实践法则是一个命题,它包含着绝对命令(戒律).那位通过法令来下命令的人是制法者或立法者.他是那种责任——伴随着法令而来的责任的作者……从道德含义上看,责难是一种行为的自由动机的承担者,这个行为于是被认为是他的道德表现或德行,并且受到法则(应该是指道德法则,笔者注)的约束.如果这个判断又规定了关于这种道德行为的法律后果,你们,这个判断就是合法的或有效的;否则它便仅仅是一种裁定或宣告而已.一个享有法权的人——单个人或者集体——被授权去判定行为是否合法,他就是法官或法庭."②也就是说,道德不仅是普遍、有效的法则,而且包含绝对的命令,得到立法和司法的绝对服从.对此,陈兴良教授认为:"根据康德的伦理原则,人本来就具有一种内在的指挥力量,它决定着他自己的实际行为,并使之具有道德性质.人违反绝对命令而犯罪,就应当受到道义上的非难与谴责.刑罚本身蕴含着正义、均衡的道德本质,含有等量的报应刑的意义.对犯罪人发动刑罚,应以其道德罪过为基准."③与之相反,作为法律报应主义的鼻祖,黑格尔(Georg Wilhelm Friedrich Hegel)提出:"必须特别注意法的东西和道德的东西的区别.在道德的东西中,即当我在自身中反思时,也有着两重性,善是我的目的,我应该按照这个理念来规定自己.善在我的决定中达到定在,我使善在我自身中实现.但是这种定在完全是内心的东西,人们对它不能加以任何强制.所以国家的法律不可能想要及到人的心意,因为在道德的领域中,我是对我本身存在的,在这里暴力是没有什么意义的……对各个犯罪应该怎样处罚,不能用思想来解决,而必须由法律来规定……犯罪的扬弃是报复,因为从概念上说,报复是对侵害的侵害,又按定在说,犯罪具有在质和量上的一定范围,从而犯罪的否定,作为定在,也是同样具有质和量上的一定范围.但是这一基于概念的同一性,不是侵害行为特种性状的等同,而是侵害行为自

① [德]康德:《法的形而上学原理——权利的科学》,沈叔平译,商务印书馆1991年版,第29页.

② [德]康德:《法的形而上学原理——权利的科学》,沈叔平译,商务印书馆1991年版,第31页.

③ 陈兴良:《刑法哲学》,中国政法大学出版社2005年版,第340页.

在地存在的性状的等同,即价值的等同。"①

本书认为,不管是道义报应还是法律报应,都属于以某种具有排他性的、单一报应形式作为刑罚根源、本质的界定方式,分别涉及刑罚本质的部分因素,因此也具有必然的缺陷。为此,陈兴良教授指出:"刑罚是一种复杂的社会与法律的现象,其根据是多元的,而并非是单一的。康德的道义报应主义将道义报应视为刑罚的唯一根据,是将刑罚这种复杂的现象简单化,并不符合刑罚的本质……只有把道义根据与刑罚的其他根据有机地结合起来,才能科学地揭示刑罚的根据……黑格尔的法律报应主义较之康德的道义报应主义有所进步。但是,黑格尔的法律报应主义同样存在缺陷……刑罚目的中的报应与预防具有对立统一的辩证关系。不可否认,报应与预防具有对立的一面。因为报应要求刑罚以已然之罪为根据;而预防要求刑罚以未然之罪为基础。但恰恰在罪刑关系上,报应与预防又展示出其内在的同一性。"②很显然,陈兴良教授对刑罚目的的阐述综合了主观恶性、客观危害的犯罪本质以及刑罚报应已然之罪、预防未然之罪的需要,实现了罪刑关系抑或刑法哲学的辩证化、系统化。但是,陈兴良教授对报应刑地位和作用的阐述,仍然存在继续探讨的余地。

实际上,康德和黑格尔的报应思想都受到了法国启蒙思想的影响。其中,又以卢梭和孟德斯鸠的影响最为突出。例如,在讨论"国家的形式和它的三种权力"的时候,康德明确指出:"国家是许多人依据法律组织起来的联合体。这些法律必须要被看成是先验的必然,也就是,他们一般来自外在权利的概念,并不是单纯地由法令建立的……每个国家包含三种权力,人民的普遍联合意志,在一种政治的'三合体'中人格化。它们就是立法权、执法权和司法权……在三种权力的联合中,国家的福祉得到实现。古话说,'国家的福利高于法律'。可是,这种福利不能仅仅理解为个人的富裕和这个国家公民的幸福,正如卢梭所断言,也许在自然状态甚至在一个专横的政府统治下,会更愉快地、更称心地达到这样一种状态。但是,国家的福祉,作为国家最高的善业,

---

① 〔德〕黑格尔:《法哲学原理》,范扬、张企泰译,商务印书馆2013年版,第97—104页。
② 陈兴良:《刑法哲学》,中国政法大学出版社2005年版,第341—441页。

它标志着这样一种状态:该国的宪法和权利的原则这两者之间获得最高的和谐。"①论及"国家法"的时候,黑格尔指出:"在国家中,一切系于普遍性和特殊性的统一。在古代国家,主观目的同国家的意志是完全一致的。在现代则相反,我们要求自己的观点,自己的意志和良心。古人没有这些东西——就其现代意义而言;对他们说来,最终的东西是国家的意志。在亚洲君主专制的统治下,个人在自身中没有内心生活也没有权能,至于在现代国家中人要求他的内心生活受到尊敬。义务与权利的结合具有两个方面:国家所要求于个人的义务,也直接就是个人的权利,因为国家无非就是自由的概念的组织。个人意志的规定通过国家达到了客观存在,而且通过国家初次达到它的真理和现实化。国家是达到特殊目的和福利的唯一条件。"②由此可见,康德和黑格尔的国家理论不仅受到了社会契约和分权制衡理论的影响,也充满了利益衡量、实现的思想。换句话说,支持报应主义的国家理论无不以利益衡量为基础,无不以个人自由、权益抑或国家福祉的共同实现为目的。基于这样的国家理论基础,报应主义及其刑罚方式也必然具有利益衡量的基础。

从利益衡量的角度来讲,报应既是一种情感反应,也是一种利益需求。说到底,报应就是一种情感利益。众所周知,犯罪是一种恶,会给受害人和社会带来物质和情感的伤害,因此有害于社会。物质上的损失,乃一己之私,实实在在的利益,不待多言。但是,对于情感的伤害,尤其因他人的伤害而产生的情感问题,能否归入利益的范畴呢? 英国经济学家亚当·斯密(Adam Smith)专门阐述过伤害、痛苦等与报应密切相关的情感问题:人的本性是自私的,总是在自爱心的引导下追求自利及其最大化。但是,人,不管被认为是多么的自私,在他人性显然还有一些原理,促使他关心他人的命运,使他人的幸福成为他的幸福必备的条件。尽管除了看到他人幸福,他自己也觉得快乐之外,他从他人的幸福中得不到任何其他好处。属于这一类的原理,是怜悯和同情,是当我们看到他人的不幸,或当我们深刻怀想他人的不幸,我们所感觉到的那种情

---

① [德]康德:《法的形而上学原理——权利的科学》,沈叔平译,商务印书馆1991年版,第139页、146页。

② [德]黑格尔:《法哲学原理》,范扬、张企泰译,商务印书馆2013年版,第263页。

绪。在此基础上,亚当·斯密明确指出:"痛苦,无论是心灵的或身体的,都是一种比愉快更为深刻的感觉。我们对痛苦的同情,虽然远远不如受苦者本人自然感觉到的那样强烈,却通常是一种比我们对愉快的同情更为强烈的感觉。"①亚当·斯密所说的,基于痛苦产生的这种"更为强烈的感觉",在斯宾诺莎(Baruch de Spinoza)看来,就是我们"最有益的事物":善就是有益,恶就是有害。反之亦然,利益就是善,就是让自己"很好"的存在。因此,所谓利益或者善的标准就是"是否有利于人的自我保存"。"那些能够供养或滋补身体,使身体所有部分都能适当地各尽其能的事物,就是对我们最有益的事物。"②利益就是善,而求善又是经济活动、政治生活、国家原理、法律制度等一切人类活动的根源和动力。一言以蔽之,情感上的伤害、同情以及报应情感都具有突出的利益本质,因此可以将报应纳入利益衡量的范畴,使之兼有正义与效率的属性,具有权衡、回复的可能。

理解到这一点,我们才能更好地理解,贝卡利亚提出的,刑罚的目的仅在于预防犯罪的观点不仅符合人性、人伦等最基本的情感需求,具有深厚的哲学基础,而且具有突出的指导意义。既然报应也是一种可以权衡、回复的利益需求,那么它与预防犯罪的功利观念就具有共同的本质——利益的更大化。从这个角度来讲,陈兴良教授所说的,刑罚目的是正当原则与效率原则的统一,即报应和预防统一的观点,存在不够完整的问题。的确,刑罚的目的具有报应犯罪、预防犯罪的层面,但是,报应、预防犯罪的功能又都具有利益衡量的属性,二者不仅统一于犯罪和犯罪人的过去和未来,而且统一于回复因犯罪侵犯的利益的事业。从另一个角度来看,刑罚的最终目的——对因犯罪而被侵犯的利益的回复,不仅符合当然的人性,得到道义的支持,具有突出的正当基础,也需要考虑到效率原则的要求,构建系统的回复方式,在决不能让犯罪人因犯罪获利的同时,以更有效的方式回复相关的被害法益。

三、公平的利益衡量思想

反对将报应纳入利益衡量的也不少。其中,最主要的就是"功利正义不

---

① [英]亚当·斯密:《道德情操论》,谢宗林译,中央编译出版社2011年版,第51页。
② [荷]斯宾诺莎:《伦理学》,李健译,陕西人民出版社2007年版,第243页、205页。

是真正的正义"的主张。例如,2001 年,邱兴隆教授提出:"报应之所以被视为正义的,在很大程度上是因为其是犯罪者个人与社会均能接受的。其对于个人的正义在于,如果个人未犯罪,报应保障不对其施刑,如果所犯的是轻罪,报应则保障不对其施加重刑。而其对于社会的正义在于,一旦个人实施了犯罪,报应确保对犯罪人施刑,如果所犯罪重,报应则保障对其施加重刑。因此,报应正义可以分为对个人的正义与对社会的正义。还应该指出的是,功利论者认为凡是符合预防犯罪的目的的刑罚都是正义的刑罚,由此形成了不同于报应正义的功利正义观。因此,说将功利凌驾于报应之上意味着对正义的牺牲,仅限指对报应正义的牺牲。至于说功利正义是否真正的正义,不是本书所能过多论证的问题。但是,在此有必要申明:与大多数当代西方学者一样,笔者认为功利正义不是真正的正义。"①邱兴隆教授"功利正义不是真正的正义"的观点,在规范刑法领域具有一定的代表性。在限定国家刑罚权、保障个人自由等方面,这种观点发挥过重要作用。但是,随着国家学说、民主政治、公共政策(刑事政策)理论和实践的发展,严格限定国家刑罚权的观念深入人心,早已成为检验相关刑事制度是否科学的标准之一。因此,将报应纳入利益衡量的范畴,不会对国家刑罚权的发动产生不利的影响。更重要的是,在相关的正义理论和实践中,纯粹、机械理性主义的抛弃,正义的实际实现都离不开利益的冲突、妥协和权衡。

即便从理性、纯粹的正义理论来看,将报应纳入利益衡量的范畴,也不违反正义理论的相关要求。在《正义论》中,罗尔斯(John Bordley Rawls)提出了"公正的正义"两个原则:"第一个原则:每个人对与其他人所拥有的最广泛的基本自由体系相容的类似自由体系都应有一种平等的权利。第二个原则:社会的和经济的不平等应这样安排,使它们被合理地期望适合于每一个人的利益;并且依系于地位和职务向所有人开放。"②基于上述两个原则,罗尔斯指出了排除功利主义的最大原因:"因为功利主义在产生最大利益总额(或平均

<hr/>

① 邱兴隆:《报应刑的价值悖论——以社会秩序、正义与个人自由为视角》,载《政法论坛》2001 年第 2 期。
② [美]约翰·罗尔斯:《正义论》,何怀宏、何包钢、廖申白译,中国社会科学出版社 1988 年版,第 60—61 页。

数)的前提下容许对一部分人的平等自由的严重侵犯。"实际上,经由休谟(David Hume)、边沁、亚当·斯密和穆勒等人发展起来的功利主义观念向来就是西方政治、社会、经济制度的基础。尽管这些制度还存在这样或那样的问题,但绝不可能忽视正义的地位和作用。仅以将报应纳入利益衡量范畴的理论为例:将报应纳入利益衡量的范围,本身就说明相关功利原理考虑到了报应道义抑或报应正义要求的合理性,绝不可能无视正义的地位和作用。与此同时,以自由状态、自然法则、天赋人权为基础的社会契约理论构成了西方国家理论及其政治、社会、经济制度的基础,因此,他们也不可能反对罗尔斯基于第一原则提出来的自由和机会平等的原则。当然,"公正的正义"理论第二个原则所提出来的"尽量平等分配社会合作所产生的利益和负担,坚持各种职务和地位平等地向所有人开放,只允许那种能给最少受惠者带来补偿利益的不平等分配……"的分配正义,对所有的国家制度都提出了极高的要求,属于理性、纯粹的正义理论。考虑到尽量平等分配,职务和地位的平等开放,还只能给最少受惠者带来补偿的正义要求,人类社会还没有任何一个国家能达到,甚至接近达到这个方面的要求。即便如此,也没有任何证据表明,达到上述分配正义要求的国家制度,只能是非功利的。

当然,受"公平的正义"理论的启发,将报应纳入利益衡量范畴的功利观念,应当是一种"公平的利益衡量"理论。申言之,卢梭的社会契约、孟德斯鸠的分权制衡、贝卡利亚的"最大多数人的最大幸福"、穆勒的"所有相关人员的幸福"①都考虑到了人人平等、自由,更加幸福的公平、正义要求,怎能说它是一种非公平的功利主义?

更关键的问题在于,在产生最大利益总额(或平均数)的前提下,功利主义是否容许严重侵犯部分人的平等自由的情况发生。这一点,仅从贝卡利亚的有关论述足以得到结论:例如,论及刑罚的起源,他明确指出:"没有一个人为了公共利益将自己的那份自由毫无代价地捐赠出来……";②论及刑讯问

---

① 论及功利主义的含义,穆勒明确指出:"构成功利主义的行为对错标准的幸福,不是行为者本人的幸福,而是所有相关人员的幸福。"参见[英]约翰·穆勒:《功利主义》,徐大建译,上海世纪出版集团 2008 年版,第 17 页。

② [意]贝卡利亚:《论犯罪与刑罚》,黄风译,中国民主法制出版社 2005 年版,第 10 页。

题,他又指出:"只要还不能断定他已经侵犯了给予他公共保护的契约,社会就不能取消对他的公共保护";①论及民众遵守社会契约的条件,他进一步指出:"真正和最有益的法律是怎样的呢? 那就是当一向到处声张的私人利益不再喧嚣或者同公共利益结合在一起时,所有人都情愿遵守和提出的契约和条件。"②可见,功利主义非常重视对个人(部分人)平等自由的保护,视之为社会契约和国家制度的重要基点。当然,社会契约、国家制度的基点绝不仅限于个人的平等和自由,它们也在乎社会福利的整体改善,并将最大多数人的最大幸福的功利主义观念列为一切社会行动的基础。然而,亦如前文所言,根据社会契约理论,以"多数人最大的幸福"为指针的公共利益不仅源于个人权利的让与,还要通过个人与国家的合作,实现个人幸福、公共利益的整体改善。其中,个人利益的改善还具有标志性的地位。因此,"最大多数的最大幸福"是一个相对的概念,既不能得出个人利益不受限制、公共利益必然优先的主张,也不允许基于公共福利而严重侵犯部分人的平等自由的情况发生。否则,就会破坏订立社会契约的自由、平等基础,有违订立社会契约的根本目的,无法实现个人利益与公共利益的整体改善。话说回来,在公共政策的视野中,公共利益是以个人利益的改善为基础的。失去了对个人自由、平等的保护,公共利益也将不复存在,何来功利主义严重侵犯部分人的平等自由的情况? 犯罪治理更是如此,不仅要严格限制国家刑罚权的发动,还要将个人自由、多数人幸福的利益衡量作为犯罪治理合作的核心价值,更不能顾此失彼,以公共利益的名义蚕食个人自由的领地。一言以蔽之,在功利主义的制度体系下,自由是不能交换的,但保障、恢复自由利益的方式是可以权衡的。

四、罪刑法定不是最高的刑法原则

在"追求最大幸福"刑法的范畴中,还蕴含了对刑法目的及其价值的反思和批判。贝卡利亚所提出来的,社会契约的形成、实现,废除死刑的主张,预防犯罪的目的,正当程序抑或犯罪嫌疑人权利的保障,这些建立在公共利益保

① ［意]贝卡利亚:《论犯罪与刑罚》,黄风译,中国民主法制出版社2005年版,第37页。
② ［意]贝卡利亚:《论犯罪与刑罚》,黄风译,中国民主法制出版社2005年版,第49页。

护、衡量的基础之上的观点,都挑明了一个非常重要的事实:罪刑法定不是最高的原则或目的。在此之上,还有公共利益的保护和衡量。作为罪刑法定原则的提出者,费尔巴哈也这么认为:"从上述推论(主要是指心理强制理论,笔者注)中我们可以得出下列有关刑法的最高原则:国家的每一部法律中的刑罚都是一个为维护外在权利而构成的,对违法给予感官上(内心)的恶的法律后果。""从最高原则的定义中可得出下列从属原则:I. 无法无刑(法无明文规定不处罚,keine Strafe ohne Gesetz,Nulla poena sine crimine)……II. 无法无罪(法 无 明 文 规 定 不 为 罪,keine Strafe ohne Verbrechen,Nulla poena sine crimine)……III. 有罪必罚(kein Verbrechen darf straflos bleiben,nullum crimen sine poena)……"①不难看出,罪刑法定原则从来就不是刑法的最高原则。这种情况,依然得到当代的主流刑法理论及其实践的支持。例如,在 1997 年再版的《德国刑法总论》中,约翰内斯·韦塞尔斯教授(Johannes Wessels)明确指出:"人类社会的发展经验表明,刑法存在的正当性(Rechtfertigung für die Existenz des Straferchts),在于它对于保障社会团体和睦昌盛的共同生活(ein gedeihliches Zusammenleben)有着无可争议的必要性……刑法之根(Wurzeln des Strafrechts),根植于法制共同体的社会伦理上的价值观念(sozialethische Wertvorstellungen)之中,这些观念是法益、法律规范和犯罪构成要件的确立基础。"②在亚里士多德的《政治学》中,约翰内斯·韦塞尔斯教授所指的社会团体和睦昌盛的共同生活就是"共同体的善"抑或"更好的生活",即善治(政治)。

英国著名政治学家 L.T.霍布豪斯(Leonard Trelawney Hobhouse)在《形而上学的国家论》中曾经指出:"最大幸福的原则能在最近这场蹂躏欧洲的大战期间和战后生根而且蓬勃发展,并不是偶然的。有一些政府造成的深重的苦难产生了反作用。人们开始根据对千百万人感受到的幸福和痛苦产生的影响来检验各种制度和对生活的看法,而且他们发现,'太太、孩子、家庭幸福'是

① [德]安塞姆里特·冯·费尔巴哈:《德国刑法教科书》第 14 版,徐久生译,中国方正出版社 2010 年版,第 31 页。

② [德]约翰内斯·韦塞尔斯:《德国刑法总论》,李昌珂译,法律出版社 2008 年版,第 5—6 页。

比战场和扩大了的领土更可靠的衡量一个国家的伟大程度的标准。"①很显然，"最大的幸福"远比那些保障幸福和权利的原则、制度更加重要。因此，刑法的任务、目的及其理论也都具有服从（从属）于"更好的生活"的属性。基于"更好的生活"的需要，包括刑法在内的各种社会反应组成犯罪抗制的堤坝体系，以满足犯罪治理艺术的需要。需要说明的是，犯罪治理还只是关乎共同体的善抑或"更好的生活"的公共事务的一部分。这一部分的事务，虽说具有恒久、难缠的属性，毕竟不能因此取代公共事务的全部。相应地，刑法的原则、理论也只是人类社会追求"更好的生活"的艺术的组成部分。一言以蔽之，基于犯罪人权利保护需要的罪刑法定原则的确具有至关重要的地位和作用，但它从来都只是人类社会追求最大幸福的法治体系的一分子，绝不是刑法的最高原则。受此启发，罪刑法定原则所蕴含的刑法教义思想、形式理性等，也都只是刑法目的及其价值的组成部分，必然具有可以衡量、折中、妥协的范式。用约翰内斯·韦塞尔斯教授的话说，这也是"人类社会的发展经验"。

第四节　费尔巴哈：心理强制的本质

冯·费尔巴哈乃德国著名的刑法学家，近代刑法思想的奠基人，刑事古典学派的杰出代表。1805 年，担任巴伐利亚邦的司法部部长以后，受命制定《巴伐利亚王国刑法典》。1813 年，《巴伐利亚王国刑法典》生效，并以对各种犯罪定义及其分类的精细、准确著称于世。他的著作主要有：《反对自然法的存在及其妥当性之唯一可能的论据》（1795 年）、《反霍布斯论、特别命令、最高权力的界限及关于市民对元首有强制权的论考》（1797 年）、《关于大逆罪之哲学的、法学的研究》（1798 年）、《实定刑法原理及基本概念的省察》（上/下卷）（1799/1800 年）、《德国刑法教科书》（1801 年）、《小论文集》（1832 年）等。鉴于费尔巴哈在罪刑法定原则、心理强制学说、犯罪构成理论、刑罚理论、刑法典立法等方面的重大贡献，他还被赞誉为"近代刑法学之父"。尤其他的心理强制理论，对刑罚的目的、范式的理解和刑事政策的诞生都具有重要的指导作用。

---

① ［英］L.T.霍布豪斯：《形而上学的国家论》，汪淑钧译，商务印书馆 2012 年版，第 131 页。

一、心理强制的利益本质

费尔巴哈的心理强制理论源于康德哲学的二元论。康德把世界分为两个:一是现象世界,即人们的感官所及并能通过理性加以认识的领域,它受机械的因果律支配;二是本体世界,即人们的认识所达不到而只能加以信仰的领域,它受自由规律支配。与之相适应,人也有"现象的我"与"本体的我"之分。"现象的我"活动于现象世界,在这里,人的行动没有自由,但理性却可以尽情发挥理论认识的创造作用。"本体的我"活动于本体世界里,在这里,理论认识不起作用,但理性可以发挥支配我们的实践作用,使人日益走向完全自由。受康德的影响,费尔巴哈提出,人有两种世界:感性界和理智界,在感性界的人是自然的存在者,在理智界的人是理性的存在者。与此同时,在法的领域,人是自然的存在者,要受自然因果律的支配;在道德的领域中,人是理性的存在者,会发生道德的自由,即先验的自由。为此,他指出:"人限于自然的存在者考察,不可能挽救自由,而其结果,必须承认是决定论者……然而从这个迷宫的出口,只是根据实践理性才被显示。我们可能被迫承认自由的根据,关于这种自由的意义与现实性划了严格的范围。其界限被限于道德的范围内,限于不扩张其界限才不引起矛盾。"①但是,费尔巴哈坚持认为:"法学的客体是正义与道德哲学的对象是道义,是互相完全不同的两个概念。"②对此,日本学者山口邦夫认为:"费尔巴哈虽然从康德哲学出发,但最终并不是康德的学徒。作为刑法学者,即作为独自的实定法的理论家,将自由从法的领域逐入道德的领域。费尔巴哈的理论毕竟是实定法的理论,不是形而上学的理论……康德一方面区别法与道德,另一方面把法作为广义的道德的一部分,认为法是为了实现最高道德的一个领域,是与费尔巴哈大不相同之处。"③本书认为,在康德的哲学思想中,"理性"为自由立法,本是"无限—不受限制"的,但要服从"自由概念"的实践理性,与"有限"结合,成为"现实—具体—实现了"的逻辑。也

---

① 马克昌:《近代西方刑法学说史》,中国人民公安大学出版社 2008 年版,第96—97 页。
② 马克昌:《近代西方刑法学说史》,中国人民公安大学出版社 2008 年版,第98 页。
③ [日]山口邦夫:《19 世纪德国刑法学研究》,八千代出版股份公司 1979 年版,第18、21—23 页。转引自马克昌:《近代西方刑法学说史》,中国人民公安大学出版社 2008 年版,第98 页。

就是说,"无限"的理性、自由,最终也要皈依于有限的"现实",成为"真实""有限"的"无限",实现了二者的统一。从这个角度来讲,费尔巴哈绝对区分法与道德、"现象的我"与"本性的我"的逻辑,也有一定的局限性。

费尔巴哈的心理强制学说建立在法律上、自然存在的人的基础上。亦如前文所言,在他的哲学理论中,法律上、自然存在的人是受因果律支配的——无不生活在感性世界,并受自然规律的支配而没有自由。因此,他提出:"所有的违法行为在感性上都有其心理学上的起因,人的贪欲在一定程度上会因对行为的乐趣或者产生于行为的乐趣得到强化。这种内心的动机通过下列方式加以消除:让每个人知道,在其行为之后必然有一个恶在等待着自己,且这种恶要大于源自于为满足的行为动机的恶。"①也就是说,在费尔巴哈看来,犯罪的原因不是自由,而是来自感性世界的冲动。关于这个在等待着违法行为的"恶",费尔巴哈明确提出:"身体上的强制不足以阻止违法行为的发生,因为,只有当国家知道发生特定违法事实的必定性,或者(如在强制安全保障情况下)知道违法事实发生的可能性时,采取预先的强制才有可能……如果想防止违法,那么,除了身体强制以外,还必须有一个在违法结束前业已存在的国家的强制,在每一种情况下这种强制都会发挥作用,而不取决于对可能发生的违法是否了解。这样的强制唯有心理强制。"②这样一来,费尔巴哈阐明了心理强制理论的哲学基础和国家力量。

在此基础上,费尔巴哈提出:"由国家通过法律规定并依据该法律科处的恶便是世俗刑罚(die buergerliche Strafe,poena forensis)。刑罚的必要性的根据以及刑罚存在的根据(既包括法律中规定的刑罚,也包括刑罚的运用本身),是维护所有人彼此之间的自由的必要,其途径是消除人们内心的违法动机。""刑罚的法律依据取决于刑罚的法律上的可能性。I.刑罚威慑的法律根据,在于刑罚威慑与受威慑者的法律上的自由同时存在,以及保护全体公民权利的必要性,其理由构成了国家对于刑罚威慑的义务。II.适用刑罚的法律根

①　[德]安塞姆里特·冯·费尔巴哈:《德国刑法教科书》第14版,徐久生译,中国方正出版社2010年版,第28页。
②　[德]安塞姆里特·冯·费尔巴哈:《德国刑法教科书》第14版,徐久生译,中国方正出版社2010年版,第27—28页。

据在于法律的预先威慑。"①"维护所有人彼此之间的自由的必要",即权利保障的需要。这也是费尔巴哈对刑罚本质和心理强制作用机制的论述。在费尔巴哈看来,刑罚的本质在于权利的保障,报复性的刑罚也侵犯犯罪人的权利,因此反对报复性的刑罚;心理强制的作用机制不在于严酷刑罚所产生的威慑作用,而在于刑罚的规定会使一般人在犯罪之际考虑到相关行为的后果,因此产生心理警戒、强制作用。

需要特别说明的是,作为法律上抑或自然存在的人,能引起他们的心理警戒并产生心理强制作用的力量究竟是什么? 这个问题的回答,还牵扯到康德和边沁的有关论述和思想。首先,理性抑或能够引起内心警觉、思索的道德法则的本质是个利益问题。在康德的哲学思想中,理性居于核心的地位。基于他的理性观念,康德非常重视道德法则的地位和作用:"有两样东西,人们越是经常持久地对之凝神思索,它们就越是使内心充满常新而日增的惊奇和敬畏:我头上的天空和我心中的道德律。"②实际上,这也是康德的墓志铭。在康德看来,理性乃"自由"与"自己"。人,虽然生而自由(理性),但会受到"外在"抑或"它者"的支配、约束。于是,人总要付出相当的勇气和代价摆脱相关力量的羁束。其中,相关的勇气和代价,既包括物质(社会发展到一定程度)的代价和力量,也包括克服"懒惰—怯懦"的勇气。究其实质,无论是自己抑或"本体的我"的"自由",抑或借助物质、精神力量摆脱羁束的努力,都具有有利于"自己"属性,属于利益的范畴。从这个角度来讲,不仅法、道德和理性的统一是客观存在的,法、道德与心理警戒、心理强制之间也具有本质上的统一性,它们都统一于自利的情感抑或利益的本质。这一点,边沁说得更加清楚:"自然把人类置于两位主公——快乐和痛苦——的主宰之下。只有它们才指示我们应当干什么,决定我们将要干什么。是非标准,因果联系,俱由其定夺。凡我们所行、所言、所思,无不由其支配:我们所能做的力图挣脱被支配地位的每项努力,都只会昭示和肯定这一点。一个人

---

① [德]安塞姆里特·冯·费尔巴哈:《德国刑法教科书》第 14 版,徐久生译,中国方正出版社 2010 年版,第 29—30 页。

② [德]康德:《三大批判合集》(下),邓晓芒译,人民出版社 2009 年版,186 页。

在口头上可以声称绝不再受其主宰，但实际上他将照旧每时每刻对其俯首称臣。功利原理承认这一被支配地位，把它当作旨在依靠理性和法律之手建造福乐大厦的制度的基础。凡试图怀疑这个原理的制度，都是重虚轻实，任性昧理，从暗弃明。"①由此可见，作为法律上抑或自然存在的人，能引起他们的心理警戒并产生心理强制作用的力量是法，是道德，是理性，更是自利的情感及其利益衡量的本质。

正因为如此，费尔巴哈也明确指出："如果有人指责作者的体系以人性和其他国家目的的代价构成了一种恐怖主义，那么，他忽略了以下事实，即如作者所说的那样，残酷的刑罚恰恰起到了威慑的反面作用，这只是国家立法智慧（刑事政策）问题，我们需要讨论的问题是：应当规定什么样的刑罚，如何适用这些刑罚，不是为了与所有刑罚的目的相适应，而是为了，如果可能，促进其人性的和公民的目的。得到充分理解的威慑理论与边沁提出的利益原则实际上是完全相符合的。"②不难看出，尽管费尔巴哈严格区分法与道德，认为它们的理念完全不同，但他认为，得到充分理解的威慑理论的根本就是边沁所提出的——"旨在依靠理性和法律之手建造福乐大厦的制度的基础"，即自利的情感及其利益衡量的功利本质。

二、心理强制的政策启示

在心理强制理论中，费尔巴哈还提到了相关的国家立法智慧，即刑事政策问题。从刑事政策理论的角度，费尔巴哈的心理强制理论也具有重要的指导意义。

首先，心理强制的利益本质有助于改善刑法的正义性质。如果简单地将心理强制理解为法律对行为人的心理威慑，就会出现黑格尔提出来的，威吓的合法性问题。在《法哲学原理》中，黑格尔认为费尔巴哈提出来的，心理强制学说赖以建立的基础抑或人性不自由的假设违背了正义原则的基本要求。黑格尔指出："费尔巴哈的刑罚理论以威吓为刑罚的根据，他认为，不顾威吓而

① ［英］边沁：《道德与立法原理导论》，商务印书馆 2012 年版，第 58 页。
② ［德］安塞姆里特·冯·费尔巴哈：《德国刑法教科书》第 14 版，徐久生译，中国方正出版社 2010 年版，第 30 页。

仍然犯罪,必须对罪犯科以刑罚,因为他事先已经知道要受罚的。但是怎样说明威吓的合法性呢?威吓的前提是人不是自由的,因而要用祸害这种观念来强制人们。然而法和正义必须在自由和意志中,而不是在威吓所指向的不自由中去寻找它们的根据。如果以威吓为刑罚的根据,就好像对着狗举起杖来,这不是对人的尊严和自由予以应有的重视,而是像狗一样对待他。威吓固然终于会激发人们,表明他们的自由以对抗威吓,然而威吓毕竟把正义撂在一旁。心理的强制仅仅跟犯罪在质和量上的差别有关,而与犯罪本身的本性无关,所以根据这种学说所制定的法典,就缺乏真正的基础。"①根据古典主义的正义理论,人不仅是自由的,也只能是目的而不能是手段。然而,在费尔巴哈的心理强制理论中,不仅人性非自由,还属于以心理强制为手段的犯罪预防方法,受到黑格尔的质疑也在情理之中。但是,若能从利益的层面进一步揭示心理强制的本质,相关的问题便能迎刃而解:一方面,行为人乃相关自利情感及其利益衡量的主体,犯罪所能带来的好处与法律所产生的威慑都只是引起行为人警觉、衡量的因素,满足了古典正义所蕴含的人只能是目的的要求。另一方面,基于利益具有可衡量的特性,引起心理强制的相关因素必然也具有可以衡量的特性。这一点,还可以从人和动物都具有的趋利避害的本性得到说明。黑格尔提出来的,"以威吓为刑罚的根据,就好像对着狗举起杖来"的论断,有它合理的一面——人和狗是有区别的。尽管经由利己情感发展起来的利他(它)情感抑或生态平等、独立观念的影响日渐扩大,但也不能撼动人类主体及其利己情感的根本地位。另一方面,人和狗的区别也是相对的。根据利己的情感抑或本性,都会因此权衡并做出自己的判断。因此,人性也是相对的,在一定的条件或程度下,也具有权衡的可能。较之于黑格尔的论断,费尔巴哈不仅根据康德哲学指出了人性非自由的侧面,还基于权利保护的目的,满足了正义原则的要求,实现了从方法到目的的转换。当然,从这个角度来讲,心理强制既是目的也是方法②,它的政策属性也是多元的。

---

① [德]黑格尔:《法哲学原理》,范扬、张企泰译,商务印书馆 1979 年版,第 102 页。
② 费尔巴哈反对剥夺抑或惩罚人的权利。但是,他不反对通过心理强制的方法来保护权利。

其次,心理强制乃非理性的强制,对信仰犯是无效的。亦如费尔巴哈的二元人性理论所言,心理强制理论建立在自然存在、非自由的人的基础之上,具有非理性抑或感性的特征。那么,心理强制理论将不适用于那些源于理性、人性自由的犯罪。所谓源于理性、人性自由的犯罪,主要是指行为人基于内心确信抑或人性自由产生的犯罪。在这些犯罪的发生机制中,源于犯罪人的信仰抑或内心确信,他们获得了自己运用自己的理智的自由。① 因此,施加于他们的心理强制很难发挥应有的作用。

最后,心理强制理论所蕴含的刑事政策思想具有突出的形式法治要求。心理强制理论的实质就是采用法定的威慑去压制行为人因违法行为而生的,感性上的起因。因此,费尔巴哈的心理强制理论也可以得出以下推论:"国家的每一部法律中的刑罚都是一个为维护外在权利而构成的,对违法给予感官上(内心)的恶的法律后果。"②这个推论也是费尔巴哈所提出来的,刑法的最高原则。从这个最高原则出发,还得出了罪刑法定原则的三个从属原则:(1)无法无刑,即法无明文规定不处罚的原则;(2)无法无罪,即法无明文规定不为罪的原则;(3)有罪必罚,即法律规定对特定的违法给予刑罚之恶是必要的法定后果。③ 相对其他的罪刑法定主张,费尔巴哈的理论更强调刑罚外在、形式上的目的。为此,他甚至要求"有罪必罚"。这也是形式法治区分于"形式—实质"一体的法治主张的重要环节。然而,当刑事政策经由立法发展到社会治理抑或真正面对犯罪治理问题的时候,基于犯罪问题的复杂性,如何综合运用包括立法、司法在内的各种社会方法组成抗制犯罪问题的堤坝体系,才是刑事政策思想的基本任务。源于这个基本任务的需要,国家立法的智慧不过是犯罪治理思想的重要组成部分,它既不是犯罪治理智慧的全部,也不是唯一、绝对的刑事政策思想。

---

① 在康德的理性哲学中,自然的人抑或非理性的人性就是一种不经别人引导,就无法运用自己的理智的不成熟的状态。

② [德]安塞姆里特·冯·费尔巴哈:《德国刑法教科书》第14版,徐久生译,中国方正出版社2010年版,第31页。

③ [德]安塞姆里特·冯·费尔巴哈:《德国刑法教科书》第14版,徐久生译,中国方正出版社2010年版,第31页。

第五节 哈贝马斯:沟通与批判的理性

尤尔根·哈贝马斯(Jürgen Habermas)乃当代德国的哲学家,法兰克福学派的杰出代表。由于他的思想尖锐、深刻,庞大而系统,因此被誉为"当代最有影响力的思想家""当代的黑格尔"和"二战后最伟大的哲学家",[1]在西方学术界占有举足轻重的地位。尤其他的交往理论、商谈道德及其实践理性批判,立足现代社会的系统批判,建立起以人类历史的自我反思为起点的批判理论。与之相应,作为批判犯罪学和批判刑法学的刑事政策也具有突出的批判特征。[2] 尤其刑事政策批判,当以犯罪存在的属性和规律为基础,展开对源于感性、纯粹实证和非公共精神的传统刑事政策理论的理性思考,以期犯罪治理理论和犯罪抗制合作的改善。从这个意义上讲,哈贝马斯的批判理性甚至为刑事政策批判与沟通的理性建构奠定了重要的方法范式和基础。

一、工具理性批判与交往理性[3]

哈贝马斯的批判理论主要是指他的工具理性批判。相关的理论见之于他在哲学、心理学、政治学、社会学、社会理论等领域广泛而系统的论述。作为一个公共知识分子,他的批判理论和态度还具有高度的统一性。这一点,在"海德格尔事件"中表现得尤为突出:1953 年,海德格尔(Martin Heidegger)将他于

---

① James Gordon Finlayson, *HABERMAS: A Very Short Introduction*, Oxford University Press, 2005, p.1.

② 参见卢建平:《刑事政策与刑法》,中国人民公安大学出版社 2004 年版,第 30 页;严励等:《中国刑事政策原理》,法律出版社 2011 年版,第 22 页;周建军:《刑事司法政策原理》,清华大学出版社 2011 年版,第 67 页。

③ 哈贝马斯的批判理论正以一种近乎残酷的方式启迪着哲学世界的理性,甚至以研究他的批判理论著称于世的美国学者托马斯·麦卡锡(Thomas McCarthy)也认为:"哈贝马斯似乎是在曲高和寡的普遍性思想的气氛中茁壮成长起来的,并将社会理论视为实质上宽广到可以包括关于人类的整个系统性的知识。此外,还存在写作方式、信息量大以及晦涩难懂的阐述的难题……"因此,我只选择了与刑事政治理论密切相关的一些问题,如政治理论的科学化、实践理性的局限性,等等,借以说明刑事政治的批判方法和理性构建。参见 Thomas McCarthy, *The Critical Theory of Jürgen Habermas*, The MIT press, 1978, p.x.相关译文参考了王江涛的译著,特此表示感谢。

1935 年完成的《形而上学导论》(*Einführung in die Metaphysik*)一字不改地发表出来。在该书中,海德格尔声称法西斯主义(国家社会主义)是"一场具有内在真理和伟大的运动"(inner truth and greatness)。获悉后,曾为海德格尔的思想倾倒,并成长于其中的哈贝马斯义愤填膺,并一再撰文对此进行批判。① 于此,他形成了"坚决反对理论盲目亲近实践"的原则,并自觉地将工具理性批判坚持到底。

哈贝马斯要批判的工具理性是指在资本主义工业化时期根据"目的—手段"理性形成的唯功利工具思想。他认为,劳动作为一种工具性行为,是一种"目的—理性"行为,是一种强调行为目的、行为手段与行为结果之间内在一致性的行为。工具性行为反映人类基于技术兴趣而对自然所具有的控制关系。因此,工具理性的本质是指,在目标确定的情况下选择达到这一目标最有效的手段,或在被给定的条件下现实地权衡和制定所要实现的目的。在他看来,在资本主义社会中,受工具理性的影响,理性出现了极端片面化和工具化的问题。极端片面化和工具化的理性一方面依托工具技术的革命性变化对资本主义的发展起到了巨大的推动作用;另一方面,也导致社会事实上的"非理性化",使资本主义制度逐渐丧失了"合法性"。基于消解工具理性引发的合法性危机的需要,哈贝马斯提出以劳动和交往的二元论来取代历史唯物主义的一元论。说到底,他的工具理性批判是以科技异化的扬弃来建构合理的交往模式,并以交往改变劳动的地位和作用,实现"主体—客体"结构向"主体—主体"结构的转换。② 需要特别指出的是,"主体—主体"结构的建构不仅为侧重于主客体关系的"意识哲学"向侧重于主体间性的"语言哲学"的转变奠定了基础,还为他的主体参与、政治民主思想解决了关键性的主体参与问题。在哈贝马斯看来,程序对交往理性发挥着关键性作用。为此,他将交往理性形容为一种"程序理性"(procedural reason),并提出了"理想交谈情境"(ideal speech situation)的理论。根据哈贝马斯的假设,理想交谈情境具备以下特征:

---

① See Jürgen Habermas, *Work and Weltanschauung: The Heidegger Controversy from a German Perspective* trans. by John McCumber, *Critical Inquiry*, Vol.15, No.2.1989, p.446.

② 参见任岳鹏:《哈贝马斯:协商对话的法律》,黑龙江大学出版社 2009 年版,第 53—54 页。

第一,在理想交谈情境下,参与讨论的机会是开放、平等的。第二,交往和讨论不会受到权力或权力关系的影响。如雇员、平民不担心受到雇主和官员的影响而敢于据理力争。第三,参与讨论者必须持有一种开放、理性的态度。他们必须尊重其他参加者,聆听彼此的意见,考虑彼此的立场、角度和利益。最重要的是,参加讨论者应尊重有关的事实和道理,要从善如流,不固执己见,勇于放弃自己不正确的意见,接受他人更合理、更具说服力的观点。① 尽管"理想交谈情境"无法直接提供任何社会行动规则,但以此为代表的交往理性足以通过合理的辩论为道德和法律规范辩护(哈贝马斯称其为"可批判性表达"),就某种道德、法律规范达成合理、一致的意见。因此,具有突出的理性批判特征的交往理性具有,也"只具有弱的合理推动力量"②。在哈贝马斯看来,这种弱的合理推动力量所具有的理解的取向,有助于实践理性的改善。

　　源于他的工具理性批判和交往理论,哈贝马斯将亚里士多德的政治学说称作源于实践理性③的"古典政治学"。在《理论与实践》一书中,他提出:"亚里士多德坚信,名副其实的城邦(polis)把培育它的市民的德行视为己任……亚里士多德提出这样一种私法契约制度的构想,目的就是使大家能过一种有保障的、普遍正常的生活……如果说城邦制度是在公民参与管理、立法、司法和协商下建立起来的,那么托马斯保留的是比城邦制度还要好的制度(ordo),这个制度让政治实体由在公众对话中形成的、同公民的行动相关的意志和意识来支配。建立良好制度的标准不是公民的自由,而是安宁与和平……"④在哈贝马斯看来,亚里士多德这种关于善和正义的政治学说指涉的是实践领域(praxis)抑或人类行动领域的"城邦公民德行行为秩序的获得和维持"。古典政治学所具有的这种维系公民德行行为的能力,就是实践理性的表现。但是,亦如在他对工具理性的批判中所指出来的,实践理性有待交往理性抑或可批

---

① 参见任岳鹏:《哈贝马斯:协商对话的法律》,黑龙江大学出版社 2009 年版,第 56 页。

② [德]尤尔根·哈贝马斯:《在事实与规范之间:关于法律和民主法治国的商谈理论》,童世骏译,三联书店 2003 年版,第 7 页。

③ 哈贝马斯提出,理论理性是人类为自然立法的能力,实践理性是人类为自己的行动立法的能力。

④ [德]尤尔根·哈贝马斯:《理论与实践》,郭官义、李黎译,社会科学文献出版社 2010 年版,第 36—37 页。

判性表达的改善,通过开放、平等的对话达成合理、一致的意见,以满足政治民主化的要求。

　　哈贝马斯的工具理性批判对刑事政治理论具有以下两个方面的指导作用:第一,他以实践理性来确定古典政治学的合理内核,并为交往理性的介入奠定了基础。交往理性的介入,改善了亚里士多德政治(善治)德行的"技术"。这种"技术"的作用,在托马斯·麦卡锡教授的著作中写得很清楚:"城邦公民的德行生活的实践问题转换为技术问题,这种技术问题所考虑的是调节社会的交往,以便确保这个国家的民众的秩序和福祉。"[1]需要说明的是,虽则交往理性对政治德行的塑造远不及实践理性,但它的程序理性抑或对社会交往的调节也具有"合理的推动力量"。说到底,它不仅确保了国家的秩序和民众福祉,还推动了政治民主化的进程,为刑事政治理论的民主化指明了方向。第二,他的工具理性批判为刑事政治理论的批判方法奠定了理性的基础。亦如前文所言,刑事政治理论具有突出的批判特性,但刑事政治理论的批判绝非运动式的反对抑或为了反对的反对,应当是符合事务属性和规律的理性批判。

二、自我反思与实证主义的局限性

　　在刑事政治理论的倡导中,非实证不科学抑或科学尽出于实证的观念所形成的干扰作用不容小觑。一般以为,实证主义沿着经验主义哲学的思想路线,将自然科学的方法移入哲学和社会学的研究,反对思辨、形而上学的研究范式,开创了现代西方哲学的"科学主义"思潮。尤其19世纪中期,随着近代理性主义集大成者的黑格尔哲学的解体,对理性、思辨(辩证法)的怀疑充斥在哲学、社会科学的各个领域。当代中国,脱离实际、乌托邦式的理想长期占据哲学、社会学研究的主导地位。相当长的时间内,基于"扣帽子"式的语言思辨,重思辨、轻实践的问题非常突出,以至于实证研究相当匮乏。可能有"饥不择食"抑或矫枉过正的原因,复兴伊始,当代中国的实证研究又出现了过度拔高实证方法的问题。同时,基于犯罪的自然存在和犯罪现象的探明,刑

---

[1]　Thomas McCarthy,*The Critical Theory of Jürgen Habermas*,The MIT press,1978,p.4.

事政策具有突出的经验(实证)基础。但在刑事政策的知识体系中,犯罪存在的探明只是相关研究的基础——犯罪治理目标及其反应体系也需要得到相对理性、系统理论和思辨方法的支撑。为此,有必要借助哈贝马斯的"实证主义哲学批判"思想做出说明。

哈贝马斯的"实证主义哲学批判"思想主要见之于以下文献:1963 年发表的《分析的科学原理论和辩证法》;1964 年发表的《反对实证主义的不彻底的理性主义》;1965 年在法兰克福任教授职务时发表的《认识与兴趣》的演讲;1967 年发表的《关于社会科学逻辑的文献报告》,并初版的论文集《为了社会科学的逻辑》;1968 年出版的《认识与旨趣》(*Knowledge and Human Interests*,也译作《认识与兴趣》)等。在上述文献中,他指出,新实证主义者所提倡的关于科学方法的统一性观点,从根本上抹杀了人的科学与自然科学的差别,企图把"经验—分析科学的方法"强行引入人的科学中去,把社会科学探究的逻辑和自然科学探究的逻辑等同起来,抛弃了认识论的自我反思,陷入了"经验科学唯一有效"的误区。为此,哈贝马斯提出:"社会学中的这场与实证主义的论战,实际上是辩证法与'经验—分析科学的方法'之间的斗争。"①在这场论辩斗争中,哈贝马斯以认识论为基础,对康德、黑格尔的认识论展开了批判分析,倡导彻底的认识论,复苏"被抛弃了的反思阶段",进而对实证主义的冲击展开了激进的反思。

首先,哈贝马斯倡导彻底、激进的认识论。在《认识与旨趣》一书中,他提出:"认识既不是生物适应不断变化的环境的一种单纯的工具,又不是纯粹的理性生物的一种活动,而是一个具有强烈社会性的特殊的范畴。它是人类维持自身生存的工具和创造新生活的手段。它是主体(人)借助于工具活动和交往活动,在使用技术占有自然的进程中,在把握人的共性的进程中完成的。人类离开了对自然界,对人际关系的不断的新的认识,就无法存在下去。"②为此,该书的译者提出:"在哈贝马斯看来,彻底的认识论必须具有社会理论的形式,因为无论是认识的主体,还是认识的客体,离开了社会历史的联系,都是

---

① 参见欧力同:《哈贝马斯的"批判理论"》,重庆大学出版社 1997 年版,第 20—21 页。

② [德]哈贝马斯:《认识与兴趣》,郭官义、李黎译,学林出版社 1999 年版,"译者前言"第 11 页。

不可想象的。"①在《哈贝马斯的批判理论》中,托马斯·麦卡锡也认为:"……这些就是'被抛弃了的反思阶段'(the abandoned stages of reflection)。他的认识兴趣理论是一种通过在生活中挖掘知识根基,对认识论进行激进化的尝试。"②与此同时,在对实证主义进行分析的时候,哈贝马斯明确指出:"实证主义标志着认识论的结束,代替认识论的是知识学……因为实证主义把科学对科学自身的信任教条化,所以实证主义起着使研究不受认识论的自我反思影响的绊脚石的作用。从哲学上说,实证主义只注重一个要素,即注重使科学免受哲学影响这一必要的要素。这不足以推动方法论;方法论还必须强调自己是认识论,或者更恰当地说,它必须强调自己是认识论遗产的合法的和可靠的保护者。实证主义成败与否,同唯科学论的原则息息相关:认识的意义是由科学成果决定的,因此可以用科学处理问题的方式,即方法论的分析,充分地加以说明。把方法论自身的框架先验化了的认识论,自己现在受到了它曾经给形而上学所作的那种狂热和荒诞的裁决。"③因此,哈贝马斯的认识论是指对认识的可能性条件的反思,是以兴趣④为基础,以自我反思为核心的兴趣与认识相互交叉的认识论。哈贝马斯特别指出,在自我反思中,为了认识的缘故,认识达到同独立自主的兴趣的一致。此时,理性同时服从于对理性的兴趣,进而形成"解放性的认识兴趣",达到了自觉的社会反思批判的层次和高度。⑤与之相反,旧实证主义⑥拒绝自我反思,具有只对经验事实进行描述的客观主义缺陷。以此为基础,哈贝马斯还从认识论的角度对康德、黑格尔等人的哲学

①　[德]哈贝马斯:《认识与兴趣》,郭官义、李黎译,学林出版社 1999 年版,"译者前言"第11 页。

②　Thomas McCarthy, *The Critical Theory of Jürgen Habermas*, The MIT press, 1978, p.55.

③　Jürgen Habermas, *Knowledge and Human Interests*, trans. by Jeremy J. Shapiro, Beacon Press, 1972, p.67.

④　哈贝马斯将兴趣看作"与人类再生产的可能性与人类自身形成的既定的基本条件,即劳动和相互联系的基本导向(die Grundorientierung)"。参见[德]哈贝马斯:《认识与兴趣》,郭官义、李黎译,学林出版社 1999 年版,"译者前言"第 199 页。

⑤　参见[德]哈贝马斯:《认识与兴趣》,郭官义、李黎译,学林出版社 1999 年版,第 200—201 页。

⑥　实际上,现代的实证主义对"拒绝自我反思,具有只对经验事实进行描述的客观主义缺陷"是有反省的。因此,严格说来,哈贝马斯所说的"实证主义"应该是指"旧实证主义"。

思想展开了批判研究。

其次,认识论的批判方法与理性。康德的批判哲学将认识论的自我反思看作问题的原型,为此成为哈贝马斯的认识论基础,也因此成为黑格尔的"精神现象学"的批判对象。康德的批判哲学又称"唯心主义先验论",主要是指由其认识论(《纯粹理性批判》)、伦理学(《实践理性批判》)和美学(《判断力批判》)组成的批判哲学体系。在《纯粹理性批判》中,康德开篇明义地提出:"我们的一切知识都从经验开始,这是没有任何怀疑的……但尽管我们的一切知识都是以经验开始的,它们却并不因此就都是从经验中发源的。因为很可能,甚至我们的经验知识,也是由我们通过印象所接受的东西和我们固有的知识能力(感官印象只是诱因)从自己本身中拿来的东西的一个复合物……我们在下面将把先天的知识理解为并非不依赖于这个那个经验,而是完全不依赖于任何经验所发生的知识。与这些知识相反的是经验性的知识,或是那些只是后天地、即通过经验才可能的知识。但先天知识中那些完全没有掺杂任何经验性的东西的知识则称为纯粹的。"①在《实践理性批判》中,康德进一步提出:"一般实践理性批判就有责任去防范以经验为条件的理性想要单独给出意志决定根据的狂妄要求。只有纯粹理性的应用,倘若这种理性的存在得到证明的话,才是内在的;相反,自封为王的以经验为条件的理性应用则是超验的,并且表现在完全逾越自己领域以外的种种无理要求和号令之中。"②在康德的批判哲学中,科学被理解为一种可能知识的范畴,理论理性处于包括实践理性、反思判断和批判反思自身的综合框架之中。康德认为,真理出自理性,而经验只承认感觉,否认理性的推演作用,无法说明知识的普遍性和必然性。为此,康德的批判哲学在对经验知识的批判中奠定了自我反思的认识论基础,且具有突出的理性批判的性质。但黑格尔认为,康德的理论理性无法经受住"先验哲学未被承认的假设这样的批评"。在《知识与兴趣》一书中,哈贝马斯也提出:那种影响康德批判的"第一哲学"的意图是一种幻觉;先验反思并不是一个绝对的开端,它依赖某种先验的、既定的东西。为此,哈贝马斯赞

---

① [德]康德:《三大批判合集》(上),邓晓芒译,人民出版社2009年版,第1—2页。

② [德]康德:《实践理性批判》,韩水法译,商务印书馆1999年版,第14页。

同黑格尔提出的认知主体必须在其历史发展中得到理解的批判观点;但是,他不同意黑格尔自己阐发这种洞见的方式,即不同意将这种洞见发展成一种"绝对精神的哲学"(philosophy of absolute spirit)①。据此,哈贝马斯甚至认为,黑格尔引发了这样一种致命的误解:"当哲学宣传自身是真正科学的时候,科学和哲学的关系就从讨论中消失了。正是黑格尔引发了这样一种致命的误解:哲学理性(philosophical reason)反对纯粹理解的抽象思想之理念,等同于宣称保留了其普遍科学知识地位的哲学篡夺了个体之自然科学(individual science)的合法性。但是,自然科学的成就使我们不得不明白这样一种主张——无论引起怎样的误解——都只是一种幻想。"②也就是说,哈贝马斯赞同黑格尔认知主体必须在其历史发展中得到理解而不是先验的幻觉的批判观点,但他也不同意黑格尔将认识论归结为一种绝对精神的哲学。哈贝马斯提出,在绝对精神那里,认识论没有得到激进化,而是被取消了。他还提出,马克思(Karl Heinrich Marx)也错过了对认识论的方案进行激进化的机会。在对黑格尔的元批判(metacritique,批判的批判)过程中,马克思认为意识并非通过观念的形式和绝对精神的自我运动而产生、转换的,而是通过生产力的发展和社会阶级斗争的方式产生和转换的……马克思将类的自我形成过程的重构从观念主义假设中分离开来,开启了对知识主体的反思通道,既避免了康德的先验批判的个体主义和超历史的局限,也避免了黑格尔同一性哲学过度的观念主义。但马克思没有以认识论的方式理解科学,只宣称他自己的工作担当着真正(严格)科学的职责;他的工作将"现代社会形态的经济法则"揭示为"自然法"。所以,在这种形式中,它也无法对这个世纪后来出现的实证主义的冲击进行激进的反思。③ 很显然,对当代中国来说,哈贝马斯对马克思的认识论的青睐更值得注意。尤其哈贝马斯提出来的,"马克思将'现代社会形态的经济法则'揭示为'自然法'"的提法,究竟指的是什么,为何又陷入了"没

---

① [美]托马斯·麦卡锡:《哈贝马斯的批判理论》,王江涛译,华东师范大学出版社 2010 年版,第 69 页。

② Thomas McCarthy, *The Critical Theory of Jürgen Habermas*, The MIT press, 1978, p.54.

③ 参见[美]托马斯·麦卡锡:《哈贝马斯的批判理论》,王江涛译,华东师范大学出版社 2010 年版,第 70 页。

有以认识论的方式理解科学"的宿命?

在《认识与兴趣》中,哈贝马斯指出:"而政治经济学①,作为人的科学,应该对社会劳动体系的结构变化进行反思。严格意义上的科学恰恰缺少这种反思要素;而反思的要素是批判的特征,批判探讨的是社会主体自我产生的自然历史过程,以及使主体也意识到他的自我产生过程。只要人的科学是[对人的]形成的分析(die Konstitutionsanalyse),它就必然包括认识批判的科学自我反思。作为'人的自然科学'的经济学的自我理解,却抹杀这一点。如上所述,这种简略的方法论的自我理解,产生于一个被限制在工具活动上的坐标系,这是合乎逻辑的……没有发展人的科学的这种观念;由于把批判和自然科学等量齐观,他甚至取消了人的科学观念。唯物主义的唯科学论(der Szientismus)只是再次证实绝对的唯心主义已经完成的东西:扬弃认识论,以有益于从认识论的束缚下解放出来的包罗万象的科学,这里当然不是有益于绝对知识,而是有益于科学的唯物论。"②关于历史唯物主义,哈贝马斯进一步指出:"历史唯物主义大大地促进了黑格尔的自我反思进程;(但由于)混淆了黑格尔的独特概念,因此也就肢解了认识论。这样,实证主义就可以忘掉科学的方法论同人类的客观形成过程的错综复杂的联系,并在抛弃和排斥这种联系的基础上建立起纯粹的方法论的绝对主义。"③将人的科学等同于自然科学,的确存在唯物抑或物化的思想基础。说到底,以唯物主义为基础发展起来的哲学理论或多或少也存在泛化的工具理性问题。亦如前文所言,哈贝马斯对极端片面化与极端工具化的理性展开了批判,并提出依托工具技术革命对社会发展起到巨大推动作用的工具理性存在社会事实上的"非理性化",使资本主义制度逐渐丧失了"合法性"。在此基础上,哈贝马斯以科技异化的扬弃为基础构建他的交往理性理论,进而提出了劳动和交往的二元论。综合有关知识,

---

① 英文版本的原文是"political economy",郭官义、李黎的译本根据德文版本将其译为"经济学"。考虑到上下文系针对马克思的"政治经济学"进行论述,故将相关中文译本中的"经济学"修改为"政治经济学"。
② [德]哈贝马斯:《认识与兴趣》,郭官义、李黎译,学林出版社1999年版,第40—41、56页。
③ Jürgen Habermas, *Knowledge and Human Interests*, trans.by Jeremy J.Shapiro, Beacon Press, 1972, p.5.

唯物主义与科技异化(工具理性)都存在片面化与自我反思的不足,因而招致哈贝马斯的批判。

尽管唯物主义和科技异化遭到了哈贝马斯的部分批判,但哈贝马斯对马克思的思想是很亲近的。尤其东欧剧变以后,以美籍日裔学者弗朗西斯·福山(Francis Fukuyama)为代表的学者认为,资本主义已经取得了完全的胜利,马克思主义和社会主义已经终结了。即便左派人士,也千方百计掩盖他们曾经有过的,与马克思主义的联系,纷纷遮掩、避嫌。与之相反,哈贝马斯没有随波逐流,他将东欧剧变看作一场"矫正的革命":东欧剧变和苏联的变化并不意味着社会主义的失败,失败的只是苏联模式的"社会主义",即官僚社会主义(哈贝马斯也称之为"国家社会主义")。苏联和东欧国家违背了社会主义原则,而在资本主义国家,由于社会党的推动,将社会主义的某些原则包容、吸收到了他们的国家。官僚社会主义的失败并不等于西方资本主义的胜利,资本主义也许会比官僚社会主义延续更长的时间,但未来社会不会保持资本主义的现有形态,它的前途必然是社会主义。为此,哈贝马斯坚持认为:"马克思主义仍然有它的当代意义,社会主义在21世纪有着光明的前景。"[1]哈贝马斯对马克思主义的亲近并不影响他对唯物主义和科技异化的批判,因此形成了理性、彻底的自我反思抑或激进的认识论。从这个角度来讲,哈贝马斯的认识论也就是反思批判的认识论,具有突出的理性和批判特色,乃理性的反思批判。与此同时,我们该借鉴他对马克思主义的反思批判,改变对马克思主义认识论的描述性理解,以批判为主要手段,完善当代中国社会治理的理论和实践。

三、刑事政策批判与沟通的理性

从新社会防卫理论到广义刑事政策理论(刑事政治理论)的研究,都具有突出的批判特性。考虑到犯罪治理的科学性,刑事政治理论更强调批判理性与理性批判的研究。因此,在刑事政策的批判理性和理性批判方面,哈贝马斯的理论具有重要的指导意义。

---

[1]　任岳鹏:《哈贝马斯:协商对话的法律》,黑龙江大学出版社2009年版,第32—33页。

亦如前文所言,在对历史唯物主义和科技异化进行批判的时候,哈贝马斯指出:"严格意义上的科学恰恰缺少反思的要素,而反思的要素是批判的特征。批判探讨的是社会主体自我产生的自然历史过程,以及使主体也意识到他的自我产生过程。"①也就是说,哈贝马斯将反思视为其认识论和批判理论的核心要素。从这个意义上讲,批判理性与彻底的认识论之间具有共通的性质,都以自我反思为要素,都以理论(theoria)所指向的"不变的、永恒的事务"为对象,且考虑到了相关主体及其意识的条件和可能性。正因为如此,哈贝马斯指出:"理论(theoria)指向的是'总是或者在极大程度上'(always or for the most part)发生的事情,即指向的是不变的、永恒的事务,换句话说,指向的是神圣的事务。它可以恰当地主张必然的知识,即认识(episteme),这是一种宇宙的性质和秩序的知识。这种理论知识(以其自身为目的)仅对实践知识(以行动为目的)提供最基本的预设……"②概言之,批判理性亦属理论理性的范畴。理性批判与批判理性的研究既要考虑到事务存在的自然属性和规律,也要考虑到社会主体及其意识的存在条件和反思。

考虑到批判理性对事务的自然属性的追求,刑事政策批判需要加强对犯罪治理事务的自然属性的研究。当然,这一点也契合犯罪存在的自然属性。相当长的时间内,国内的犯罪学研究存在片面的工具思维。他们以为犯罪的存在不过是以生产工具为代表的生产力和生产关系的产物,因此出现了借生产工具的改善抑或生产力的发展消灭私有制,进而消灭犯罪的观念和方法。尽管哈贝马斯对历史唯物主义的批判引起了较大的争议,但从借鉴的角度,也有必要确立反思历史唯物主义的基本立场。尤其在犯罪抗制的事务中,基于犯罪存在的自然(客观)属性,因科技或工具进步而消灭犯罪的结论是不合理的。从反思的角度来讲,我们此前之所以出现了这样一种借工具的改善消灭私有制、消灭犯罪的主流观念,或多或少还是存在片面的工具理性的。仅凭这一点,哈贝马斯批判理论的借鉴意义就不可小觑。

批判理性对当代中国的犯罪学研究的启发还存在于犯罪存在层面的理论

---

① Jürgen Habermas, *Knowledge and Human Interests*, trans. by Jeremy J. Shapiro, Beacon Press, 1972, p.46.

② Thomas McCarthy, *The Critical Theory of Jürgen Habermas*, The MIT press, 1978, p.2.

理性。犯罪存在层面的理论理性,首要的就是犯罪存在的自然属性。这一点,亦如哈贝马斯提到的"理论自身所关涉的正是实在的秩序,它不能被'制造',也不能被'完成',而只能被沉思。它所沉思的对象是宇宙的无限、永恒的神圣秩序。"①就此而言,康德也曾提出:"任何超越自然所决定的东西,都不存在理论。"②沉思犯罪存在的秩序,不妨将理性的犯罪学研究划分为两个方面的问题:犯罪存在的自然属性和犯罪发展的客观规律。③ 受批判理性的启发,犯罪存在的属性乃客观的知识,犯罪发展的规律乃必然的知识。因此,犯罪学的研究,无论是从犯罪存在论的角度,还是从批判理性的角度,都应以客观、必然的知识为目的。唯其如此,它才能逐步获得为自然立法的能力④,并因此上升为理论理性的范畴。

相对来说,批判理性对刑事政策的研究具有更为深刻的影响。概括起来,相关的影响至少存在以下两个方面:第一,古典政治理论的反思;第二,社会主体的自我产生批判。

首先,古典政治理论的反思对刑事政策的批判理性具有更为重要的启示作用。此前,在亚里士多德政治学说的基础上,教授以"刑事政策就是刑事政治(善治)"的核心命题奠定了广义刑事政策理论的基础。但是,论及"政治学的科学化",哈贝马斯提出亚里士多德的政治学说是关于善和正义生活的学说,仅具有为人的行为立法的能力,属实践理性和古典政治学的范畴。随着自然科学的进步,理论开始意味着定量表达的、规律陈述的、逻辑的整合系统,沉思理论和理论无涉的技艺这样的古典观念逐渐让位于科学理论和基于理论基础上的技术这样的现代观念。于是,城邦公民德行生活的实践问题转换为技术问题。这种技术问题所要考虑的是调节社会的交往,以确保国家公民的秩序和福祉。⑤ 反思亚里士多德的政治学说,"城邦的长成出于人类'生活'的发展,而其实际的存在却是为了'优良的生活'……又事物的终点,或其极因,

---

① 　Thomas McCarthy, *The Critical Theory of Jürgen Habermas*, The MIT press, 1978, p.3.

② 　[德]康德:《法的形而上学原理》,沈叔平译,商务印书馆 1991 年版,第 18 页。

③ 　此前的研究表明,理性乃事务存在的属性和规律,因此理性的犯罪学也需要着重研究犯罪存在的属性和规律。

④ 　哈贝马斯提出,理论理性是人为自然立法的能力。

⑤ 　See Thomas McCarthy, *The Critical Theory of Jürgen Habermas*, The MIT press, 1978, pp.3-4.

必然达到至善,那么,现在这个完全自足的城邦正该是[自然所趋向的]至善的社会团体了。"①诸如此类的论述,在阐明政治本质的同时,的确缺少了政治交往的技术。类似于程序理性在事务本质中的地位和作用,政治交往的技术也是政治科学的重要组成部分,它对政治本质能起到必要的修正作用。源于这样一种作用,哈贝马斯甚至提出了劳动和交往的二元主义。尽管政治交往的技术未必能与政治本质(更好的生活的追求)等量齐观,但这个技术长期被古典政治学忽略,以至于成为哈贝马斯划分古典政治学和政治科学的标志。因此,反思古典政治学的观念和方法,的确需要以交往理性补足政治技术的不足,这也是政治民主化抑或刑事政策民主化的必然要求。

其次,社会主体自我产生的自然历史过程将对刑事政策主体的自我产生做出批判性说明。在对历史唯物主义进行批判的时候,哈贝马斯提出:"批判探讨的是社会主体自我产生的自然历史过程,以及使主体也意识到他的自我产生过程。"②关于"社会主体自我产生的自然历史过程",哈贝马斯有进一步的说明:"人对自然界的认识——从实用的日常知识阶段到现代科学——是从人同自然界的最初的斗争中产生的。同样,人对自然界的认识,作为生产力,又反作用于社会劳动体系并且推动这个体系的发展。人对社会的认识也可以做类似的理解;这种认识——从社会集团的实用主义的自我理解阶段直到形成真正的社会理论——决定着社会主体的自我意识。"③也就是说,在批判层面上,"社会主体自我产生的自然历史过程"至少包含两个方面的含义:其一,社会主体产生的自然属性;其二,社会主体产生的二重作用。社会主体产生的自然属性是指社会主体地位的确立有其必然的属性和规律,也是一个自然、渐进的历史过程。作为社会政策的刑事政策,相关主体也是社会主体的一部分,它的自我产生也是一个自然、渐进的历史过程。早先的时候,刑事政策与政治学的研究都反对个人具有政策主体地位的可能性。随着科学技术和市场制度的形成、发展,个人的地位和作用日渐突出,民主的观念和机制逐步形成,个人的政策主体地位抑或对公共事务的影响也得到了自然而然的确立。

---

① [古希腊]亚里士多德:《政治学》,吴寿彭译,商务印书馆1965年版,第7页。
② [德]哈贝马斯:《认识与兴趣》,郭官义、李黎译,学林出版社1999年版,第41页。
③ [德]哈贝马斯:《认识与兴趣》,郭官义、李黎译,学林出版社1999年版,第41页。

社会主体产生的二重作用主要是指社会的客观发展与主体的自我反思共同作用。社会主体的产生既有赖于社会的客观发展,也取决于主体的交流、反省能力,是二者共同作用的结果。刑事政策的主体也是如此,它的产生是社会的客观发展与主体的自我反思共同作用的结果。当然,此前我们已经提出犯罪是一种自然存在,但它存在的形态与社会发展之间具有密切的联系。当然,更重要的是刑事政策主体的反思能力。哈贝马斯提出,在批判探讨的对象之中,包括"使主体也意识到他的自我产生过程"。也就是说,让主体意识到他的自我产生过程也是批判应有的内容和属性。为什么说"使主体也意识到他的自我产生过程"也是批判应有的内容和属性呢?笔者以为,这和以自我反思为核心内容的批判行为之间具有莫大的关系。一方面,没有反思抑或自我反思就没有批判;另一方面,反思不仅意味着利益的冲突,更标明了多元主体抑或其他主体的存在。没有其他主体的出现或存在,不会出现不同的利益抑或反对性的意见,也不会形成交往的理性。因此,批判的确蕴含着社会主体的自我产生和意识。受此启发,刑事政策主体的产生也是一个自然的批判进程。一言以蔽之,没有反思、批判抑或不同的利益主张,无以产生新的社会主体和刑事政策主体。

四、交往理性批判

哈贝马斯以劳动和交往的二元理论为基础形成了他的交往理性和批判理论。亦如前文所言,交往理性的存在进一步丰富了理性的内涵,对程序理性和政治参与(民主化)的改善也有促进作用。但交往理性能否成为独立的一元,或者说在交往理性之上是否存在更高层面的事务,这是一个问题。此前,我们以亚里士多德的政治理论为基础提出了刑事政治的本质,即刑事政治就是刑事善治,人类社会不过是为了更好的生活而对犯罪事务做出反应的主张。这个主张和交往理性能否成为独立一元本质的问题之间也存在关联之处:交往理性是否也要服从人类社会"为了更好的生活"的政治需要?一旦交往理性具有服从相关政治需要的属性,那么交往理性所具有的独立一元的属性必将是相对的。

与此同时,工具理性批判是以科技异化的扬弃来建构合理的交往模式。

然而,扬弃不否定事物的存在。作为启蒙精神、科学技术和理性演变的自然结果,工具理性所具有的合理性也是客观存在的。只不过,在极端的工具理性条件下,难免出现人的物化问题,对主体参与、政治民主的技术也很不利,这才产生了交往理性或工具理性批判的合理性质。再者,古典政治学的问题——"更好的生活"的本质也是一个动态发展的概念——将交往理性所要求的主体参与和政治民主作为"更好的生活"的一部分,不仅解决了古典政治现存于政治技术的不足,也实现了政治本质的扩展。更重要的是,"政治学和一般的实践哲学达不到严格科学的状况,这种严格科学是认识(episteme)。因为政治学要考虑到条件性和多变性,所以它不得不依赖一些具有'或多或少'(more or less)和'大多数情况下'(in most cases)特征的规则。"①缘于这些具有"或多或少""大多数情况下"特征的规则,交往理性所能解决的政治参与技术也不是绝对确定的存在。

在社会系统理论中,卢曼也很重视交往方式的运用。他明确提出:"社会系统是基于意义性沟通的自我参照系统"②"沟通决定社会(系统)的存在性问题"③。据此,我国台湾地区学者指出,在卢曼的社会系统理论中,"全社会可被看成是可期待的沟通的全部"。④ 尽管如此,哈贝马斯依然批评卢曼的社会系统理论过分关注系统的持存,对现代社会中的贫富分化、分配不公、司法腐败等缺乏应有的关怀。⑤ 可见,一个如此重视交往(communication)的理论都存在对实际关注不够的问题,交往和交往理性不过是补足了工具理性的部分问题。

---

① Thomas McCarthy, *The Critical Theory of Jürgen Habermas*, The MIT press, 1978, p.2.

② Niklas Luhmann, *Theory of Society* (*Volume* 1), Trans. by Rhodes Barrett, Stanford University Press, 2012, p.xiii.

③ Niklas Luhmann, *Theory of Society* (*Volume* 1). Trans. by Rhodes Barrett, Stanford University Press, 2012, p.48.

④ 黄钲堤:《卢曼的风险社会学与政策的制定》,《政治科学论丛》(总第 28 期)2006 年 6 月,第 131 页。

⑤ See Habermas J. *The Theory of Communication Action:A Critique of Functionalist Reason*. Boston:Beacon Press, 1981, p.82.

第六节　李斯特:"鸿沟"的误读与
最好的社会政策存在

被誉为近代刑法学大师的冯·李斯特博士是著名的刑法学家、犯罪学家,刑事社会学派的创始人。1851 年,李斯特出生于奥地利维也纳;1880 年,李斯特创办了《综合刑法科学杂志》(又译作《整体刑法学杂志》);1889 年,李斯特与荷兰刑法学家哈默尔(G.A.Hamel)共同创建了国际刑法联盟(Union International de droit Pénal)。主要著作有:《德国刑法教科书》《刑法的目的观念》《德国和外国执行刑法的比较情况》等。在批判、吸收意大利学派理论的基础上,以实证主义和决定论的哲学理论为指导,运用社会学的观点和方法研究、阐述罪、刑问题,倡导"经验人"的认识论、二元的犯罪原因(社会因素和个人因素)和"教育目的刑"理论。

论及刑事政策,影响最大的还是李斯特提出来的"最好的社会政策就是最好的刑事政策"的至理名言。这句话,尽管存在已达百年之久,但它对刑事政策和犯罪治理理论的影响还在发酵。在过去的一二十年间,笔者一直留意它的原文出处,希望它对我们的理解有所帮助。遗憾的是,至今没能如愿。但是,按照莎士比亚的说法,"一千个人眼中有一千个哈姆雷特",我也会尽量描述出这句话应该具有的含义,就教于同仁。

中国的刑事法治,不单形式理性缺无,对实质理性的误读、误判也很严重。受此影响,倡导形式法治的刑法教义与主张良法善治、系统治理的刑事政策理论之间的关系特别紧张。然而,刑法教义与刑事政策理论不仅需要共同抗制恒久、难缠的犯罪问题,还都受到弗兰兹·冯·李斯特的影响,拥有共通的思想基础。从"刑法是刑事政策不可逾越的屏障"的论断出发,陈兴良教授不仅认同德国学者克劳斯·罗克辛(Claus Roxin)教授提出来的"李斯特鸿沟"(Lisztsche Trennung)的存在,并以为,要将刑法学从政治、宗教和意识形态的纠葛中解脱出来,形成自成一体的知识体系。[①] 问题是,"李斯特鸿沟"是否存

---

① 参见陈兴良:《刑法教义学与刑事政策的关系:从李斯特鸿沟到罗克辛贯通中国语境下的展开》,载《中外法学》2013 年第 5 期。

在,抑或存在于上述论断之中? 研究表明,它非但不是一个截然分明的问题,而且遭遇到了理所当然的误读。更有意思的是,若从"最好的社会政策就是最好的刑事政策"的至理名言出发,李斯特不仅认同刑事政策与社会政策的运动、转化,而且明确提出了刑事政策与社会政策"同时发展、齐头并进"的要求。① 那么,基于反制引发犯罪的社会因素的需要,作为社会政策的刑事政策必然作用于包括犯罪成立、刑罚适用在内的刑法体系的全部,既不存在所谓的"李斯特鸿沟",也不存在绝对意义上客观性、纯技术性、外在性的刑法体系。由此可见,外在化的、刑事政策与刑法教义的二元性构想只是刑法理论体系化的断章,它们的意义主要在于补足形式理性的层面。若从系统抗制犯罪的艺术抑或社会政策、刑事政策的融通来看,实质乃包含了形式的实质,形式也是实质所要求的形式,它们的辩证、统一是绝对的,相关的区分、对立只有阶段性抑或某个层面的意义,"罗克辛贯通"从来就存在于犯罪治理实践及其刑法体系之中。

一、"李斯特鸿沟"的误读

据蔡桂生博士介绍,1970 年,罗克辛在"柏林讲演稿"的基础上扩充而成《刑事政策与刑法体系》一文。在这篇文稿中,根据李斯特"刑法是刑事政策不可逾越的屏障"的命题,罗克辛提出了著名的"李斯特鸿沟",以此描述李斯特对刑法教义学与刑事政策的区分,并以为:"这句名言道出了刑法与刑事政策二者之间的紧张关系,这种紧张关系在我们当下的学术研究中依然无处不在。"②据此,陈兴良教授进一步指出:"在李斯特看来,刑事政策的实现应当受

---

① 论及"现阶段刑事政策的要求和影响",李斯特指出:"现代刑事政策不可能有很长的发展史。它产生于 19 世纪的后四分之一世纪。它与社会政策同时发展,齐头并进。然而,社会政策的使命是消除或限制产生犯罪的社会条件;而刑事政策首先是通过对犯罪人个体的影响来与犯罪作斗争的。一般来说,刑事政策要求,社会防卫,尤其是作为目的刑的刑罚在刑种和刑度上均应适合犯罪人的特点,这样才能防卫其将来继续实施犯罪行为。从这个要求中我们一方面可以找到对现行法律进行批判评价的可靠标准;另一方面,我们也可以找到未来立法纲领发展的出发点。"[德]弗兰兹·冯·李斯特:《德国刑法教科书》,徐久生译,法律出版社 2000 年版,第13 页。
② [德]克劳斯·罗克辛:《刑事政策与刑法体系》第 2 版,蔡桂生译,中国人民大学出版社 2011 年版,第 3、7 页。

到罪刑法定原则的限制。由此可见,李斯特是从外部视角去理解刑法与刑事政策的关系,揭示了两者之间的对立性。李斯特关于刑法与刑事政策关系的观点为刑法教义学与刑事政策的关系提供了现实法律基础。可以说,李斯特关于刑法教义学与刑事政策之间二元分立的观点恰恰是其刑法与刑事政策二元区分观点的理论投影。因此,这两个命题之间具有密切的相关性,以至于合为一体而不分彼此。"①"李斯特将刑法教义学与刑事政策加以严格界分:刑法教义学成为一门形式的实证的学科,完全排斥价值判断,由此形成了古典的犯罪论体系;而刑事政策则是在刑法教义学之外,在刑罚论中予以研究,其以目的性思想为依归,尤其追求特殊预防的效果。"②但在笔者看来,现有的资料不足以说明,作为刑事社会学派创始人的李斯特排斥刑事政策对犯罪界定、成立的影响,因而形成所谓的完全排斥价值判断的犯罪论体系。所谓的"李斯特鸿沟",不过是罗克辛教授的误读。

从现有的资料来看,马克·安塞尔(Marc Ancel)先生较好地概括了李斯特对刑事政策概念的复兴作用:"国际刑法联盟的主要倡导者冯·李斯特曾致力于将新思想应用到法律实践中去。这些新主张主要是为了拥护卡那拉支持者所反对的有条件判决(即缓刑、刑罚执行的延缓),为了废弃短期监禁刑,并为青少年犯罪建立一种特殊的(不怎么带惩罚性的)制度。更重要的是,李斯特复兴了刑事政策这一概念,仅从这最后一点说,李斯特的努力就是极其有价值的了。如果说刑事政策作为指导与犯罪作斗争的协调合理的体系这一定义事实上要归功于孟德斯鸠(《论法的精神》很大程度上是一本刑事政策学论集)和贝卡利亚(1764年的《论犯罪与刑罚》)的话,那么刑事政策这一概念在19世纪的传播及首次系统化却要归功于1813年巴伐利亚刑法典的倡导者德国人安塞姆里特·冯·费尔巴哈。在冯·李斯特复兴刑事政策这一概念并在欧洲、拉丁美洲广为传播以前,刑事政策学这一学科的重要性早已显露出来了。实际上当时刑事政策这一概念的含义是比较狭隘的,因为在李斯特看来,

---

①　陈兴良:《刑法教义学与刑事政策的关系:从李斯特鸿沟到罗克辛贯通中国语境下的展开》,载《中外法学》2013年第5期。

②　陈兴良:《刑法教义学与刑事政策的关系:从李斯特鸿沟到罗克辛贯通中国语境下的展开》,载《中外法学》2013年第5期。

刑事政策涉及的主要是(改造以后的)刑法对于依据犯罪学知识确定的罪犯人格如何适应的问题。"①从安塞尔先生的评价来看,李斯特对刑事政策理论的贡献至少包括以下两个方面的内容:第一,在费尔巴哈之后,复兴了刑事政策的概念,并将其传播到欧洲、拉美等地。第二,以确定的犯罪人格为基础,倡导个别化,有助于刑罚目的(法益保护和社会防卫)实现的刑罚方式。

关于李斯特的刑事政策思想,还有两种有代表性的观点:

第一,李斯特的刑事政策思想可以概括为以下的犯罪控制方法:以社会政策消除犯罪的社会因素,以个别化的刑罚来改造犯罪人的个人原因。例如,2000年,日本学者大谷实提出:"德国学者李斯特在刑事政策方面,认为由于社会的原因而产生的犯罪应当用社会政策来消除,主张'最好的社会政策就是最好的刑事政策'。他还认为,为使犯罪人不致再次犯罪,对由于个人原因而产生的犯罪,应当根据各个犯罪人的具体情况处以相应的改造措施,施以科学的改造方法。"②类似的提法,还有谢瑞智博士的观点:"李氏在1882年于Marburg Programm(马堡计划,笔者注)之'刑法目的思想'内将其刑罚改革思想纳入综合概念的'刑事政策'下,并对犯罪之原因展开根本的科学的研究。彼之刑事政策是建立在两种思想上:一种是社会防卫;一种是法律安全思想。犯人之所以敢于犯罪,系因个性与环境二原因之任何一项为主要原因而引起。因此,如欲完全把握上述之犯罪原因,就须讲求与犯罪展开斗争之有效手段合理之个别刑罚,李氏批判一般社会预防论与报应刑论,而重视刑罚之社会防卫目的与刑罚之改善与保安机能,由特别预防目的主张刑罚之个别化,以行为者之危险性,而不以行为者之行为为刑罚之目标。"③很显然,这些观点以描述性的方式概括了李斯特犯罪原因二分及其个别化刑罚方法的主要思想。类似于白描的绘画手法,这种方法的优点在于它能直接地反映事物的原貌;它的缺点就是难免流于形式,不够深入。

第二,李斯特的刑事政策思想属于广义刑事政策理论的范畴,绝不仅限于

---

① [法]马克·安塞尔:《新刑法理论》,卢建平译,香港天地图书有限公司1990年版,第15—16页。

② [日]大谷实:《刑事政策学》,黎宏译,法律出版社2000年版,第11页。

③ 谢瑞智:《犯罪学与刑事政策》,文笙书局2002年版,第115—116页。

改善刑罚制度的努力,还包括相关的社会政策。例如,1979 年,我国台湾地区学者张甘妹提出:"依广义说,刑事政策之防止犯罪目的不必是直接、积极的或主要的,而凡与犯罪之防止有间接或从属的目的之方法亦可属之。申言之,广义的刑事政策并不限于直接的以防止犯罪为目的之刑罚诸制度,而间接的与防止犯罪有关的各种社会政策,例如居住政策、教育政策、劳动政策(失业政策)及其他公的保护政策等亦均包含在内。例如梅兹格(Mezger)谓:'刑事政策者,对于犯罪之预防及镇压所为国家活动的全体'及李斯特所谓:'最好的社会政策,亦即最好的刑事政策'等,得谓采广义的见解。就理论上言,犯罪问题并不仅为刑事问题,同时亦为严重的社会问题,故倘欲收有效的防止犯罪效果,当必须与有关犯罪之各种社会政策相配合。若采广义说,则刑事政策之范围过广,在研究上及实际活动上亦有不易专精之困难,以致无法期待确实的效果。因此一般刑事政策之书,殆无论及一般社会政策。"①还有,丁道源教授提出的"刑事政策研究范围至为广泛"的观点:"尝闻刑事政策世界级大师李斯特有言'最好的刑事政策,便是最好的社会政策'。信哉斯语。按刑事政策研究范围至为广泛,举凡社会防卫方面之预防犯罪与罪犯处遇问题,恐怖主义之发生与预防问题。邪教之制止问题,跨国之经济犯罪(crimes underworld)问题;主刑、从刑以及保安处分之妥适性问题;涉及社会福利方面之犯罪被害人之补偿等均为当代刑事政策学者所应研究之课题。"②很显然,广义刑事政策抑或"刑事政策研究范围至为广泛"的提法并没有局限于刑罚方法的范围,从犯罪的原因、行为及其方法的社会性出发,阐明了李斯特刑事政策思想的根本所在:基于社会、个人原因产生的犯罪,同样需要从社会、个人两个方面来防止。根据刑罚个别化的原则,在刑罚的改善方面,尤其需要根据犯罪人的个人情况,尽量消除犯罪人的危险性,达到预防犯罪的目的。

本书认为,在李斯特的刑事政策思想体系中,尽管刑罚的个别化和目的刑的思想居于突出的地位,但是,李斯特并不排斥刑事政策思想对犯罪界定、成立的重要影响。例如,论及犯罪的界定与成立,李斯特明确指出:"一切法律

---

① 张甘妹:《刑事政策》,三民书局 1979 年版,第 2—3 页。
② 丁道源:《刑事政策学》,三民书局 2012 年版,第 1 页。

均是为了人的缘故而制定的。制定法律的宗旨就是为了保护人们的生存利益……法律的保护将生活利益上升为法益……生活的需要产生了法律保护，而且由于生活利益的不断变化，法益的数量和种类也随之发生变化，因此，法律规范如同根植于国民的宗教、道德和审美观之中一样，它也植根于国民的良知之中。只有在国民这里，法律规范才找到其牢固的立足点，也只有在国民这里，它才有其发展的动力。法律是一种文化现象，它与整个文化紧密联系在一起。"①在李斯特看来，一切法律均以法益保护为目的，刑法也不例外。法益的内容，又与人们抑或国民的生活利益、宗教、道德、审美观、良知、文化等紧密联系在一起，随之发生变化。因此，行为是否侵犯法益抑或犯罪是否成立的判断，势必受到影响民众生活利益的相关社会因素及其政策的影响。若非将刑事政策界定为狭义的刑罚反应，刑事政策必然影响犯罪界定、成立的判断，进而成为犯罪论体系重要范畴之一。

其实，关于犯罪论体系是否存在价值判断的问题，李斯特和罗克辛的观点并无二致。仍以法益的概念为例，罗克辛指出："虽然上面说明的法益构想是规范性的，但是，这个构想并不是静态的，而是在符合宪法的目的设定的范围内，向历史的变化和经验性知识的进步开放的。例如，目前惩罚露阴行为（第183条）是允许的，因为它危害了公共安宁。但是，如果随着时光的流逝，在人民中间达成了这样的共识：这样的行为仅仅表现了一种对公众无害的精神紊乱的症状，那么，对它的惩罚就不再是针对一种法益的保护，而是服务于阻止单纯的违反道德行为，并且是应当加以取消的。"②不难发现，罗克辛所谓"向历史的变化和经验性知识的进步开放"的法益构想与李斯特"由于生活利益的不断变化，法益的数量和种类也随之发生变化"的法益内容，都阐明了一个影响犯罪成立判断的关键因素：作为刑法目的的法益势必受到来自历史、现实及其经验性知识，并必然承载着价值判断的宗教、道德、审美观、良知、文化等生活利益的影响。就此而言，罗克辛如此，李斯特也不例外。为此，有论者指

---

① ［德］弗兰兹·冯·李斯特：《德国刑法教科书》，徐久生译，法律出版社2000年版，第3—4页。

② ［德］克劳斯·罗克辛：《德国刑法总论：犯罪原理的基础构造》第1卷，王世洲译，法律出版社2005年版，第16页。

出:"所谓跨越李斯特鸿沟,其实是一场学术误会。它只不过是罗克辛为论证其重构刑法体系的正当性而选择的一个口号。"①对此,笔者深以为是。

"刑法是刑事政策不可逾越的屏障"的论断,也不是"李斯特鸿沟"的佐证。罗克辛教授以为这个命题道出了"刑法与刑事政策二者之间的紧张关系",陈兴良教授提出"李斯特是从外部视角去理解刑法与刑事政策之间的关系,揭示了二者之间的对立性",都只看到了刑法与刑事政策互相对立、制约的一面,并未看到他们互相促进、融合的一面。据德国著名刑法学者汉斯·海因里希·耶赛克(Hans-Heinrich Jescheck)等介绍:"冯·李斯特的刑事政策的基本思想,于1882年反映在其著名的马堡计划'刑法的目的思想'中。马堡计划的核心内容是:'正确的刑罚,也就是说,公正的刑罚是必要的刑罚。刑法中的公正,是严格遵守由目的思想要求的刑度'……他的构思是,与无教育效果的、对被判刑人有不利影响的短期自由刑作必要的斗争,并致力于改善刑罚执行。对于纯粹的由特殊预防决定的刑事政策对法的安全的可能的危险,冯·李斯特也是有认识的:刑法仍然应当是'刑事政策的不可逾越的界限'。此外,客观主义的刑法教义学,还应当与目的刑(Zweckstrafe)和法治国家紧密联系在一起。"②"马堡计划"的内容再一次表明,尽管"目的刑"的追求是李斯特刑事政策思想的重中之重,但他深知客观主义刑法教义学、法治国家原则与目的刑及其刑事政策思想的关联性和统一性,主张相对、多元的刑罚目的理论。例如,李斯特在提出"刑事政策并非对社会的,而是对个人的……是以个人的改善教育为其任务"③的同时,还指出:"矫正可以矫正的罪犯,不能矫正的罪犯不使为害。"④"'保安处分'是指这样一些国家处分,其目的要么是将具体之个人适应社会(教育性或矫正性处分),要么是使不能适应社会者从社会中被剔除(狭义的保护性或保安性处分)。"⑤为此,普遍认为李斯特的目的

---

① 邹兵建:《跨越李斯特鸿沟:一场误会》,载《环球法律评论》2014年第2期。

② [德]汉斯·海因里希·耶赛克、托马斯·魏特根:《德国刑法教科书》,徐久生译,中国法制出版社2001年版,第92—93页。

③ 张甘妹:《刑事政策》,三民书局1979年版,第12页。

④ 陈兴良:《刑法的启蒙》,法律出版社1998年版,第257页。

⑤ [德]弗兰兹·冯·李斯特:《德国刑法教科书》,徐久生译,法律出版社2000年版,第401页。

刑理论至少包含以下两个方面的内容:第一,刑罚目的是一般预防与特殊预防的统一;第二,"刑罚现在应由本能的报应转向国家意思的裁判刑,而且报应观念应被所说的社会防卫、保全的新的目的刑思想所代替"①,同时刑罚的另一个目的在于改造和预防教育犯人。因此,李斯特在此背景下提出来的"刑法是刑事政策不可逾越的屏障"的命题,不仅是说"纯粹的由特殊预防决定的刑事政策对法安全的可能的危险",也是说他的刑事政策思想对此早有考虑,社会政策层面的刑事政策思想,不可能是"纯粹的由特殊预防决定的刑事政策",也不可能因此得出所谓的鸿沟。

综合看来,为改善刑罚的执行,李斯特运用其社会政策视野中的刑事政策思想尽力建构起既满足法的安全性、形式法治抑或刑法教义要求,又能适应社会发展,满足刑罚个别化需要的教育目的刑理论。从这个意义上讲,"刑法是刑事政策不可逾越的屏障"的命题侧重于刑事政策的刑罚反应,既是刑事政策理论优先研究主要反应方法(刑法方法)的必然体现②,也是李斯特构建其教育目的刑理论的必然结果。他不仅考虑到了纯粹的特殊预防的危险之处,也为之确立了刑罚适用的边界——客观的刑法教义抑或罪刑法定原则所能涉及的范围。此外,系统地考虑到李斯特的社会政策理论,这个命题应当还有以下两个方面的意义:第一,它率先启动了刑法与刑事政策关系的专门研究。这个问题不仅能决定刑事政策学的研究范围和作用范式,成为刑事政策理论的重要阵地,也会影响到刑法教义学的内涵与发展,受到刑法教义学科的青睐。第二,对这个命题的理解是动态、相对的。刑罚执行抑或刑事司法要以刑法作为边界,本是法治原则的基本要求,无可厚非。即便如此,亦如李斯特所言,刑事政策对刑罚执行也具有"富有成效的"③表现。在刑法立法的阶段,费尔巴哈提出刑事政策是立法国家的智慧(艺术),陈兴良教授以为刑事政策是刑法的灵魂,卢建平教授进一步提出刑事政策是刑法的指南,无不表明刑事政策与刑法的关系是动态、相对的,既有阶段性的形式对立、相互制约,更有整体上互

---

① 马克昌:《近代西方刑法学说》,中国人民公安大学出版社 2008 年版,第 240 页。

② 在刑事政策的反应体系中,尽管刑法反应作用有限,但居于最直接、最重要的地位。

③ [德]弗兰兹·冯·李斯特:《德国刑法教科书》,徐久生译,法律出版社 2000 年版,第 18 页。

为表里、相互转化、促进的融通属性。因此,从系统论的角度来讲,刑事政策与刑法的差别是局部的、相对的,它们的互相促进、融合是整体贯通的。在犯罪论体系中,考虑到法益保护的根本地位,以利益反应为本质的刑事政策必然影响犯罪成立的违法性判断,因此发挥着决定犯罪论体系根本、影响犯罪成立判断的重要作用。一言以蔽之,在"马堡计划"明确提出了"客观主义的刑法教义学,还应当与目的刑(Zweckstrafe)和法治国家紧密联系在一起"①的论断之后,还以"李斯特鸿沟"之名主张刑法教义与刑事政策截然分离,至少是一种误读。

二、"最好的社会政策"的存在

罗克辛对"李斯特鸿沟"的误读还会影响到"最好的社会政策就是最好的刑事政策"这一至理名言的系统诠释。其中,最关键的问题就是:如果"李斯特鸿沟"果然存在,那么,李斯特的刑事政策体系将如外界误读的那样,被压缩在刑罚论部分,远离刑法教义不说,还将无关于犯罪的界定和成立。果真如此,"最好的社会政策"不过是虽然重要,但"既非唯一,也非最安全"(李斯特语)的刑罚反应的演绎。这不仅曲解了社会政策的本义,还会造成李斯特犯罪原因二分及其目的刑理论的割裂,与其刑事政策思想自相矛盾。反之亦然,最好的社会政策的诠释也关系到刑事政策、刑法教义及其关系("李斯特鸿沟")的系统理解。总的说来,"最好的社会政策就是最好的刑事政策"的论断是刑事社会学派基于罪因二分提出的犯罪治理体系及其能力建设的指南,在表明犯罪抗制当以社会治理为方向的同时,也暗含了社会政策所涉甚是宽泛、深刻的意味。这期间,还包括对"最好的社会政策"的理解、社会政策与刑事政策的关系等内涵丰富、实践意义突出的基本理论问题。

首先,"最好的社会政策就是最好的刑事政策"的宗旨在于犯罪抗制的改善。从相关的表述来看,该论断落脚在"最好的刑事政策",也就是说,该论断最终是以犯罪抗制(犯罪预防)为目的的刑事政策思想。李斯特的犯罪抗制

---

① 〔德〕汉斯·海因里希·耶赛克、托马斯·魏特根:《德国刑法教科书》,徐久生译,中国法制出版社 2001 年版,第 92—93 页。

思想主要反映在他的目的刑理论和刑事政策纲领中。在"马堡计划"中,李斯特提出:"正确的刑罚,也就是说,公正的刑罚是必要的刑罚。""必要的刑罚"也在"马堡计划"的"两个要求"中得到了反映:"能矫正的罪犯应当予以矫正;不能矫正的罪犯应使其不致再危害社会。"①李斯特以为,"马堡计划"的"两个要求"在阐明其目的刑理论的同时,还助其刑事政策纲领最精彩的部分达到顶峰。② 由此可见,李斯特的犯罪抗制思想具有突出的功利主义特征,并在排斥报应刑的基础上建构起以特殊预防为主、一般预防为辅的刑罚目的体系。然而,依现在的情形来看,犯罪预防的效果遭到越来越多的质疑。与之相适应,"功利正义不是真正的正义"、报应刑才是"公正(正义)的刑罚"的提法日渐突出。本书认为,基于现有的科学知识和刑事经验,刑罚的报应、预防功能绝非势不两立的两种因素,而是如何融通于更加公正、有效的刑罚目的体系的问题。就此而言,李斯特的刑事政策思想,明知存在"不能矫正的罪犯",但又处处否定报应刑的地位和作用,或多或少存在一些不够周全的地方。话说回来,"最好的社会政策就是最好的刑事政策"论断中的刑事政策,专注于犯罪抗制的目的,多数情况下,可能不如社会政策宽泛,但也有其独到、直接之处。

其次,社会政策居于根本、系统性的地位和作用。亦如前文所言,在犯罪抗制的堤坝体系中,刑罚居于直接、主要,但非决定性地位。因此,李斯特的刑事政策更侧重于刑罚论的研究。但是,在刑事社会学派创始人李斯特的刑事政策思想中,社会因素才是决定性的。例如,在《德国刑法教科书》中,他不仅将菲利(Enrico Ferri)所提的自然犯罪原因归入社会原因的范围,还明确指出:"犯罪人实施犯罪的那一时刻所具有的个性是从他的天资发展而来,并由其出生后就面临的外界环境所决定的……我们可以抱有这样一种有可喜根据的信念:一切得到加强的社会政策措施都会非常有利于他们的后代的身心健康。自杀、杀婴和其他一切社会病态现象,均根植于影响后代发展的社会环境中。在与这一犯罪作斗争方面,社会政策比刑罚即有

---

① [德]弗兰兹·冯·李斯特:《德国刑法教科书》,徐久生译,法律出版社2000年版,第92页。

② 参见[德]弗兰兹·冯·李斯特:《德国刑法教科书》,徐久生译,法律出版社2000年版,第13页。

关处分的作用要大得多。"①据此,马克昌先生等纷纷提出:"李斯特在承认生物学因素对人的行为(具有)重要影响的同时,断言在犯罪形成过程中还是社会因素具有决定性作用……他认为,大众的贫困是培养犯罪的最大基础,也是遗传素质所以质变的培养液。改善劳动阶级境况是最好的和最有效的刑事政策。'最好的社会政策,也就是最好的刑事政策。'应讲求堪称为最好且最有效的刑事政策的社会政策。"②不难看出,在李斯特的目的刑理论和刑事政策体系中,社会因素具有决定性地位和作用。

考虑到社会政策的决定性地位,刑事政策的本质也可以阐述为以犯罪治理为目的的社会政策。这一表述,不仅反映了刑事政策的根本目的——以犯罪抗制为直接目的,保证了刑事政策研究相对独立的性质,也反映了刑事政策从属、依赖于社会政策的特性。相对独立的性质不待多言。从属于社会政策的特性,是指基于犯罪问题及其原因的社会属性,刑事政策必然具有归属于社会政策的性质;依赖于社会政策的属性,主要是指在犯罪抗制的方法体系中,刑罚虽然重要,但最终起决定性作用的还是社会治理水平。

再次,刑事政策与社会政策的区分是相对的。在李斯特关于刑事政策的论述中,必然存在区分刑事政策与社会政策的观点。例如,论及"现阶段刑事政策的要求及其对最新法律发展的影响",李斯特提出:"它(指刑事政策,笔者注)与社会政策同时发展,齐头并进。然而,社会政策的使命是消除或限制产生犯罪的社会条件;刑事政策首先是通过对犯罪人个体的影响来与犯罪作斗争的。"③据此,学界纷纷提出:"李斯特主张,应先明了刑事的立脚点,方能限定刑事政策实行的范围。劳动者应改造其住所,限制劳动时间,以及改良待遇,并使之受相当的教育,发展各个人的国民思想,因此便能减少犯罪行为。不过,上述这些属于社会政策,不属于刑事政策的范畴。但是,李斯特确信,社

---

① [德]弗兰兹·冯·李斯特:《德国刑法教科书》,徐久生译,法律出版社 2000 年版,第12—13 页。

② 马克昌:《近代西方刑法学说史》,中国人民公安大学出版社 2008 年版,第 228—229 页。

③ [德]弗兰兹·冯·李斯特:《德国刑法教科书》,徐久生译,法律出版社 2000 年版,第13 页。

会状态有改善的可能,并且利用社会政策的法则确实能够影响于犯罪的发生。"①同时,在张甘妹教授的著述中,也有"李斯特曾曰:'刑事政策并非对社会的,而是对个人的……是以个人的改善教育为其任务。'"②很显然,在区分刑事政策与社会政策的同时,这些论述也暗含了二者必然统一的属性:第一,它表明了李斯特开展刑罚批判,构建其刑事政策理论体系支点的刑罚个别化思想。要知道,刑罚个别化本是李斯特反制相关罪因(社会因素与个人因素,尤其社会因素)的指导思想,必然具有社会政策的属性。第二,"它与社会政策同时发展,齐头并进""首先通过对犯罪人个体的影响来与犯罪作斗争"暗含了刑事政策研究决不仅限于"对犯罪人个体的影响"(即刑罚论)的范围,至少包括与犯罪抗制密切相关的社会政策领域。众所周知,李斯特的社会因素和社会政策所涉都很宽泛。但是,李斯特之所以率先将刑事政策的理论应用于刑罚论部分,除上文提到的刑事政策理论优先研究主要反应方法及其构筑教育目的刑理论的需要之外,还有一个非常重要的原因:改善当时德国社会刑罚执行效果的需要。一个考虑到社会需求的刑事政策理论,不太可能与社会政策之间存在截然的鸿沟。第三,"应先明了刑事的立脚点,方能限定刑事政策实行的范围"的表述与我们将刑事政策解读为"刑事政策专注于犯罪抗制的目的"的立场是一致的。众所周知,"刑事"乃犯罪之事。在李斯特看来,"刑事的立脚点"应为法益保护目的下的犯罪预防事务。这与我们此前提出来的,李斯特的刑事政策思想是以"犯罪抗制(犯罪预防)为目的的刑事政策思想"的解读是一致的。至此,不难看出,尽管李斯特提出过"刑事政策……是以个人的改善教育为其任务"的观点,但"个人的改善教育"离不开具体的社会条件和政策,因此刑事政策与社会政策的区分必然是相对的。若非如此,也不能得出"最好的社会政策就是最好的刑事政策"的论断。

最后,"最好的社会政策就是最好的刑事政策"还意味着犯罪治理的两种运动形态:刑事政策的社会政策化和社会政策的刑事政策化。如果说该论断的刑事政策宗旨及其社会政策根本只是它的静态存在,那么"最好的社会政

---

① 翁滕环:《世界刑法保安处分比较学》,商务印书馆 2014 年版,第 45 页。
② 张甘妹:《刑事政策》,三民书局 1979 年版,第 12 页。

策"与"最好的刑事政策"之间的转化才标明了该论断的运动形态。

一方面,"最好的社会政策就是最好的刑事政策"的论断标明了刑事政策向社会政策转化(即犯罪治理)的基本进路——刑事政策的社会政策化。刑事政策的社会政策化,是指基于犯罪问题及其原因的社会属性,犯罪抗制的方法体系(即刑事政策的反应体系)必然具有反制相关社会因素的社会属性,因而转化为社会政策的一部分。当然,刑事政策的社会政策化需要具备两个条件:一个是理性的刑事政策理论体系的存在;另一个是好的社会政策实践。理性的刑事政策理论的存在是刑事政策社会政策化的前提条件。根据启蒙思想的研究,理性就是从事务的客观属性抑或本性出发,尊重事务发展的客观规律和普遍联系的知性。理性的刑事政策理论体系,是指尊重犯罪这一公共事务的客观属性(尤其恒久存在,功能多元的属性)及其普遍联系的犯罪抗制理论体系。犯罪及其社会治理绝非可以脱离社会治理体系获得单独解决的问题。反之亦然,仅凭刑法也无法解决任何公共事务问题。从这个角度来讲,由于忽视了社会问题的普遍联系,任何价值无涉抑或绝对客观、独立的刑事理论都没有太多的实际意义。这也是检验理性刑事政策理论体系的重要标准。当然,"好的社会政策实践"的理解,需要考虑到治理抑或社会治理的含义。早先的时候,我们就提出:"治理是公共主体为实现多元社会利益、改善民众生活而对共同事务采取的系统反应。"①再者,刑事政策的研究早就表明,考虑到人性("天然的政治动物")的自然发展、城邦的长成和"优良生活"的渐进发展,至善抑或良法善治的事业也是一个渐进达到至善的过程。② 因此,"最好的社会政策"不过是好的社会政策实践渐进达到"最好"抑或至善的实际情况。反之亦然,所谓好的社会政策实践,也就是社会治理体系实现多元利益,改善民众生活,渐进达到至善的实际情况。

另一方面,"最好的社会政策就是最好的刑事政策"的论断还标明了社会政策向刑事政策转化(即社会治理)的融通进路——社会政策的刑事政策化。在社会治理的各种事务中,犯罪问题甚至算得上最恒久、最难缠的事务。因

---

① 参见卢建平、周建军:《城中村治理:撕开二元制度的面纱》,载《清风》2010 年第 2 期。
② 参见周建军:《刑事政治:生活在别处的法律》,载《法学家茶座》2015 年第 1 辑。

此,主要的社会政策无不需要考虑到犯罪抗制问题。在犯罪抗制的理论中,很难理解上位的社会政策如何转化为下位的刑事政策。然而,在犯罪抗制的实践中:社会政策的改善未必带来刑事政策的改善;但在最好的社会政策条件下,社会有机体得到极好的发展,必然包含了与犯罪相关的各种问题的整体改善,自然也是最好的刑事政策。在这个层面上,社会政策与刑事政策实现了整体的转化、统一,也实现了社会政策的刑事政策化与刑事政策的社会政策化,即二者的融通。一言以蔽之,社会政策的刑事政策化抑或社会政策与刑事政策的融通,着眼于犯罪治理的改善,本质却在于人性的发展、城邦的长成及其"优良生活"的实现,所谓善治是也。

三、刑法教义与刑事政策的贯通

李斯特提到过客观主义的教义学。但在反映其刑事政策基本思想的"马堡计划""刑法的目的思想"中,他更提出了客观主义的刑法教义学"还应当与目的刑(Zweckstrafe)和法治国家紧密联系在一起"的整体贯通。① 囿于当时的条件,李斯特并未具体阐明刑法教义与刑事政策的贯通,但李斯特刑事政策思想的体系及其体系解释无不说明刑法教义与刑事政策的贯通当属应有之义。亦如前文所言,罗克辛教授从李斯特"刑法是刑事政策不可逾越的屏障"等论断出发提出了著名的"李斯特鸿沟",以此描述李斯特对刑法教义学与刑事政策的区分。在此基础上,罗克辛进一步指出:"李斯特鸿沟所延伸出来的刑法教义学方法,还会导致另一个问题,即:若刑事政策的课题不能够或不允许进入教义学的方法中,那么从体系中得出的正确结论虽然是明确和稳定的,但是却无法保证合乎事实的结果。"② 也就是说,如果存在截然区分刑法教义与刑事政策的"李斯特鸿沟",那么以犯罪成立判断为核心的理论和实践将无法获得刑事政策的指导,因此得出一些没有价值抑或不合理、不符合社会实际需求的结果。

---

① 参见[德]汉斯·海因里希·耶赛克、托马斯·魏特根:《德国刑法教科书》,徐久生译,中国法制出版社 2001 年版,第 93 页。

② [德]克劳斯·罗克辛:《刑事政策与刑法体系》第 2 版,蔡桂生译,中国人民大学出版社 2011 年版,第 7 页。

　　我们以为,在罗克辛的刑事政策理论体系中,"李斯特鸿沟"只是一个符号,它代表的是截然区分刑法教义与刑事政策,恪守严格的形式法治,刑事政策不得介入犯罪论体系的思想。考虑到中国刑事法理论及其实践的实际情况,客观的刑法教义、严格的形式法治思想日渐僵化,非理性的刑事政策理论积重难返,以至于阐明善治含义,倡导良法善治、系统治理的刑事政治理论被误判为"危险的理论"①。从这个意义上讲,遭罗克辛误读的"李斯特鸿沟"却又明明白白存在着。在这种情况下,即便"李斯特鸿沟"是一种误读,罗克辛教授所谓的"刑法教义与刑事政策的贯通"依然具有重要的现实意义。

　　基于对"刑事政策的课题不能够或不允许进入教义学的方法"以及缺乏刑事政策介入的刑法教义"无法保证合乎事实的结果"的担忧,罗克辛教授提出了旨在贯通刑法教义体系,避免法官机械适用刑法教义的刑事政策理论。在他的刑事政策理论体系中,他率先提出了贯通教义刑法体系的刑事政策目的:"体系是一个法治国刑法不可放弃的因素……一个现代的刑法体系应当是有目的地组织的,也就是说,必须是建立在评价性的基础之上的。当正确的体系性解决方法作为一种事先评价的结果表现出来时,体系性结论及其希望达到的事实上的正确性(Schrichtigkeit)之间的一致性,从一开始就可以得到保障,而缺乏这种一致性却会导致这么多的困难……建立这个刑法体系的主导性目的的设定,只能是刑事政策性的。刑事可罚性的条件自然必须是以刑法的目的为导向。根据这个观点,支持这个传统体系的基本范畴,就作为刑事政策评价的工具表现出来了,从而,这些范畴本身对于一种目的论体系来说,也是不可舍弃的。人权与法治国和社会国的基本原则会在刑事政策评价中被接受,并且将通过其超国界的适用而成为'欧洲刑法的基石'。"②不过,罗克

————————
　　①　基于对传统意识形态条件下的政治概念及其不受节制的作用方式的担忧,刑事政治理论依然被误读为"危险的理论"。实际上,"阶级统治绝非政治的本义,'政治挂帅'抑或'政治压倒一切'的意识形态不过是滥用了政治的别名,并非真正的政治生活。因此,危险属于泛政治化的传统及其单一、没有制约的利益机制,去政治化只能是泛政治化的纠偏,绝不能因噎废食,曲解了刑事政治理论阐明善治含义,改善公共事务机理的本真。"参见周建军:《刑事政治:生活在别处的法律》,载《法学家茶座》2015年第1辑。
　　②　[德]克劳斯·罗克辛:《德国刑法总论:犯罪原理的基础构造》第1卷,王世洲译,法律出版社2005年版,第132—133页。

辛对刑事政策贯通刑法教义方法及其体系的范式持极为审慎、辩证的态度：一方面，他批评传统的刑法教义所设定的某些规则过于僵硬，无法保证合乎事实的结果——导致个案的不正义；另一方面，他对刑法教义方法及其规则保有足够的尊重："为解决这些问题，真的必须脱离体系，并专门针对个案上的判决吗？显然，不能这么做。不过，我们也必须从刑事政策上主动放弃那些过于僵硬的规则。这样，体系性的一般概念和教义学上抽象化的意义自然就被进一步相对化了。"①基于审慎的态度，罗克辛还援引耶赛克等人的观点，进一步指出了刑法教义体系所带来的危险："耶赛克等人在为体系思维做出辩护之后，又这样说道：'人们也不能忽视按照抽象规则建立起来的刑法教义学所带来的危险，这种危险存在于：法官机械地依赖于理论上的概念，从而忽视了具体个案的特殊性。这时，决定性的首要任务总是解决案件问题（Sachfrage），而对体系的需要则必须退居第二位。'②我的哥廷根同事沙夫斯泰因（Sachaffstein）是令人尊敬的，他在他那篇关于刑法上的错误问题的论著中提出了'这两种视角谁更为优先'的问题，但却没有给予回答。但是，他也说道，如果考虑'是否合乎刑事政策上的目的的话，那么首先，以刑事政策的目的为导向的评价问题（Wertungsproblem）并不取决于任何概念的建构'，它可以被单独地解决，同时，它还可以对'逻辑的、教义学的演绎'起到'补充性的控制作用'。"③由此可以看出，罗克辛、耶赛克等人都对犯罪论体系抑或刑法教义的客观含义和形式理性保有足够的尊重，他们对犯罪论体系抑或刑法教义的僵化危险也表达

---

① ［德］克劳斯·罗克辛：《刑事政策与刑法体系》第 2 版，蔡桂生译，中国人民大学出版社 2011 年版，第 7 页。

② 论及一般犯罪论的意义，耶赛克专门指出："犯罪论中所概括的犯罪概念的一般特征，使合理的、与事实相适应的和均衡的判决成为可能，而且它对维护法安全是起到很大作用的。但人们也不得忽视落入非常抽象的程式化的刑法解释学（Strafrechtsdogmatik）。该危险存在于法官机械地信赖理论上的概念，从而忽视具体案件的特殊性。重要的总是要解决实际问题。如果专业问题（Sachfrage）以迄今为止的体系不能适当地加以解决，那么，进一步发展该体系就是十分必要的。'将刑事政策的价值判断融入刑法体系，使得法律的基础、其明确性和可预测性、无矛盾的相互配合和细节方面的影响'出现于每一种可以想象的案件中，是有必要的。"参见［德］汉斯·海因里希·耶赛克、托马斯·魏特根：《德国刑法教科书》，徐久生译，中国法制出版社 2001 年版，第 242—243 页。

③ ［德］克劳斯·罗克辛：《刑事政策与刑法体系》第 2 版，蔡桂生译，中国人民大学出版社 2011 年版，第 7—8 页。

出了明确无疑的担忧。他们所提出的,必要的时候,以刑事政策的价值(目的)判断(评价)贯通刑法教义的思想,不仅起到了解决实际问题、衡平个案正义的作用,还将为"刑法教义与刑事政策的贯通"以及相关理论的发展奠定重要的基础。

　　说到底,罗克辛所要贯通的刑法体系,就是李斯特根据古典犯罪论提出来的刑法教义体系。在《德国刑法教科书》中,李斯特在第一章"刑法的概念和本教科书的任务"中开篇明义地指出:"需要从纯技术的角度,依靠刑事立法,给犯罪和刑罚下一个定义,把刑法的具体规定,乃至刑法的每一个基本概念和基本原则发展为完整的体系……作为实用性很强的科学,为了适应刑事司法的需要,并从司法实践中汲取更多的营养,刑法学必须自成体系,因为,只有将体系中的知识系统化,才能保证有一个站得住脚的统一的学说,否则,法律的运用只能停留在半瓶醋的水平上。它总是由偶然因素和专断所左右。"①陈兴良教授认为:"在此,李斯特提出了纯法学技术的分析方法,这就是法教义学方法。此外,李斯特还特别强调了刑法知识的体系化与系统化,由此建立刑法的教义学体系。可以说,正是李斯特指明了近代刑法学的发展路径,将刑法学从政治、宗教和意识形态的纠葛中解脱出来,形成自成一体的知识体系。在刑法教义学的知识体系中,罪刑法定原则是根本的价值追求。在罪刑法定的框架范围之内,刑法教义学应该遵循实证主义的分析方法,而这种实证主义是排除价值判断的。"②关于这种自成体系的刑法教义知识,在《教义刑法学》中,陈兴良教授进一步指出:"法教义学的逻辑前提可以概括为一句话:法律永远是正确的,由此可以引申出一句法律格言:法律不是嘲笑的对象……体系性思考旨在解决一般性问题,但如果过于倚重体系性方法,可能会忽视具体案件的特殊性。而问题性思考旨在解决个别性问题,但如果过于倚重问题性思考,可能会影响司法判决的期待性……体系性思考的逻辑性是提供了逻辑关系建立起来的知识体系,各个部分的知识之间具有兼容性。因此,正如我国台湾地区

---

　　①　[德]弗兰兹·冯·李斯特:《德国刑法教科书》,徐久生译,法律出版社 2000 年版,第1—2 页。

　　②　陈兴良:《刑法教义学与刑事政策的关系:从李斯特鸿沟到罗克辛贯通》,载《中外法学》2013 年第 5 期。

学者许玉秀所说,体系化等于精致化。"①由于刑法教义体系尚未完全建立,形式法治理性遭受非科学政治观念的长期压制,陈兴良教授所提倡的刑法教义体系及其形式法治理性的确是中国刑法理论亟待解决的重要问题。但是,李斯特提出来的,"刑法学必须自成体系"的主张和"保证有一个站得住脚的统一的学说"的目的,都建立在一个共同的基础之上——"需要从纯技术的角度,依靠刑事立法,给犯罪和刑罚下一个定义……",即纯技术的角度。换句话说,李斯特所谓的必须自成体系的刑法教义体系抑或犯罪论体系仅限于纯技术的分析。即便如此,他也认为,纯技术的刑法教义体系绝不是一个封闭、独立的体系,它也要从司法实践中汲取更多的营养。从这个角度来讲,李斯特所谓客观的刑法教义体系,只是一个相对客观的刑法教义体系,与刑事政策体系下的目的刑理论、价值判断之间具有天然的"紧密联系"——绝非彼此隔绝、老死不相往来的关系。此外,类似的情况也存在于许玉秀"体系化等于精致化"的主张之中。

论及"建立犯罪阶层体系的必要性",台湾地区"司法院"许玉秀指出了建立犯罪阶层理论的必要性:"犯罪阶层理论提供的犯罪判断阶层构造,从分析和定位构成要件要素,可以提供一个精确判断犯罪成立与否以及处罚与否的步骤,借以确保刑罚制裁制度的合理有效。"②与此同时,许玉秀明确指出了在犯罪论体系中进行价值判断的必要性:"不区分各种理由的性质是不可能的,把正当防卫定位为阻却违法事由,把责任能力定位给阻却责任事由,显然不只是益智游戏,不只是概念的区分而已,这样的区分,是根据当代社会价值结构所产生的必然的价值判断,而且的确会在刑事政策上得出不同的结论。"③关于"根据当代社会价值结构所产生的必然的价值判断",许玉秀进一步指出:"总之,生活中只要有各种目的存在,必定会因而形成体系,为了满足某种特定的生活目的,必定有以目的为导向所产生的特点方法,规范是这样形成的,体系也是这样形成的。严谨的规范保证特定的价值易于实现,严密的体系保

---

① 陈兴良:《教义刑法学》,中国人民大学出版社 2010 年版,第 7—17 页。
② 许玉秀:《当代刑法思潮》,中国民主法制出版社 2005 年版,第 59 页。
③ 许玉秀:《当代刑法思潮》,中国民主法制出版社 2005 年版,第 59 页。

障体系功能的实现。精密的饮食文化要求严谨的饮食规则,高度开发的社会需要精致的价值体系,概念体系的建立是规范精致化的必然结论,也是社会发展的必然现象。"①由此可见,越是严谨的规范、严密的体系,越能促进特定价值的实现,也越需要得到精致的价值体系的指导。与此同时,体系化的刑法教义,不仅意味着精致化的概念、规范和逻辑,也意味着刑事规范体系的形成、适用越要得到来自追求更好的生活的价值、理念(即刑事政治理论)的指导。一言以蔽之,严谨、精密的刑法教义及其刑法规范与科学、必然的刑事政策的价值体系之间非但没有截然的鸿沟,而且具有貌似二元背反、实则相互促进的逻辑。倘若只看到问题的一个方面,难免有失偏颇。

可见,刑法教义与刑事政策的贯通是一个非常审慎而且必要的问题。一方面,李斯特提出来的,纯技术的刑法教义体系在恪守形式法治理性、遵守罪刑法定原则、满足人权保障需要等方面具有至关重要的地位和作用。对此,以严谨、客观著称的德国刑法理论不可能不重视。当代中国,刑法教义体系尚未完全建立,形式法治理性、罪刑法定原则的贯彻尚有较大的难度。从这个角度来讲,陈兴良教授提倡的刑法教义方法和体系具有重要的指导意义。另一方面,李斯特从来就不是一个倡导纯技术研究的刑法学者,他的刑法体系理论、法益思想、社会政策主张等,无不说明他立足社会治理,着眼于刑罚改善的刑事政策理论介入抑或贯通刑法教义的必要性和可能性。正因为如此,他才明确提出了客观主义的刑法教义学"还应当与目的刑(Zweckstrafe)和法治国家紧密联系在一起"的重要思想。因此,司法论意义上"刑法是刑事政策不可逾越的屏障"的主张,既是费尔巴哈提出来的,立法论意义上"刑事政策是立法国家智慧"论断的补充,也是刑事政策与刑法二元背反关系的另一个侧面,不会因此形成所谓的"李斯特鸿沟",也不会成为刑法教义与刑事政策贯通的障碍。与之相反,倘若以偏概全,不能准确、系统地理解李斯特教授的相关论断和体系,会人为地造成刑事政策与刑法教义的隔阂。

在罗克辛教授的贯通理论中:辅助性的法益保护构成刑法的根本目的,以实现不被容许的危险为前提的客观归属理论创设内容广泛的教义篇章,以及

---

① 许玉秀:《当代刑法思潮》,中国民主法制出版社2005年版,第59页。

强调社会治理,并将报应刑排除在必要、正当的刑罚体系之外的答责性理论,由此达成刑事政策体系构建的目标,实现刑事政策和刑法之间的体系性统一。例如,论及辅助性的法益保护,罗克辛教授提出:"从立法论——刑事政策上的立场出发,辅助性的法益保护可以推出这样的结论,亦即:一方面,刑法必须保护我们前面提到的那些自由权和受到平等对待的权利,另一方面,则也要禁止起草那些纯粹道德的或者直接的父权主义的刑法规定,因为相应的举止方式并没有伤害到他人的法益。同性恋行为或者成年人之间其他的性变态举止,不应该受到刑法的处罚。因为每个参加者都表示合意的时候,这些举止并没有损害到人类的共同生活,因而,也就没有伤害到法益……"①关于客观归属理论及其不被允许的风险,罗克辛教授进一步指出:"法秩序必须禁止人们创造对于受刑法保护的法益而言不被容许的风险,那么,实现这种风险就要作为一种符合构成要件的行为归属到该行为人身上……是否存在构成要件的行为,并不取决于因果关系,也不取决于目的性,而是取决于实现了不被容许的风险。通过科学的方法,客观归属理论已经发展成为一个内容广泛的归属体系。在这个归属体系中,风险创设、风险减小、可容许的风险、风险创设之禁止规范的保护目标以及风险实现这些准则,都已经形成了独立的教学篇章。"②论及刑罚的目的,罗克辛甚至还抬出了李斯特常常论及的"社会治理"(Soziale Steuerung)和"谋求社会目标"的要求:"刑罚的目的只能是预防性的,亦即只能是为了防止将来的犯罪。由于刑法是一种社会治理和社会控制的机制,它也就只能谋求社会的目标。报应理论并不具有社会正当性,因为:在报应理论中,刑罚的科处和刑罚的幅度都跟社会必要性没有关系。"③基于法的安定性、人权保障与罪刑法定原则的需要,不管是法益的形成、选择,还是不被允许的风险的界定,都要受到源自纯法学技术的刑法概念、原则及其发展而来的体系的限制。陈兴良教授以为,这种纯法学技术的方法,就是李斯特所谓的

---

① [德]克劳斯·罗克辛:《刑事政策与刑法体系》第 2 版,蔡桂生译,中国人民大学出版社 2011 年版,第 71—72 页。

② [德]克劳斯·罗克辛:《刑事政策与刑法体系》第 2 版,蔡桂生译,中国人民大学出版社 2011 年版,第 73 页。

③ [德]克劳斯·罗克辛:《刑事政策与刑法体系》第 2 版,蔡桂生译,中国人民大学出版社 2011 年版,第 76 页。

刑法教义方法。但亦如前文所言,不管是李斯特"自成体系"的刑法教义理论,还是罗克辛基于刑事政策价值抑或刑法目的提出来的客观归属理论和答责性理论,都表明了前述刑法概念、原则、体系、价值及其客观(纯法学技术)属性的相对性。正因为如此,也才有贯通刑事政策与刑法教义的可能性。

　　刑法概念、原则、体系、价值及其客观(纯法学技术)属性的相对性既是罪刑法定原则抑或形式法治理性的必然结果,也是犯罪论体系实质化、规范化的客观要求。刑法概念、原则、体系的客观(纯法学技术)属性,是李斯特教授提出来的刑法教义理论的基础。李斯特以为,"只有将体系中的知识系统化,才能促进有一个站得住脚的统一的学说",使之免受"偶然因素和专断"的控制。根据系统论的研究,"自成体系"的知识的确要比非体系化的知识更加独立、自在,也更能抵御住那些偶然、专断的因素的入侵。但是,系统论的研究还表明,"任何一种存在都处于内外不确定性干扰的包围之中",这是一个严肃的哲学命题,也是现实世界的不确定性背景……有组织的整体内部各部分之间的关系是十分紧密的,任何一个子系统的变化都会通过功能耦合网传递到整个体系。[①] 在一个叫隆恩·A.怀海德(Lorne A.Whitehead)的美国人设计的多米诺骨牌游戏中,连续排列的,后一块是前一块1.5倍的32块多米诺骨牌,甚至可以压倒排列在最后,如纽约世界贸易中心中的一座摩天大楼那么大的物体。[②] 与此同时,结构主义系统理论的研究也表明:系统可以划分为系统信息输入、控制系统和系统信息输出的动态系统结构模式。可见,系统的独立性、纯粹性和客观性都只是相对的范畴,不存在不受任何其他概念、原则、价值、体系影响,完全自给的系统。因此,李斯特所谓"纯法学技术"的刑法体系抑或刑法教义方法,必然受到内外部系统抑或外部输入的信息的影响,不可能是一个纯粹的、封闭的体系。也就是说,它也是一个非纯技术的体系。反过来,刑法教义的非纯技术性也表明,刑法概念、原则、体系、价值及其客观属性必然受到来自社会生活抑或社会治理层面的价值、目的、信息的影响。究其实质,相关的概念、原则、价值、属性也都是必然受社会生活影响的子系统,不仅它们的

---

　　① 金观涛:《系统的哲学》,新星出版社2005年版,第213—214页。

　　② 参见 Jearl Walker:《深思多米诺骨牌成串倒塌和悬出桌外的道理》,载《科学》1981年第12期。转引自金观涛:《系统的哲学》,新星出版社2005年版,第213—214页。

内涵、外延无不随外部因素的影响发生变化,还会因内部因素的冲突发生裂变抑或妥协。以支撑客观刑法教义学的形式法治理性为例:众所周知,客观主义刑法教义学源自人权保障、罪刑法定原则和形式法治理性的需要。但是,人权、罪刑法定原则、形式法治理性等范畴,都不是一成不变的概念,它们的内涵和要求也会随社会生活的发展而发生变化。正因为如此,学界才有人权的发展、僵化(机械)的罪刑法定原则、理性批判抑或批判理性之说。与之相应,古典主义的犯罪论体系抑或古典的刑法教义学不过是形成于 18 世纪中叶,反映资本主义上升时期的资产阶级刑法思想和刑事政策理论的刑法学派。在当时,他们对人权保障、罪刑法定原则和形式法治理性的理解具有突出的进步意义。但是,亦如 19 世纪后半期的历史经验所表明的:"在犯罪急剧增长面前,古典学派的刑法理论表现得无能为力……"①这也才有了刑事近代学派、新古典学派(后期古典学派)刑法理论的发生和发展。

刑法教义与刑事政策的贯通还影响到刑法形式化抑或实质化争鸣②的本质。关于刑法的实质化,张明楷教授讲得非常清楚:"当代的罪刑法定主义理念,已经将形式侧面(法律主义、禁止溯及既往、禁止类推解释、禁止绝对的不定刑与不定期刑)与实质侧面(刑法的明确性、禁止处罚不当罚的行为、禁止不均衡、残虐的刑罚)有机地结合起来,从而使形式侧面与实质侧面成为贯彻罪刑法定原则的统一要求……如果将罪刑法定原则的内容仅概括为形式的侧面,必然是存在缺陷的,最基本的表现为难以避免恶法亦法的现象,不能实现良法之治的要求。因为传统的形式侧面强调对刑法的绝对服从,只是限制了司法权,而没有限制立法权;如果不对立法权进行限制,就意味着容认不正义的刑法。"③概言之,"实质解释论同时维护罪刑法定主义的形式侧面与实质侧面,既有利于实现处罚范围的合理性,也有利于实现构成要件的机能。"④一旦形式理性与实质理性发生冲突,实质刑法观的倡导者刘艳红教授进一步指出:

① 马克昌:《近代西方刑法学说史》,中国人民公安大学出版社 2008 年版,第 161 页。
② 一般认为,刑法形式化抑或实质化的争鸣涉及两个核心命题,即犯罪论的形式化或实质化,解释论的形式化或实质化。由于形式化的解释论必然导致形式化的犯罪论,反之亦然。因此,相关争鸣也可以概括为犯罪论的形式化抑或实质化。
③ 张明楷:《刑法的基本立场》,中国法制出版社 2002 年版,第 115 页。
④ 张明楷:《实质解释论的再提倡》,载《中国法学》2010 年第 4 期。

"无论是形式的合理性还是实质的合理性,都只能是相对的合理性,绝对的合理性是不存在的:过分地追求形式合理性将会导致法律的变异;过分地追求实质合理性则会导致对法治的践踏与破坏。如果法律的形式合理性与实质合理性发生冲突,则只能在坚持形式合理性的前提之下追求实质的合理性;法律的形式合理性是第一位的,实质合理性是第二位的。"①本书认为,法治背景抑或良法善治的条件下,刑法形式及其实质的统一是毋庸置疑的。形式化抑或实质化的提法在强化相关侧面的同时,必然存在方法论上一以贯之的局限性。结合相对论的主要方法:立法论的层面上,刑法实质抑或实质刑法通常更为重要;而从司法论的角度来看,刑法形式具有藩篱一般的地位和作用,常常居于优势地位。但是,以上结论也不是恒久不变的。拉德布鲁赫所提出来的,"法律的不法"抑或"非法的法律",就是指司法论层面上,实质刑法可能占据相对优势地位的情况。一言以蔽之,刑法形式及其实质的统一是绝对的,区分是相对的。

但是,形式论者往往不赞同形式与实质的相对统一。他们在强化刑法形式的同时,也对刑法实质论提出了一系列异议。② 这些问题,不仅关乎刑法形式、实质层面的统一性,与刑法教义立场、刑事政策的贯通也具有密切的关系。概括起来,异议主要集中在三个方面:第一,关于犯罪概念。形式论者提出:"犯罪的实质概念在苏俄刑法那里跃升为僭主,它罢黜了罪刑法定,混淆了立法与司法,进而并合了政治与法律,成为意识形态的'歧路灯'。"③第二,关于犯罪论。形式论者提出:"传统的、苏联模式的四要件被普遍认为是一种'实际上以犯罪已经成立为前提'的体系。改造、废弃等各种学术构想都想自觉不自觉地会被拖入关于犯罪论的形式与实质的争议之中。在这种犯罪论体系能否实现刑罚的妥当性,能否做到处罚范围的合理性的过程中,必然面临这样的提问:你所主张的犯罪论体系是形式的还是实质的?"④第三,关于罪刑法定原则。形式论者引用意大利刑法学家杜里奥·帕多瓦尼(Tullio Padoani)的观

---

① 刘艳红:《实质刑法观》,中国人民大学出版社 2009 年版,第 42 页。
② 参见邓子滨:《中国实质刑法观批判》,法律出版社 2009 年版,第 5 页。
③ 邓子滨:《中国实质刑法观批判》,法律出版社 2009 年版,第 7 页。
④ 邓子滨:《中国实质刑法观批判》,法律出版社 2009 年版,第 13 页。

点提出:"坚持实质的罪刑法定原则,必然推出两点结论:(1)只要行为的危害性达到了犯罪的程度,即使在没有法律明文规定的情况下,也应受刑罚处罚;(2)只要行为不具有应有的社会危害性,即使有法律的明文规定,也不得当作犯罪来处理。而我国的实质论者则只注意了第(2)点结论所展现的魅力,多多少少忽视了第(1)点结论所揭示的危险。"①

本书认为,在一定的时期抑或某些地方,实质论的主张的确出现过泛政治化的过度作用、混淆立法与司法、罢黜罪刑法定原则的问题。即便现在,这些问题或多或少依然存在。正因为如此,对我们而言,形式法治抑或形式侧面的倡导必然具有举足轻重的地位和作用。但是,亦如20世纪的"法西斯国家",大量的恶行发生在"法律"的形式抑或名义之下。拉德布鲁赫据此提出了正义与法的安定性的"拉德布鲁赫公式"②,并明确指出:"纳粹法的所有部分都从来没有达到过有效法的庄严地步。希特勒人格中的突出个性,虽然由此出发铸造了全部纳粹'法'的性格特征,但完全缺乏真理感和法律感……"③因此,形式论和实质论一样,都有自己的不足,也都存在恶为利用的历史。仅凭这一点,无法得出孰优孰劣的结论。实际上,在权力制衡的理论和机制中,刑法自身的负面作用非常突出,它对国家权力的制衡必然是有限的。仅凭一个刑法理论,就想控制住庞大的利维坦,更是不切实际的。概言之,形式论者所提出来的,实质论在犯罪概念、犯罪论、罪刑法定原则等方面或多或少是存在一些问题的。其中,既有理论自身不足的因素,也是单个刑法理论无法与国家权力单独抗衡的实际情况。

---

① [意]杜里奥·帕多瓦尼:《意大利刑法学原理》,陈忠林译,法律出版社1998年版,第12页。

② 主要内容是:"正义和法的安定性之间的冲突是可以得到解决的,只要实在的、通过命令和权力来保障的法也因而获得优先地位,即使其内容上是不正义的、不合目的性的;除非实在法与正义之矛盾达到如此不能容忍的程度,以至于作为'非正确法'的法律必须向正义屈服……凡正义根本不被追求的地方,凡构成正义之核心的平等在实在法制定过程中有意地不被承认的地方,法律不仅仅是'非正确的法',它甚至根本上就缺乏法的性质。"笔者与卢建平教授均认为,综合有关文义,"非正确的法"译为"法律的不法"更好。引自[德]G.拉德布鲁赫:《法律智慧警句集》,舒国滢译,中国法制出版社2001年版,第170—171页。

③ [德]G.拉德布鲁赫:《法律智慧警句集》,舒国滢译,中国法制出版社2001年版,第171页。

　　此外,也有一些问题是形式论者的误读:第一,犯罪的实质概念并非苏俄刑法的独创,而是犯罪学、社会学研究的常识。不管是犯罪学、社会学抑或规范刑法学,都认为犯罪是一种恶,这是毋庸置疑的。究其实质,恶就是有害于社会的属性。例如,论及"刑罚与犯罪相对称"的问题,贝卡利亚指出:"犯罪对公共利益的危害越大,促使人们犯罪的力量越强,制止人们犯罪的手段就应该越有力。这就需要刑罚与犯罪相对称。"①在《德国刑法教科书》中,李斯特明确指出:"犯罪就其形式来看,是指实现犯罪构成、应当受刑法处罚的作为和不作为……此外,我们还需要对犯罪行为的本质作一个实体上的解释。我们从立法者在何时将破坏法益者的行为视为刑罚的独特的法律后果进行探讨。仔细地观察表明,国家将刑罚的预防功能适用于私法之赔偿功能(强制履行,恢复原状,赔偿损失)所不能及的领域,以限制不法行为;此外,不仅对犯罪行为本身,而且对犯罪行为中表现出来的危害社会的行为人的个性作出否定评价,并对其科处刑罚,以与此等社会危害性作斗争。"②因此,苏联刑法采用了犯罪的实质概念不假,它不过是犯罪问题的客观属性的反映。倘若因此得出犯罪的实质概念罢黜了罪刑法定原则,甚至混淆了立法与司法,确实有点危言耸听。第二,犯罪构成的四要件理论并非规范层面"实际上以犯罪已经成立为前提"的体系。从规范刑法的角度,犯罪构成的四要件理论是指犯罪成立至少应当具备四个要件的理论。换句话说,即便具备了四个方面的要件,也未必成立犯罪;不具备其中任何一个要件,更不能构成犯罪。从犯罪学抑或社会学的角度,犯罪存在于法律之先。若从这个角度来讲,任何犯罪构成抑或犯罪成立的理论都存在"实际上以犯罪已经成立(存在)为前提"的问题。因此,四要件理论并非规范层面"实际上以犯罪已经成立为前提"的体系。特别指出四要件理论是"实际上以犯罪已经成立为前提"的理论体系的观点,有失偏颇。第三,法无明文规定也应受罚的主张早已不容于任何主流刑法理论,将其归咎于实质刑法理论,实属以偏概全。在《意大利刑法纲要》《意大利刑法原理》等著述中,陈忠林教授反复强调,罪刑法定原则源于费尔巴哈

① [意]贝卡利亚:《论犯罪与刑罚》,黄风译,中国大百科全书出版社1993年版,第65页。
② [德]弗兰兹·冯·李斯特:《德国刑法教科书》,徐久生译,法律出版社2000年版,第170页。

"Nullum crimen sine lege,nulla poena sine lege"（法无明文规定不为罪，法无明文规定不处罚）的论断。① 在《德国刑法教科书》中，费尔巴哈明确指出："如果有人指责作者的体系以人性和其他国家目的的代价构成了一种恐怖主义，那么，他忽略了以下事实，即如作者所说的那样，残酷的刑罚恰恰起到了威慑的反面作用，这只是国家立法智慧（刑事政策）问题，我们需要讨论的问题是：应当规定什么样的刑罚，如何适用这些刑罚，不是为了与所有刑罚的目的相适应，而是为了，如果可能，促进其人性和公民的目的。"②不难看出，作为形式法治抑或罪刑法定原则的提出者，费尔巴哈非常重视法律形式及其作用与国家立法智慧（刑事政策）的结合，以此防止形式法治演变为一种法律恐怖主义。为此，费尔巴哈进一步提出，刑法的最高原则是"国家的每一部法律中的刑罚都是一个为维护外在权利而构成的，对违法给予感官上（内心）的恶的法律后果。"罪刑法定原则及其相关的主张，如无法无刑、无法无罪等，都是上述刑法的最高原则的推论。③ 因此，刑法目的、价值抑或实质的刑法观念原本就是罪刑法定原则的合理内核，实质论者在明确提出刑法以保护公民人性、目的抑或权利为最高原则的同时，也指出了罪刑法定原则从属于刑法最高原则的地位和作用。可见，刑法形式与实质的区分是相对的，它们互为表里、相互促进的融通关系才是根本的、系统的。倘若非要在形式论抑或实质论之间做出区分，由于罪刑法定原则的倡导者费尔巴哈坚持以刑法的实质主张为最高原则，因此，他还真是一个标准的实质刑法论者。那么，无明文规定也应受罚的主张，过去不是，现在不是，将来更不会是科学的实质刑法理论④的主张。当然，刑法形式化抑或实质化的争鸣，凸显了中国刑事法治中的形式理性缺乏，但也不能因噎废食，排斥实质理性的正当作用。

---

① 参见［意］杜里奥·帕多瓦尼:《意大利刑法原理》，陈忠林译，法律出版社 1998 年版，第 12 页;陈忠林:《意大利刑法纲要》，中国人民大学出版社 1999 年版，第 10 页。
② ［德］安塞尔姆·里特尔·冯·费尔巴哈:《德国刑法教科书》，徐久生译，中国方正出版社 2010 年版，第 30 页。
③ 参见［德］安塞尔姆·里特尔·冯·费尔巴哈:《德国刑法教科书》，徐久生译，中国方正出版社 2010 年版，第 31 页。
④ 囿于人类知识发展的规律抑或意识形态的影响，不排除特定历史时期出现过非科学的实质刑法观念。就像法西斯国家的犯罪构成理论、形式法治理论都被扫进历史的垃圾堆的结局一样，非科学的实质刑法观念已经被科学的实质刑法理论所扬弃。

总的来说,在当代德国,以下刑法观念是得到普遍理解与尊重的:"刑法之根(Wurzeln des Strafrechts),根植于法制共同体的社会伦理上的价值观念(sozialethische Wertvorstellungen)之中,这些观念是法益、法律规范和犯罪构成要件的确立基础。"①中国的刑法教义理论不可能是无源之水、无本之木,不仅要根植于法制共同体价值观念的土壤之中,而且要结合中国社会的实际情形,满足犯罪治理任务的实际需要。因此,它与作为立法国家智慧、刑事司法指南抑或犯罪治理艺术具体体现的刑事政策之间的贯通既是刑法理论体系化、科学化的必经之路,也是人权保障、社会福祉事业的必然要求。从这个角度来讲,罗克辛贯通抑或刑法教义与刑事政策的贯通,贯通于以犯罪治理为根本任务的社会治理之中。

结语:作为社会政策的刑事政策

"李斯特鸿沟"之所以成为鸿沟,不仅源于罗克辛需要一个贯通的标的,也在于我们的刑法研究,在抛弃了不必抛弃的传统,打破了不该打破的原则以后,知识的碎片化、理论的片面化日渐突出,以至于倡导良法善治、系统治理的刑事政策理论反倒成了"危险的理论"。究其实质,罗克辛的目的刑思想、陈兴良教授的刑法教义理论都只是刑法理论抑或犯罪治理体系的断章,难免存在片面深刻的问题。然而,片面深刻也是一种深刻。形式理性的缺无才导致了截然区分刑法教义与刑事政策,恪守严格的形式法治,刑事政策不得介入犯罪论体系的刑法教义思想的产生。反之亦然,刑事政治理论之所以"危险",不仅在于传统意识形态的改善,也在于对现今抑或未来的政治传统的审视,源自它们的危险何曾离开过我们的生活? 因此,"李斯特鸿沟"的误读也算不得误读,最好的社会政策存在却是迷离难辨的存在。

我们必须寻找到支撑抑或贯穿这些断章的视角和力量,在避免碎片化的同时,使之形成刑法理论的合力,满足系统抗制犯罪任务的需要。从"最好的社会政策就是最好的刑事政策"的论断出发,"最好的社会政策"依然是我们

---

① [德]约翰内斯·韦塞尔斯:《德国刑法总论》,李昌珂译,法律出版社2008年版,第6页。

思考犯罪治理问题的终极目标。前文说它是犯罪治理体系及其能力建设的指南,也是这个意思。然而,"最好的社会政策"始终没有出现,作为社会政策的刑事政策才是犯罪治理体系的范式和存在。在此之中,社会政策居于根本、系统性的地位,刑法方法抑或刑罚反应居于直接、主要、非决定性地位;但是,亦如前文所言,二者又融通于犯罪治理的运动形态(主要是指刑事政策的社会政策化与社会政策的刑事政策化)之中。相应地,在法治抑或良法善治的条件下,实质乃包含了形式的实质,形式也是实质所要求的形式。它们的辩证、统一是绝对的,相关的区分、对立只有阶段性抑或某个层面的意义。因此,刑法教义的客观性、纯技术性、外在性抑或陈兴良教授称之为外在化的、刑事政策与刑法教义的二元性构想都只是刑法理论体系化的断章,它们的意义主要在于补足形式理性的层面。若从系统抗制犯罪的艺术抑或社会政策、刑事政策的融通来看,罗克辛贯通从来就存在于犯罪治理的实践之中。

第二章　刑事政治理论的基本范畴

　　相当长的时期内,国内普遍认为刑事政策和刑法就是阶级统治抑或控制犯罪的工具,这不仅违背了刑事政策的本义,也无法满足犯罪抗制实践的需要。为此,卢建平教授学成归来,从以下两个方面着手,倡导广义刑事政策理论的研究:一方面,通过对"政策"(policy)一词含义的澄清,卢教授指出刑事政策就是刑事政治(criminal policy)。该概念一经提出,刑事政策研究的视野就豁然开朗了。理论体系的重构不必多说,仅刑事善治,刑事政策的形成、执行及其合法性、合法化等原本属于政治范畴的概念的引入就引发了刑事政策思想及其实践的革命。另一方面,在刑事一体化思想的指导下,卢建平教授又对刑事政治理论中的关系、特色、价值等问题进行了诠释。本书以为,上述研究奠定了刑事政治理论的基本思想。以此为基础,我们还要对反映刑事政治理论基本性质和规律的一般性概念,如主要问题、目的、构成、体系等,做进一步的阐述。

　　从"刑事政策就是刑事政治"的基本判断出发,刑事政治理论妥善解决了刑事政策主体、目的单一以及刑事权力制约不足等方面的问题,进而形成以刑事政治原理、刑事反应原理和刑事批判原理为主要内容的刑事政治理论体系。在此理论体系中,刑事政治原理是整个理论的基础,刑事反应理论是核心,刑事批判理论是发动机,三者共同统一于刑事治理的体系抑或求善、治恶的事业之中。说到底,广义刑事政策理论对狭义刑事政策理论的批判主要是因为后者不能适应中国社会发展的需要。与此同时,广义刑事政策理论的自洽性和前瞻性也不是一个一成不变的命题,作为批判的理论以及理论自身的批判也是广义刑事政策理论的两重属性。唯其如此,才能继续适应社会发展的要求,维系理论的合法性。因此,源于公共政策批判的理论,刑事政策批判不仅主张多元的刑事主体和利益,还将多元、普遍的批判作为提升犯罪抗制水平,促进刑事政策民主、进步的标志,从而成为广义刑事政策理论的重要组成部分。

第一节　刑事政治理论的主要问题

刑事政治理论的倡导缘于传统刑事政策理论和实践的不足。传统刑事政策理论的不足可以概括为理论基础的非理性化与理论适用的工具主义。非理性化的理论基础是指传统刑事政策对犯罪存在属性和规律的违反,理论适用的工具主义主要是指理论自身的合法性的阙如。缘于上述两个问题,传统刑事政策理论遭遇了刑事政策的主体范围、目标设定、刑事权力的限制等几方面困难。

一、传统刑事政策理论的主要"瓶颈"

中国的传统刑事政策是指传统意义上,为预防、控制犯罪而形成的各种方针、对策的总和。亦如笔者十分敬仰的马克昌先生所言,我国的刑事政策"是指中国共产党和人民民主政权,为了预防犯罪,减少犯罪,以至消灭犯罪,以马列主义、毛泽东思想为指导,根据我国的国情和一定时期的形势,而制定的与犯罪进行有效斗争的指导方针和对策"[①]。受历史条件的限制,马先生将刑事政策界定为国家和中国共产党为抗制犯罪而制定的方针和对策,有一定的合理性,有利于刑事政策理论在当时的推广和适用。但是,这个传统意义上的刑事政策定义存在两方面误区:其一,犯罪是人类社会恒久、难缠的社会问题,不仅消灭不了,甚至连减少、控制犯罪的愿望也存在理性基础的不足。犯罪学的研究发现,犯罪乃人类社会的自然存在,其原因是系统、复杂的,其地位和作用也是相对、辩证的。类似于人类自身的病患存在,作为社会病的犯罪永远不可能被消灭。与此同时,随着人口数量的增长,人类社会的分工发展,社会病理的复杂程度绝不亚于相关的生理病变。迄今为止,人类社会不仅对层出不穷

[①]　马克昌:《中国刑事政策学》,武汉大学出版社 1992 年版,第 5 页。

的癌症、精神疾病常常束手无策，日常的感冒、发烧也从来没有离开我们的生活。所谓"道高一尺，魔高一丈"，人类社会与各病变之间的斗争绝难简单地用消灭、控制、减少来形容。其二，从犯罪严重影响人们生活的基本属性来看，犯罪抗制乃人类社会的共同事务，离不开各社会力量的参与，不该为个别社会力量所专有，否则合法性必然存疑。

尽管刑事政策具有批判犯罪学的品质，但犯罪学依然是刑事政策理论的基础。尤其犯罪存在界面上的基本属性和规律，是犯罪抗制决策的现实前提，构成刑事政策理论的基础性知识。科学的刑事政策理论务必要以犯罪学的知识为基础，从犯罪存在的属性和规律出发，形成理性、科学的刑事政策理论。受传统政治理论的影响，在"消灭犯罪"的目标下，国内长期以简单、粗暴的方式抗制犯罪，犯罪学的研究受到了极大的干扰和破坏。以此为基础，这个时期的刑事政策大多认为犯罪是可以被消灭、被控制的，并因此形成了传统刑事政策的基本目标和体系。然而，事实证明，消灭犯罪已无可能，单一主体、利益思维下的犯罪控制也存在犯罪抗制内生动力和系统机制的严重不足。

首先，关于犯罪抗制的内生动力。在系统理论中，不论是"结构—功能主义"（structural-functionalism）系统理论还是"功能—结构主义"（functional-structural）系统理论都很重视系统动力问题。在"结构—功能主义"系统理论看来，政治系统依靠合法的强制力量支持，并由相互作用的政治结构（如选民、利益集团、立法机关、官僚机构等）组成。在上述政治结构的基础上，政治系统的能力或动力是政治变迁的一个核心变量。该变量的动力来自政治输入，尤其是结构和过程的输入。政治系统之所以发生变迁，是因为该政治系统获得了新的能力，其系统能力发生了变化，也必然引起政治系统本身发生变迁。在"功能结构主义系统理论"的倡导者尼古拉斯·卢曼看来，"只有功能的分化才对系统结构产生根本的影响，功能决定系统的产生与发展，也决定系统结构的建构。处于现代化过程中的当代社会功能的不断深层分化，也使新的结构不断层级化和系统组成要素的异质化。系统组成要素之间的协作也越来越困难，不断生产着现代社会的复杂性征……复杂性在现代性的意义上就是层次化和异质化。为此在当代社会就更需要通过新的系统建构而对社会进行秩序和意义赋予,从而使复杂性停留在可操作的层面上"①。不管是"结构—功能主义"的政治输入,还是"功能—结构主义"的功能分化都起到了推动社会系统发展的动力作用。实际上,在犯罪抗制的系统中,政治输入和功能分化都具有推动犯罪抗制系统的地位和作用。犯罪抗制的政治输入,是指以犯罪抗制改善民众生活的善治目的的输入。在政治学的研究中,政治本指"优良的生活"的诉求,即亚里士多德"城邦"的善治本质。不过,即便从为了"优良的生活"的本义出发,也不难得出"公共事务的公共处理"的政治含义。因此,政治输入原本就是政治系统抑或公共事务公共处理的基本动力和必然要求。不过,当代中国,受形式理性和法规范技术的影响,主张法学研究与政治无涉的学者不在少数(以刑法学界为例)。关于这一点,亦如前文所言:(刑法)形式与实质的区分是相对的,它们互为表里、相互促进的融通关系才是根本的、系统的。倘若非要在形式论抑或实质论之间做出区分,由于罪刑法定原则的倡导者费尔巴哈坚持以刑法的实质主张为最高原则,因此,他还真是一个标准的实质刑法论者。那么,无明文规定也应受罚的主张,过去不是,现在不是,将来更不会是科学的实质刑法理论的主张。当然,刑法形式化抑或实质化的争鸣,凸显了中国刑事法治中的形式理性缺乏,但也不能因噎废食,排斥实质理性的正当作用……在法治抑或良法善治的条件下,实质乃包含了形式的实质,形式也是实质所要求的形式。它们的辩证、统一是绝对的,相关的区分、对立只有阶段性抑或某个层面的意义。

在政治输入之外,功能分化也对政治系统的发展抑或公共事务的解决具有重要的动力作用。在犯罪抗制的系统中,这一点也很明显。正如当代中国的犯罪抗制实践所显示的,"国家治理体系和治理能力现代化"的政治愿景也对犯罪抗制的系统提出了相应的治理要求。很明显,这是传统刑事政策理论所难完全承载的,这也为传统刑事政策理论的发展抑或犯罪治理理论体系的形成注入了系统的内生动力。

其次,关于犯罪抗制的系统机制。亦如前文所言,传统刑事政策理论存在

---

① 焦瑶光、吕寿伟:《复杂性与社会分化——卢曼社会系统理论研究》,载《自然辩证法研究》2007 年第 12 期。

主体力量单一的问题。从系统理论来讲,主体力量的单一性也可以理解为反应主体的非系统性。一方面,缘于犯罪对全体民众的影响,犯罪抗制乃各社会力量的共同事务。然而,传统刑事政策理论仅承认国家和党的刑事政策主体地位,明显存在主体力量的非系统性问题。另一方面,考虑到犯罪抗制的复杂程度,需要调动各社会力量的主动性,综合运用包括刑法、习惯、道德、纪律、经济、行政等反应方法,通过商谈、自利的范式,形成合法、有效的反应体系。然而,基于消灭犯罪或控制犯罪的单一性思维,传统刑事政策理论更倾向于采用严厉打击的方法抗制犯罪的发生,存在犯罪抗制方法的非系统性。严格说来,"综合治理犯罪"的刑事政策也有一定的局限性。根据中共中央、国务院《关于加强社会治安综合治理的决定》(1991 年 2 月发布)第二条"社会治安综合治理的任务、要求和目标"的规定,"社会治安综合治理的基本任务是:在各级党委和政府的统一领导下,各部门协调一致,齐抓共管,依靠广大人民群众,运用政治的、经济的、行政的、法律的、文化的、教育的等多种手段,整治社会治安,打击犯罪和预防犯罪,保障社会稳定,为社会主义现代化建设和改革开放创造良好的社会环境。"这个政策有它好的一面,例如"各部门协调一致,齐抓共管"的要求,初步打破了在中国式管理的部门界限问题,朝着力量多元的方向迈进了一大步;还有"运用政治的、经济的、行政的、法律的、文化的、教育的等多种手段"的提法,直接否定了"刑法万能"现实做派,奠定了方法多元的基础,具有显著的进步性质。但是,这个政策的多元力量和方法依然存在系统化的不足。总的来说,"各级党委和政府统一领导下的"各部门都属于国家权力的代表,与他们需要依靠的"广大群众",被他们打击的犯罪人,被他们忽视的被害人等,是不一样的。还有,"运用政治的、经济的、行政的、法律的、文化的、教育的等多种手段"打击犯罪的提法,貌似完整、全面,实则问题重重。要知道,从政治的角度,权力是受制约的,犯罪人的生活也是善治目标的一部分;从经济的角度,离不开自利基础和平等原则;从文化的角度,打击犯罪只是社会文化的一部分,理解、同情犯罪也是人性的自然体现,理性剖析犯罪与犯罪人的文化更是文化综合体系的一部分……因此,此前的"犯罪综合治理"虽综合了相关权力部门和一系列的犯罪抗制方法,但在权力制约、沟通基础、利益衡量等方面存在系统性不足。当然,以"犯罪综合治理"政策提出的时代而论,存在于权力制约、沟通基础、利益衡量等方面的不足也不是那个时代的政治基础和制度环境所能避免的。但是,在"国家治理体系和治理能力现代化"的政治愿景下,良法善治的目标,传统管理思维向现代治理理念的转变,治理体系和能力现代化的建构和完善,足以为犯罪综合治理政策提供良好的政治基础和制度环境。

现存于传统刑事政策理论的种种问题并非水月镜花般的孤芳自赏抑或骚客文人的自怨自艾。众所周知,传统刑事政策的最突出的弊端在于"头痛医头,脚痛医脚"的感性化反应方式。源于感性化的反应方式,国内形成了"有事找刑法,再不济就上死刑"的反应逻辑和具有突出秩序导向,轻视犯罪人、被害人和其他民众的生活利益的压制性进路。然而,这还只是明眼人一目了然的问题。从深层次讲,源于传统刑事政策政治基础的问题,犯罪人长期游离在政策主体之外,利益被忽视,动力也不足,造成了犯罪行为主体不愿参与犯罪治理,主要对象未能从犯罪抗制系统获得福利的情况。这种情况,简言之,也可以称之为"头痛不医头,脚痛不医脚"的弊端。没错,在非理性、非系统的反应模式中,"头痛医头,脚痛医脚"是感性化的错误反应,"头痛不医头,脚痛不医脚"是政治基础的问题。概言之,在传统刑事政策理论的视野中,"头痛医头,脚痛医脚"与"头痛不医头,脚痛不医脚"的问题都很严重。反过来,感性化的反应与政治基础的不足也构成了传统刑事政策理论的主要"瓶颈"。

二、刑事政治的治理目标

当代中国,犯罪抗制的目标经历了从消灭犯罪到控制犯罪的转变。相当长的时间内,受传统国家理论的影响,普遍以为国家机器和犯罪都将随着阶级统治的消失抑或某种社会的到来而不复存在。然而,当代中国的阶层分化日益明显,阶级统治及其斗争就像阳光和空气一样,从来就没有离开中国社会一步,犯罪问题也日益严峻。因此,消灭犯罪已无可能。于是,国家政策以及有关的理论逐步将犯罪控制作为刑事政策的目标设定下来。将犯罪控制作为刑事政策目标的情况,还包括片面强调打击犯罪、减少犯罪、预防犯罪的提法。例如,何秉松教授提出:"刑事政策是指国家基于预防犯罪、控制犯罪以保障自由、维持秩序、实现正义的目的而制定、实施的准则、策略、方针、计划及具体措施的总称。"①严励教授提出："刑事政策是指国家和社会以打击犯罪、预防犯罪、维护稳定的社会秩序为目的而制定的行为规范和行动准则。"②然而,利弊从来两分,没有完美无缺的人和物,也没有绝对理想的社会,犯罪问题亦是如此。对一个既有一定合理性,也不算完全是坏事的问题,一味采取仅为维护统治秩序的打击、控制抑或预防的方法,有失公允不说,也不符合辩证唯物主义方法论的要求。为此,我们提出了犯罪治理的思想:总的来说,犯罪是一种恶。但是,考虑到犯罪存在的必然性、长期性、整体性和复杂性,不排除犯罪的存在也有一定的合理性,也有实现社会利益、推动社会发展的可能性。因此,犯罪抗制的艺术既要考虑到犯罪所具有的恶的属性,根据罪刑法定的原则进行预防、控制,也要考虑到犯罪存在的必然性及其功能的复杂性,在查明原因的基础上,根据个别化的情形,因势利导进而化解相关的利益冲突。一言以蔽之,控制犯罪只是犯罪治理艺术的一个层面,将其设定为刑事政策唯一的目标有失偏颇。

因此,传统刑事政策理论的改造抑或刑事政治理论的研究中,治理目标的确立是关键。区别于犯罪抗制,犯罪治理是指各社会力量为抗制犯罪、增进社会福祉而采取的系统性反应。其中,各社会力量包括但不限于国家、政党、犯罪人、被害人等。亦如绪论所言,俞可平在国内率先对治理和善治展开了专门的研究。早先的时候,我们也曾撰文指出："治理是公共主体为实现多元利益而对共同事务采取的系统反应。区别于单方主导的控制和管理,治理强调多方主体的协调、共同事务的机理和多元利益的实现。"③2013年,中国共产党提出了"国家治理体系和治理能力现代化"的政治愿景。此后,治理理论的影响越来越大。尽管如此,治理抑或善治的含义仍然存在较大的争议。为此,在犯罪治理目标的确立中,依然需要汲取政治学、经济学、犯罪学、刑法学等学科的知识,审慎对待相关社会力量、共同事务和多元利益的研究,改善犯罪抗制的政治基础和系统机制,结合犯罪抗制的实际,寻求犯罪抗制的整体改善。

不难看出,治理理论所涉既广且深。它的含义,国内外争议很大,有待政

---

① 何秉松:《刑事政策学》,群众出版社2002年版,第39页。
② 严励:《刑事政策的概念分析》,载《江苏警官学院学报》2003年第3期。
③ 卢建平、周建军:《城中村治理:撕开二元制度的面纱》,载《清风》2010年第12期。

治学和公共政策的进一步研究。它的政治基础,尤其"多方主体的参与"的地位和作用,争议也很大。根据俞可平先生的观点,治理是指在一个既定的范围内运用权威维持秩序,满足公众的需要。论及治理与统治的区别,俞先生进一步指出:"治理虽然需要权威,但这个权威并非一定是政府机关;而统治的权威则必定是政府。统治的主体一定是社会的公共机构,而治理的主体既可以是公共机构,也可以是私人机构,还可以是公共机构与私人机构的合作。"①对这种主要依靠主体是否多元来区分治理和管理的方式,南京大学的周安平教授以"主体多元就是'善治'吗"为题提出了质疑:"将俞先生关于'善治'和'治理'的两个定义做比较,我们发现,治理与善治的区别只在于主体上有所不同,即:治理的主体有两种情形,一是单一主体,由政府作为治理主体,二是复合主体,由政府与其他组织共同作为主体;而善治的主体则只有一种复合主体的情形,那就是政府与公民共同作为主体……或者说,治理与善治的区别不在于是不是'善',而在于政府合作的对象是不是公民?这就不能不令人费解了。"②在治理理论的研究中,多元主体具有重要的地位和作用。考虑到传统管控思维的危害性,主体多元可以作为公共事务民主化的标志之一。从这一点来讲,俞可平先生的观点击中了传统管控思维的要害。但在市场经济条件下,主体多元早已被大家理解、接受,进而发展成为公共事务基本标志和要求。更何况,历史上从不缺乏多数人抑或多元主体的暴政。可见,仅凭主体是否多元不足以对治理和犯罪治理做出界定。尤其在犯罪抗制的实践中,"优良的生活"的善治本质存在众多的理解方式,它的实现更是一个系统、渐进的过程。因此,犯罪治理的政治基础拥有更为广袤、深刻的含义,关联着犯罪抗制的政治(善治)本质、内生动力、系统机制、跨学科研究和刑事批判的方法,具有牵一发而动全身的地位和作用。

撇开犯罪治理目标的政治基础,相关的研究方法也很复杂。总的来说,刑事政治理论属于跨学科的研究。考虑到这个理论的品质,尤其是作为批判犯罪学和批判刑法学的学科品质,刑事政治理论也很重视批判理性和批判方法

---

① 俞可平:《治理与善治》,社会科学文献出版社 2000 年版,第 4—6 页。

② 周安平:《"善治"是个什么概念——与俞可平先生商榷》,载《浙江社会科学》2015 年第 9 期。

的研究。首先,跨学科研究是改善合法性,建构犯罪治理理性的基础。刑事政治理论的研究又不是为了跨学科而跨学科,主要是考虑到传统刑事政策理论和实践存在突出的工具主义,理论自身的构成、体系及其适用的效果都存在严重的问题。理论自身的构成、体系及其适用效果都存在严重的问题,说白了,就是合法性的阙如。政治学的研究表明,合法性的关键是参与和信任。尽管当代中国有着极为丰富的刑事政策实践,但从民众参与、信任相关政策的程度依然是偏低的。因此,在汲取政治学、经济学等跨学科知识的基础上,刑事政治理论更容易形成以理性的犯罪抗制增进社会福祉的基本进路。其次,刑事批判的研究将为刑事政治理论的理性建构奠定重要的方法范式和理论基础。当然,这个方面的研究离不开哈贝马斯的交往理论、商谈道德和实践理性批判。哈贝马斯立足于现代社会的系统批判,建立起以人类历史的自我反思为起点的批判理论。受此启发,刑事政策批判当以犯罪存在的属性和规律为基础,展开对源于感性、纯粹实证和非公共精神的传统刑事政策理论的批判,实现犯罪治理理论和犯罪抗制合作的改善。

三、刑事政治体系的主体问题

传统刑事政策理论存在于主体范围方面的问题是当时的政治理论造成的。在传统的政治思想体系中,犯罪不过是"孤立的个人反对统治关系的斗争,和法一样,也不是随心所欲地产生的。相反地,犯罪和现行的统治都产生于相同的条件。"①话说回来,这样的观点并不是没有道理,基于恶害的整体属性,犯罪及其反制的活动必然存在斗争的属性和要求。但是,犯罪学的研究进一步表明,犯罪不仅是一种恶,更是一个公共问题。涉及广大民众的多元利益不说,相关方针、对策抑或政策的制定、执行也都需要获得广大民众的支持、参与。然而,斗争又只是多元利益反应的一个层面,不能充分反映民众抑或多元社会力量的利益,无法获得民众抑或多元社会力量的支持、参与,必然会出现合法性的阙如。因此,刑事政治的主体应当是指一切以犯罪抗制为目的的社会力量。根据犯罪治理这一公共事务的实际需求,以犯罪抗制为目的的社会

---

① 《马克思恩格斯全集》第3卷,人民出版社1960年版,第379页。

力量,包括但不限于国家、政党、其他社会组织、个人等。对此,存在两个需要特别说明的问题:第一,除国家和政党以外的社会组织,能否成为刑事政治的主体;第二,个人能否成为刑事政治的主体。

鉴于国家和政党对于刑事权力的实际影响能力,他们作为刑事政治主体的问题不待多言。问题的关键在于其他的社会组织和个人的刑事政治主体地位。在《刑事政策哲学解读》中,同样认同刑事政治理念的刘远教授提出:"可以认为在一切集体中都能从事刑事政治,却不可以说在一切集体中都可以制定刑事政策。因为,作为刑事政策权力基础的刑事权力只属于国家,只是一种国家政治权力,在现代社会只是一种公共权力……在国家社会里,国家是社会整体的唯一代表者,所以只有国家才是'刑事政策'的制定主体。市民社会的成员及其组织虽是刑事政治的主体,却不是刑事政策的主体。因为他(它)们不能代表'社会整体'。同样,政治国家的公民也不是刑事政策的主体。将刑事政策视为国家刑事政治决策的结果,这是刑事政策学所应当坚守的一项方法论原则。也只有将刑事政策的主体限定于国家,刑事政策实践才可能在全社会范围内拥有一个统一的目标,采取协调一致的步骤,刑事政策的模式也才有可能建立。"①很显然,刘远教授区分刑事政治主体与刑事政策制定主体的依据主要是"刑事权力只属于国家"的观点。本书认为,这是源自中国社会实际的观点。然而,从实际层面来看,政策主体封闭、单一,政策目标过于绝对、非妥协等问题正是上述观点的产物。相当长的时间内,为消灭犯罪或消灭一切可能产生犯罪的社会因素,国家恣意发动控制、消灭犯罪的运动,不惜扩大死刑适用,出现了很多问题。简言之,中国社会的实际经验表明,国家对刑事权力的专有不利于国家权力的控制,也无益于犯罪问题的实际解决。

鉴于刑事政治理论与政治学说的密切关系,政治学的基本观念和理论具有重要的指导作用。在《政治学》中,亚里士多德明确提出:"既然一切社会团体都以善业为目的,那么我们也可说社会团体中最高而包含最广的一种,它所求的善业也一定是最高而最广的:这种至高而广涵的社会团体就是'城

---

① 刘远:《刑事政策哲学解读》,中国人民公安大学出版社 2005 年版,第 122—123 页。

邦'……"①"我们也可以这样说:城邦的长成出于人类'生活'的发展,而其实际的存在却是为了'优良的生活'。"②也就是说,政治(即城邦)乃一切社团的目的,而所有的一切,又都是为了"更好的生活"。反之亦然,作为城邦的一员,所有的成员都是追求"更好的生活"的主体,即政治生活的主体。因此,包括国家、政党、其他社会组织和个人都是政治抑或政治生活的主体。一旦相关政治生活涉及犯罪治理的事务,他们也就具有了刑事政治主体的地位。这也是刘远教授认为"市民社会的成员及其组织虽是刑事政治的主体"的原因。

问题的关键在于刑事政治主体和刑事政策制定主体的关系。本书认为,既然包括国家、政党、其他社会力量和个人在内的社会力量都是政治生活的主体,那么基于生活利益的多元存在,他们都有自己的利益主张。一旦提出了自己的利益主张,就表明了他们的政治主体地位。在这个方面,所有的社会力量都是一样的。国家、政党如此,其他的社会组织和个人也是如此。究其实质,利益主张的提出就是政策的制定。只不过,国家、政党的政策相对稳定,具有更加明确的旨趣。但是,这并不是绝对的。人类社会的历史早就表明,国家政策朝令夕改的情况数不胜数;利益主张稳健、准确的个人,也不在少数。在犯罪治理的利益主张方面,尽管国家和政党的利益主张往往具有更大的作用和影响,但这并不能成为反对其他社会力量和个人提出犯罪治理主张、参与犯罪治理活动的理由。一言以蔽之,刑事政治主体必然也是刑事政策的制定主体。

四、刑事政治理论的根本任务

在犯罪治理的过程中,刑事权力的控制具有根本性的地位。一方面,民众的犯罪治理利益需要在控制刑事权力的基础上得到合理的反映。犯罪治理是影响民众生活利益的重大事项,涉及各种社会力量的利益。即便犯罪人,也享有基本的人格权利。刑事被害人更是如此,他们因犯罪行为而被侵犯的利益,也应当尽可能地被恢复。然而,作为传统意义上的刑事权力的主体,国家更习惯于从秩序的角度来考虑犯罪治理问题。基于秩序利益的需要,镇压、消灭抑

①　[古希腊]亚里士多德:《政治学》,吴寿彭译,商务印书馆2014年版,第3页。
②　[古希腊]亚里士多德:《政治学》,吴寿彭译,商务印书馆2014年版,第7页。

或控制犯罪便成了国家不二的选择。实际上,犯罪问题并非一无是处。尤其在专制抑或落后的国家制度条件下,个人抑或社会的合理需要,也免不了需要通过犯罪的方式来实现。因此,从社会治理的层面来讲,国家参与犯罪治理的地位和作用不容忽视,但它也不能成为唯一的刑事权力主体。另一方面,刑事权力是一种事务权力,它的本质在于对犯罪治理事务的影响力。要知道,刑事即犯罪之事,离开犯罪问题,不存在刑事抑或刑事权力。除国家以外,犯罪人、被害人、相关的社会组织和个人,都对犯罪事务的科学处理具有一定的作用。一定的社会条件下,国家以外的其他社会力量的参与甚至会起到关键性作用。以社会动乱时期的私人保安力量为例:这个时候,对雇佣私人保安力量防止犯罪的民众来说,国家力量往往是不可靠的,他自己雇佣的保安力量更能起到防止犯罪的作用。当然,各种社会力量对犯罪治理事务的影响力并不是一个恒定、不变的问题。他们往往会因犯罪事务抑或社会条件的转换发生变化。但是,他们参与犯罪治理,形成反应主体体系,并对犯罪治理事务发挥影响力的权力(也是一种权利)是必要的、合理的。

基于强大的国家权力的存在,犯罪抗制的艺术(即刑事政策)①尤其需要防范国家刑事权力的滥用。我们知道,在国家制度的设计中,权力的分立、制衡是关键。然而,传统刑事政策理论及其实践,限制权力的作用,还因刑事权力的恣意作为引发了严重的冲突——政策与法律冲突非常严重。具体说来,政策与法律的冲突存在两个方面的主要问题:一方面,社会转型引发的制度短缺亟待刑事政策有所作为。根据经济学的研究,在制度供给不足的情形下,制度需求会遭到抑制,进而对制度供给提出了进一步的要求。② 另一方面,中共中央《关于废除国民党〈六法全书〉和确定解放区司法原则的指示》颁行以后,出现过政策取代法律的问题,促使我们对刑事政策的地位和作用也抱着异常谨慎的态度。以上两个问题缠绕在一起,使得政策与法律的冲突变得非常敏

---

① 在"犯罪抗制"这一词汇的基础上,法国著名法学家马克·安塞尔将刑事政策界定为"观察的科学"与"组织反犯罪斗争的艺术与战略"(卢建平著:《刑事政策与刑法》,中国人民公安大学出版社 2004 年版,第 4 页)。综合其他研究,"战略"这一词汇因缺乏治理性思维逐步被舍弃。因此,我们逐步形成了以下表达:"刑事政策就是犯罪抗制的艺术。"

② 参见周建军:《刑事司法政策原理》,清华大学出版社 2011 年版,第 23 页。

感。在我们看来,政策与法律的冲突,不仅会削弱法律的权威地位,而且会贻误法治建设的时机,导致良法善治迟迟难以实现。这一切,归根到底又是权力的滥用造成的。对此,我们既不能因噎废食,阻碍刑事政策研究和正当应用,也不得不对刑事政策的理论和适用保持必要的谨慎,审慎考虑刑事政策原理的自洽性,寻求刑事政策的科学适用。概言之,刑事政治理论所倡导的多元主体及其利益妥协,犯罪治理事务的科学处理,都需要国家以一种更加理性、有限的方式参与犯罪治理事务。这也是刑事政治理论的根本所在。

总的来说,传统的犯罪控制思维存在自然基础和治理参与的不足,亟待犯罪治理目标和理论的改善。针对犯罪抗制的治理参与抑或民主程度的不足,犯罪治理体系的研究不仅要注意犯罪治理主体的多元化,而且要在研究刑事政策主体自己犯罪问题的基础上倡导商谈、相对的治理范式,改善犯罪抗制的动力问题,实现犯罪治理的共治共享。针对犯罪抗制的体系化抑或科学化的不足,犯罪治理能力的研究需要在协同市场经济制度,国家治理、社会治理思想的基础上,澄清国家治理的社会治理本质,改善犯罪抗制的系统机制,实现治理方法或治理反应的体系化。

第二节　刑事政治理论的基本维度

在系统理论的研究中,维度兼有视角、进路和空间的含义。按说作为人类社会抗制犯罪以追求更好生活的刑事政治必将属于善治抑或求善的基本维度。但是,犯罪抗制分明又属于以治恶为根本任务的事务存在。刑事政治理论强调犯罪原因、功能及其治理方法的系统存在,相关的原因、功能和方法,视角、进路不尽相同,也都有各自的存在维度。在相关的维度中,求善与治恶不仅与相关的犯罪原因、功能和治理方法密切关联,且相互悖反,有待进一步的说明。

一、善治抑或求善

源于政治的本义,刑事政治理论具有求善的基本维度。或者说,我们对狭义刑事政策理论(即传统的、工具意义上的刑事政策理论)合法性的质疑,最主要的理论依据也在于政治抑或公共政策的本义和要求。探寻政治的本义，不管是德语中的 politik，还是法语中的 politique，都源于希腊语中的"城邦"（polis）。据亚里士多德的《政治学》介绍，"城邦"这个词汇，原本是指以城市为中心，附近有乡村和农地的一个个国家，似乎与"政治"一词的含义相去甚远。但是，亚里士多德进一步指出："城邦"就是一种合作关系，是以追求善业为目的的最高的也最广泛的社会团体。这样一来，"城邦"就具有了现代意义上的"政治"含义——城邦内部公共事务的认识与管理，其目的就是追求善。[①]从这个意义上讲，政治，即善治，就是一项追求善的事业。时至今日，亚里士多德对于政治的理解仍然符合要以合作精神妥善解决公共事务的核心要求，依然构成主流政治理论的基础。

美国政治学家乔治·霍兰·萨拜因（Gorge Holland Sabine）和托马斯·兰敦·索尔森（Thomas Landon Thorson）在《政治学说史》中提出："很多近代的政治观念——举例说，诸如公道、自由、立宪政体和尊重法律等——或至少是这些观念的定义，都起源于希腊思想家对城邦制度的看法。但是，在政治思想的悠长历史中，对这类名词的意义已经做了修改，而且总是必须根据使这些观念得以体现的各种制度以及使这些制度得以发挥作用的社会来理解它们的意义。"[②]英国政治学家安德鲁·海伍德（Andrew Heywood）也认为："'政治'一词源于希腊语 polis，字面意思是城邦。古希腊社会曾遍布着独立的城邦，每个城邦都有自己的政府系统，其中最大也最有影响力的是雅典，常被世人称为民主政治的摇篮。政治也因此可以理解为城邦的事务——实际上就是'与城邦有关的事务'（what concerns the polis）。"[③]中国学者也普遍认为："在西方，从古希腊的亚里士多德开始，研究政治的学问从哲学、伦理学中独立了出来，成为一门独立的、专门的学科。"[④]可见，亚里士多德的政治理论不仅奠定了政治学科的历史基础，至今依然具有本原层面的地位和作用。

---

① 参见［古希腊］亚里士多德：《政治学》，吴寿彭译，商务印书馆 2008 年版，第 3 页。

② ［美］乔治·霍兰·萨拜因：《政治学说史》，盛奎阳、崔妙音译，商务印书馆 1986 年版，第 22 页。

③ ［英］安德鲁·海伍德：《政治学》，张立鹏译，中国人民大学出版社 2006 年版，第 6 页。

④ 施雪华：《政治科学原理》，中山大学出版社 2001 年版，第 24 页。

当然,我们对亚里士多德的政治学说的借鉴是一种理性、批判的扬弃。毋庸置疑的是,亚里士多德的《政治学》也存在一些落后的思想,如奴隶的地位和作用等。大浪淘沙,这些落后的东西,早已被人类社会的发展所淘汰。如今,我们研究亚里士多德的《政治学》,是因为作为城邦理论本质的合作及其对"更好的生活"的追求,对我们的社会治理、犯罪抗制依然具有重要的指导作用。这一点,也是西方政治学说的共识。例如,在《布莱克维尔政治学百科全书》中,著名政治学者戴维·米勒·韦农·波格丹诺指出,政治是指"在共同体中并为共同体的利益而作出决策和将其付诸实施"①。尽管戴维·米勒用"共同体"取代了亚里士多德的"城邦",将"善的追求"抑或"公共事务的认识与管理"换成了"共同体的利益",但是,二者之间并没有根本差别。

从城邦理论出发,政治即善治,是以追求善业为目的的存在。将其运用于公共事务的处理,不管是从"城邦事务",还是从"共同体利益"的角度,犯罪抗制都有必要得到更好的处理。亦如前文所言,刑事政治就是更好地处理犯罪这一公共事务的理论。"更好地处理犯罪这一公共事务",不仅意味着犯罪事务的处理存在求善抑或向善的价值追求,还隐含着民主、科学等方面的要求。考虑到制约国家权力的重要性,刑事政治理论所具有的民主要求无疑具有重要的地位和作用。从国内的情况来看,孙中山先生认为"政治乃众人之事",笔者此前提出"政治是社会力量的利益反应",也都包含了主体(利益)多元和妥善解决公共事务的政治思想。尤其"政治是社会力量的利益反应"的观点,将政治主体界定为"社会力量",将政治的本质界定为"利益反应",不仅打破了部分政治主体的垄断地位,倡导多元社会力量的参与,还能从利益反应的角度界定政治的本质,既符合政治的善治本质,也满足中国社会改善政治理论及其实践的需要。因此,作为一项求善的事业,刑事政治不仅承担着改善刑事政策理论构成和体系的任务,而且要以相关理论的改善为基础,推动公共事务治理机制以及公共福利的提高。申言之,刑事政治理论之善至少包含两个方面的维度:一方面,通过政治本义的探寻,确立刑事政治的概念,改善刑事政策理

---

① ［英］戴维·米勒·韦农·波格丹诺:《布莱克维尔政治学百科全书》,邓正来等译,中国问题研究所等译,中国政法大学出版社 1992 年版,第 583 页。

论的构成和体系,此为理论之善,是谓小善。另一方面,封闭、垄断的主体及其单一的利益体系同样存在于其他公共事务的解决之中,反过来,刑事政治理论的确立又会推动政治本义的探寻、公共事务治理机制及其实践的改善。相对于理论之善而言,此为应用抑或实践之善,这才是刑事政治理论研究的最终目的,亦可谓善之大者。

二、治恶也是求善

众所周知,善、恶相对。更何况,"善有善报恶有恶报"的观念根深蒂固,国人更容易从"恶有恶报"抑或"报应"的角度形成报复犯罪人的观念和方法。基于这样一种观念,容易形成具有突出秩序导向、忽视犯罪人、被害人利益的压制性进路。相关的方法,无论报应抑或预防犯罪,也都可以纳入"围追堵截"犯罪恶害的范畴。因此,从现实层面来讲,犯罪治理也算得上一项恶害抑或治恶的事业。就此而言,广义刑事政策理论也是承认的——犯罪学和刑事政治理论在强调犯罪存在及其功能的复杂性的同时,并不否认犯罪是一种恶的基本判断,恶害抑或治恶必然也是刑事政治理论最重要的层面。

然而,治恶只是犯罪治理的形式属性。也就是说,从直接、形式的层面来看,犯罪治理就是犯罪抗制抑或治恶的艺术。但它的本质,还得结合政治抑或善治的本义来展开。反之亦然,犯罪治理的求善本质也源自它治恶的形式。这种情况,类似于权利的来源。在《你的权利从哪里来?》一书中,哈佛大学法学院艾伦·德肖维茨(Alan Morton Dershowitz)教授指出:"在民主制度里,真正的统治者最终还是人民。如果司法判决与公民的深刻经验相抵触,这样的判决绝不可能长存。我们必须不断证明权利是有用的,是防止恶性的必需之物,也值得我们付出代价为之追求。由于人类及人类组成的政府总是不断在其他人类身上加诸新的恶行,因此我们必须持续建构新的权利。由于权利是获得自由和公平的过程而非目的本身,因而权利的斗争永远没有获胜的一天。由于恶行总是存在,因此权利也永远长存……一言以蔽之,权利来自不义。"①

---

① [美]艾伦·德肖维茨:《你的权利从哪里来?》,黄煜文译,北京大学出版社 2014 年版,第1—8页。

从另一个侧面,德肖维茨教授对权利来源的说明也为我们对犯罪治理乃治恶与求善的统一的设想提供了一个注脚。德肖维茨教授所说的,权利来自与政府恶行的斗争,与我们所说的,刑事善治来自犯罪行为的治理,具有相同的逻辑和本质。说到底,自由和公平都只是"更好的生活"的一部分。当然,匈牙利诗人裴多菲·山陀尔(Petöfi Sándor)在那首最著名的诗作中认为自由是比生命和爱情更加重要的生活属性。但是,这依然说明与政府恶行的斗争不过是换来了"更好的生活"的部分属性。同时,也意味着善治抑或"更好的生活"的追求具有来自与恶行作斗争的特征。

在贝卡利亚"最大的幸福"及其利益衡量的思想中,笔者也指出过,刑法的任务、目的及其理论都具有服从(从属)于"更好的生活"的属性。基于"更好的生活"的需要,包括刑法在内的各种社会反应组成犯罪抗制的堤坝体系,以满足犯罪治理艺术的需要。需要说明的是,犯罪治理还只是关乎共同体的善抑或"更好的生活"的公共事务的一部分。这一部分的事务,虽说具有恒久、难缠的属性,毕竟不能因此取代公共事务的全部。因此,和权利来自恶行一样,"更好的生活"(善治)也来自犯罪治理(治恶)的努力。需要说明的是,基于对国家权力的担心和防范,学界常以"恶行"来指斥政府的行为。但是,源于社会契约抑或国家与民众的合作,国家和政府的行为大多还是为了履行契约、维护公共利益的需要。类似的情况也存在于犯罪治理的逻辑之中:基于秩序和生活的需要,我们需要对犯罪进行系统的抗制。但从理性、客观的角度来看,犯罪和抗制犯罪的斗争一样,都只是为了更好的生活。因此,多余、无效的刑法反应有悖求善抑或犯罪治理的本质。

三、治恶与求善的实现

实践中,治恶与求善的实现,包含两个方面的要求:第一,不管是犯罪的抗制,还是刑事政治的指导,都要以民生幸福、社会福祉为根本;第二,治恶与求善的统一是系统性的。考虑到作为追求"更好的生活"的目的,犯罪抗制的体系和方式应当有利于相关社会利益的最大化,从而满足民生幸福、社会福祉的根本。犯罪抗制,绝不是为了抗制而抗制,而是基于社会生活的需要才产生的。因此,既要避免无谓抑或无效的刑法反应,同时,也要尽量提升刑法反应的效益。以刑罚目的的调整为例,此前我们提出:"任何单一的目的主体、片面的目的利益、非妥协的目的实现以及绝对确定的目的表述都存在利益多元的阙如,有违公共政策的基本要求……刑罚的目的利益绝不能仅限于国家抑或社会基于报应、预防的考虑,应当将法益保护,尤其被害人利益的恢复作为刑罚目的的重要构成。"①现在看来,基于犯罪治理的求善本质,报应刑也是一种情感利益存在。只有将报应刑看作情感利益的存在,它才能和功利的预防刑统一到"更好的生活"的本质上来。也只有这样,法益恢复的目的才能真正确立。

治恶与求善的实现,也对二者的系统统一提出了要求。二者的系统统一不仅是说犯罪抗制的本质在于"更好的生活"的追求,而且涵括了尊重犯罪人、系统理解犯罪原因的内容。严格说来,犯罪是一种恶的界定,是一种整体、笼统的判断。实际上,犯罪学的研究早就表明,任何犯罪都有来自犯罪人以外的因素,任何犯罪人也都有善良、有用的一面,犯罪亦有促进社会发展的可能性。犯罪治理层面的刑法反应,要尽可能引导犯罪人善良层面的因素,消除其人身危险性,尽可能恢复因犯罪被侵犯的法益。系统地看,引发犯罪的原因有很多,包括但不限于犯罪人自身素质、教育、经济条件、社会环境、地理、气候、气温等。犯罪人自身以外的因素,可以分为两类:一类是自然存在的因素,如地理、气候、气温;另一类是社会存在的因素,如教育、经济、社会环境。社会存在层面的因素,主要受社会治理的传统和水平影响,与犯罪人关系不大。但是,它们引发犯罪的能力是非常突出的。若将犯罪引起的责任全部归咎于犯罪人,必然存在不公平的刑事政策反应。换句话说,在犯罪人承担他们的刑事责任的同时,国家抑或社会系统也应该承担起相应的责任。国家抑或社会系统应当承担的责任,主要有两个方面:一方面,改善社会治理水平,抑制引发犯罪的社会因素;另一方面,尊重犯罪人,并承担起救助、教育的责任。只有这样,法律分配给犯罪人的责任才是系统、公平的,也更容易消解犯罪人的反社会性格。

很显然,在求善与治恶的统一、实现中,社会因素的社会担当具有关键性

①　周建军:《刑事司法政策原理》,清华大学出版社 2011 年版,第 237—238 页。

的地位和作用。这一点,本源于李斯特的社会政策思想:"如果不从犯罪的真实的、外在的表现形式和内在原因上对犯罪进行科学的研究,那么,有目的地利用刑罚——与犯罪作斗争的武器,充其量不过是一句空话。这种解释犯罪原因因果关系的'犯罪学说'称之为犯罪学(犯罪病源学)。"①不仅如此,李斯特还进一步指出了社会因素的重要性:"社会因素的影响显得相当重要。犯罪人实施犯罪的那一刻所具有的个性是从他的天资发展而来,并由其出生后就面临的外界环境所决定的。这种认识使得我们(通过道德、精神,尤其身体教育)对正在成长的青少年的潜在的犯罪倾向施加影响成为可能,尽管这个可能是有限的……我们可以抱有这样一种有可喜根据的信念:一切得到加强的社会政策措施都会非常有利于他们的后代的身心健康。自杀、杀婴和其他一切社会病态现象,均根植于影响后代发展时候的环境中。在与这样的犯罪作斗争方面,社会政策比刑罚及有关处分的作用要大得多。"②据此,李斯特还提出了著名的"最好的社会政策就是最好的刑事政策的论断"。对此,笔者大多是认同的。

　　但是,李斯特关于社会因素和社会政策的论证存在系统论运用不彻底的问题。他说"在与这样的犯罪作斗争方面,社会政策比刑罚及有关处分的作用要大得多",这种表述存在未能彻底贯彻作为社会政策的刑事政策抑或作为公共政策的刑法反应的不足。亦如前文所言,治恶与求善的实现,对二者的系统统一提出了要求。一方面,刑法反应始终都是犯罪治理最直接、主要的反应方式;另一方面,"最好的社会政策就是最好的刑事政策"的论断也意味着社会政策与刑事政策的区分是相对的,它们的统一性是客观存在的。尤其在"求善"抑或"善治"理论的背景和条件下,社会有机体得到了极好的发展,包括犯罪问题在内的各种社会问题都得到了整体的改善,不仅实现了最好的社会政策向最好的刑事政策的转变,刑事政策与社会政策的高度融通,而且标志着人性的发展、城邦的长成以及亚里士多德所谓"善治"抑或"优良生活"的

---

① ［德］弗兰兹·冯·李斯特:《德国刑法教科书》,徐久生译,法律出版社 2000 年版,第 8 页。

② ［德］弗兰兹·冯·李斯特:《德国刑法教科书》,徐久生译,法律出版社 2000 年版,第 12—13 页。

实现。

在并非至善的条件下,治恶与求善的实现,亦如犯罪治理的堤坝体系:从对象层面来看,善恶的划分抑或合法与非法的界限,貌似截然不同,却从来不是泾渭分明的。就治理的方法而言,就像巍峨高耸的水利枢纽,既有拦截水流的堤坝,也有各种溢洪、泄水、沉沙的建筑。由此组成的系统,既要承担着恶害抑或围追堵截的职责,也要承担着引导分流的功能。刑事政治系统也具有类似于堤坝系统的两个维度——求善与治恶,治恶的理论和事务也具有求善的属性和要求,求善的同时,也需要考虑到治恶的基本任务。二者的实现:从静态的层面来看,犹如硬币的两面,不仅可以并行不悖,还要共同作用于犯罪事务的系统治理;从动态的层面来看,犯罪治理本是善治的重要组成部分,始终都要遵守求善的原则和要求;求善必然要注意到犯罪治理事务的整体改善,对犯罪人的尊重和教育也是求善的公共事务的重要内容之一。

第三节 刑事政治理论的基本构成

考虑到刑事政策作为公共政策(policy,或者 public policy)所具有的基本属性以及中国社会普遍存在的政策与法律冲突的问题,我们引入了刑事政治的命题。刑事政治的命题,从形式上看,就是用政治学的原理来解释犯罪现象、犯罪人、犯罪原因、犯罪本质、刑事政策、刑事立法、刑事司法等问题。从根本上说,正如"政策"就是"政治"抑或"善治",刑事政策就是"治道""刑事政治"的提法,目的都是引入政治学的原理抑或常识来改造我们的刑事政策观念,改善刑事政策的合法性并实现刑事政策理论的正当指导。这个方面的成就,主要体现在卢建平教授的《刑事政策学的基本问题》《作为"治道"的刑事政策》《政治系统中的刑事政策问题》等作品中。对此,卢建平教授的思路是非常明确的:"我们之所以将刑事政策上升到刑事政治的高度来看待,首要的考虑是将刑事政策从一般的打击惩罚犯罪的策略措施,从专政的工具、手段或者武器升华为治国的战略或者艺术,是将刑事政策从国家的专属、专有或者专政的封闭圈子里解放出来,使之成为公共政策,成为全社会关注的公共话题。""只有将刑事政策上升到政治的层面,才有可能考虑市民社会在刑事政策体系中的地位与作用,政治国家与市民社会双本位的二元犯罪控制模式的实现才是可能的,国家主导、社会力量广泛参与的综合治理的政策特色才能充分显示出来,作为'治道'的刑事政策的本色也才能得到完全的展示。"①笔者将上述建立在政治(善治)本质上的刑事政策理论称为广义的刑事政策理论,即刑事政治理论,以此区别于此前仅仅停留在对策、策略意义上的狭义的刑事政策主张。需要说明的是,刑事政治理论也包含刑事对策抑或策略的内容,但绝不仅限于此。因此,狭义刑事政策理论也是刑事政治理论的组成部分,囿于指导该理论的观念和方法过于狭隘(如不切实际的消灭犯罪的观念,利益单一的研究目的、方法),亟须汲取政治学和犯罪抗制理论、实践的最新成果加以改造。

概言之,广义的刑事政策理论(即刑事政治理论)主要分为三个部分,分别是刑事政治原理、刑事反应理论和刑事批判理论。

一、刑事政治原理

在刑事政治理论中,仍然存在一些有待厘清的基本观念、概念、原则等问题。这些问题的回应,不仅决定了刑事政治理论存在的合法性,更是刑事政治理论发挥正当指导作用的基础。其中,还有一些非常尖锐的问题。例如,政治的本质及其介入犯罪治理事务的正当性;形式理性与实质理性,抑或形式刑法与实质刑法之争;法律与政策的关系等。

第一,关于政治的本质及其介入犯罪治理事务的正当性。鉴于刑事政治理论与政治学科的密切联系,政治问题的本质必然是决定这个理论的属性的前瞻性问题。特别是在我国,政治政策化、政策过于随意的问题依然存在。以至于陈兴良教授明确提出:要将刑法学从政治、宗教和意识形态的纠葛中解脱出来,形成自成一体的知识体系。② 然而,考虑到政治乃民众追求"更好的生活"的善治本质,刑法只不过是政治实现抑或人们追求"更好的生活"的保障方式。因此,纯粹的知识抑或完全能摆脱政治、宗教和意识形态影响的刑法知

---

① 卢建平:《作为"治道"的刑事政策》,载《法学》2005 年第 4 期。
② 参见陈兴良:《刑法教义学与刑事政策的关系:从李斯特鸿沟到罗克辛贯通中国语境下的展开》,载《中外法学》2013 年第 5 期。

识体系不过是刑法理论补足形式理性的努力。这种努力,有一定的积极性,但是,缺乏系统理论支撑的局限性也非常明显。此前,笔者也称之为片面深刻的理论断章。因此,在学界普遍存在的"政治厌倦"气氛中,我们不仅要明确指出犯罪治理事务的"善治"本性,还要以此树立理性、公允的理论范式。

第二,形式理性与实质理性之争也关系到这个理论的根基问题。说到底,刑事政治理论是在"更好的生活"的价值指导下的犯罪治理进路,它所具有的实质理性是不言而喻的。然而,中国社会,不仅形式理性严重缺乏,对实质理性的误解、误读也达到了非常严重的程度。以截然区分刑法教义与刑事政策理论的形式法治理性为例:一方面,将形式法治理性提升到排除价值介入的地步,可见传统的价值介入的泛滥与形式理性的缺乏相当严重;另一方面,中国式的传统价值介入存在大量非理性的传统,他们对实质理性的伤害不亚于对形式理性的压制。因此,形式理性与实质理性之争并非要不要形式理性抑或实质理性,而是如何界定价值介入的理性,改善价值介入的范式。

第三,法律与政策的关系,抑或刑事法律与刑事政策的冲突也是刑事政治原理需要进一步作出说明的问题。2006年前后,最高人民法院以宽严相济刑事政策为主旨推行以刑事和解、程序简易化、多元化纠纷解决机制等司法试验为主要内容的改革运动,取得了司法改革的重大进步。但是,囿于当时的立法能力和政治情形,前述的改革措施普遍存在政策与法律的冲突,引发了学界的担忧。为此,在《刑事司法政策原理》一书中,笔者指出:"政策,上不能超越法律的界限,下绝不至于被禁绝适用,此中的范围大小,既取决于法律体系的完备程度,也取决于社会的情势变更。就算转型完成、法治实现,法律制度极其完备,也可谓'法有限,而情无穷',政策必然存在于立法和司法的各个环节,影响司法人员的取向和判断,指导市民理解法律、信仰法律。因此,政策与法律的博弈,虽可谓此消彼长,但绝不至于一方唱罢,一方登场。"①究其实质,前述观点解决的主要是司法层面的政策、法律冲突问题。立法层面上,抑或刑法教义理论方面,也有很多相关的问题需要做出进一步的说明。

总的来说,刑事政治原理是广义刑事政策理论的基础,承担着基本观念、

---

① 周建军:《刑事司法政策原理》,清华大学出版社2011年版,第VIII页。

概念、原则、方法和规范的介绍,同时需要对刑事政策理论的转向(从狭义刑事政策理论转向广义刑事政策理论)做出说明。作为刑事政治理论的基础,刑事政治原理是政治学理论与犯罪抗制实践的结合,目的还是犯罪的系统抗制。该原理的主要内容,不仅包括政治科学的常识,也包括刑事科学的原理,但又不是二者的简单叠加。一方面,作为刑事科学和政治学科的交叉,既不能顾此失彼,也不能眉毛、胡子一把抓,没有重点。刑事政治原理的重点,或者说刑事政治原理亟待解决的问题就是从政治学抑或公共政策的角度探寻犯罪抗制艺术的基本规律和要求,改善刑事政策理论的自洽性抑或合法性。另一方面,我们还要深入研究一些指导该类问题的基本观念和方法,如正确的犯罪观念(尤其犯罪存在的客观性)、价值判断的中立性、刑事利益的综合作用、刑事权力的控制、犯罪的系统抗制、刑事决策的形成与执行,将其作为整个刑事政策理论的基础。

二、刑事反应理论

刑事反应理论系广义刑事政策理论的核心内容,承担着动员各种社会力量,协调抗制犯罪的各种社会反应,组织犯罪治理体系的功能。

首先,"刑事反应"一词源自马克·安塞尔、米海依尔·戴尔玛斯-马蒂(Mireille Delmas-Marty)教授和卢建平教授对刑事政策体系的介绍:"1975年,马克·安塞尔创办刑事政策杂志时,他立即指出不能将刑事政策等同于刑法,而应将刑事政策看作是'集体对犯罪的、越轨的或反社会获得的有组织的果敢的反应'……"[1]"刑事政策的任务就是在尊重人权的前提下(起码我们应主动设定这一前提)努力寻求国家的或社会的反应措施。"[2]在此基础上,拙著《刑事司法政策原理》正式提出:"刑事司法政策,就是社会力量的刑事司法利益主张,表现为抗制犯罪的刑事司法反应。"[3]根据政治学的研究,政治抑或政策是社会力量的利益反应,刑事立法、司法和执行的政策,分别就是社会力量

---

① [法]米海依尔·戴尔玛斯—马蒂:《刑事政策的主要体系》,卢建平译,法律出版社2000年版,第1页。

② 卢建平:《刑事政策与刑法》,中国人民公安大学出版社2004年版,第143页。

③ 周建军:《刑事司法政策原理》,清华大学出版社2011年版,第VIII页。

因抗制犯罪而发生的立法、司法和刑罚执行的反应。不难看出,反应抑或利益反应原本就是政策和刑事政策命题的综结所在。

其次,刑事反应体系的提倡建立在犯罪是一个公共问题,需要合理组织各种社会力量共同抗制的基础上,为此多元社会力量的参与、多元反应模式的研究以及多元社会利益的"冲突—妥协"将成为有关反应体系的主要内容。其中,多元社会力量的参与不仅实现了"将刑事政策从国家的专属、专有或者专政的封闭圈子里解放出来,使之成为公共政策"的目的,而且扩大了刑事政策抑或刑事反应主体的范围,为多元社会力量参与犯罪治理决策,承担犯罪治理责任,改善刑事政策的运行奠定了基础。

最后,刑事反应体系的组织需要解决好两个方面的关键问题:一个是刑事反应的公共性,另一个是刑事反应的系统性。亦如前文所言,刑事反应的公共性,不仅要破除刑事权力抑或刑事反应的封闭性和专属性,而且要在多元利益妥协的原则下妥善处理好少数人(如刑事被害人)的利益缺位、回应等方面的问题。关于刑事反应的系统性,本书认为:源于整体抑或一体化思维的考虑,刑事反应的系统性"不仅需要认识到犯罪原因、功能的系统性,还要根据整体治理的需要,从治理的目的、方法、进路等方面着手做出系统的安排。否则,既像是只知道反复加面、加水的笨媳妇,又像是只知道挥舞着大棒的莽汉,靡费了司法资源不说,还会耽误犯罪治理的大好时机。"[①]因此,从刑事反应的意义上讲,刑事政策学既是多元社会力量抑或社会整体(国家、社会和个人)据以抗制犯罪的反应的总和,也是一个以"治恶"为中心任务组织起来的多层次、多部类的堤坝治理体系(也称刑事政策的反应体系)。

三、刑事批判理论

刑事批判,是对犯罪治理事务属性、规律及其实践的理性审问。根据启蒙理论的研究,理性就是从事务的客观属性抑或本性出发,尊重事务发展的客观规律和普遍联系的知性。亦如前文所言,当代中国,传统、工具意义层面的刑事政策理论具有突出的非理性因素。因此,我们提出了理性的刑事政策理论

---

① 卢建平、周建军:《"笨媳妇和面"与刑事政策的系统治理》,载《清风》2011年第10期。

的重塑,在尊重犯罪这一公共事务的客观属性(尤其恒久存在,功能多元的属性)及其普遍联系的基础上,倡导理性、系统的犯罪治理艺术。更何况,在康德看来,"自己施加于自己的不成熟状态"需要借助别人的引导来恢复运用自己的理智的能力。① 因此,批判方法的应用对事务客观属性及其规律的查明,对相关实践的改善非常重要。批判抑或理性审问存在两个方面的特征:其一,尊重事务属性与规律;其二,要从系统论的视角寻求事务的整体改善。事务的属性和规律,亦可谓事务的自然存在。在康德的批判理论中,他明确提出:"理性必须在其一切活动中都把自己置于批判之下,而且理性不能在不损害自身和不引起一种不利于它的嫌疑的情况下通过任何禁令破坏这种批判的自由。"②关于事务的自然存在,他进一步指出:"凡是自然本身所安排的,都对某个意图来说是好的。甚至毒药也可用来克服在我们自身体液中所产生的其他毒素⋯⋯"③可见,区别一般意义上的反对、否定与驳斥,批判乃理性、系统的审问。因此,理性乃批判的合理内核,批判也是理论理性的基本要求,批判理性建立在尊重事务属性及其规律的基础之上。关于批判理论的系统论要求,不得不谈及以下三个方面的问题:

第一,事务存在的属性存在社会干涉的必要。事务的存在有其基本的属性和必然的规律,这是社会抗制的基础。但是,事务的自然存在也奠定了社会干预的必要性和可能性。说白了,社会抗制就是对事物有利的属性的发扬和对不利因素的抑制。类似于康德所说的"毒药",犯罪乃社会的恶害,并不排斥它也具有有益于社会,甚至推动社会发展的可能性。这一点,还是制度犯罪、国家犯罪理论的基础。当然,最重要的还是事务存在利弊两分的属性奠定了社会干预的合法性。要知道,政治学意义上的合法性源于民众的福利与信任。由于事务存在利弊两分的属性,基于事务基本属性和规律的社会干预,将有利于社会福利抑或民众福祉的扩大,换取民众的参与和信任。因此,社会干涉是更好地处理相关事务的必然要求。

第二,基于事务自然存在的社会干涉,乃事务发展建构的扬弃。犯罪是影

① ［德］康德:《历史理性批判文集》,何兆武译,商务印书馆 1990 年版,第 22 页。
② ［德］康德:《三大批判合集》,人民出版社 2009 年版,第 496 页。
③ ［德］康德:《三大批判合集》,人民出版社 2009 年版,第 497—499 页。

响"更好的生活"的公共事务,相关治理事务的发展具有建构的特性。在社会发展的背景下,犯罪治理需要考虑到社会变迁、创新,甚至革命性的社会剧变的影响。因此,犯罪事务的社会干涉需要不断根据事务发展的属性和变化建构起系统的反应机理和机制,从而具备不因事项变化、主体和情境转移而依然具备的系统能力。犯罪治理体系的这种能力,源于这个系统的属性和扬弃。换句话说,既要尊重系统存在的属性和规律,也要根据社会条件的变化不断地自我否定、自我发展。因此,犯罪治理体系所具有的发展建构的属性,暗含了理性批判的因子,构成以更好地处理犯罪事务为直接目的的刑事政策批判的重要范畴。

第三,系统性的批判理论是批判主体及其对象的双重批判。与通常的攻击和反对不同,系统性的批判理论遵守事务发展的规律,坚持"更好地处理相关事务"的目的,坚守多元参与、利益妥协的原则,有利于批判主体及其对象的发展,具有双重批判的要求和属性。双重批判,既是自我批判与批判他人(事)的统一,也是批判主体及其对象的利益实现。从系统论的角度,普遍联系的机理决定了事务存在的关联性质。以犯罪学与刑事政策学的关系为例:一方面,犯罪学的发展奠定了刑事政策的实践理性和事实基础。但是,实践理性的膨胀也会带来一些负面的因素,需要得到社会价值的衡平和干预。另一方面,作为批判犯罪学的刑事政策理论,在批判吸收犯罪学的研究成果的基础上,需要系统地考虑到犯罪治理、规范刑法以及其他社会利益的要求,并在尊重犯罪事务属性和规律的基础上改善犯罪治理体系的机制。其中,犯罪治理机制的改善必然包含了对此前的犯罪治理系统的批判和否定。因此,系统性的批判理论既是批判主体的批判,也是批判对象的批判,既是对批判主体的批判,也是对批判对象的批判,符合事务发展的属性和规律,有利于批判主体及其对象的共同发展。

在刑事政治理论的研究中,卢建平教授明确提出,刑事政策具有突出的批判品性:刑事政策理论也要涉及诸如犯罪与刑罚等刑事科学的根本问题,但它并不拘泥于现行或过去的刑法条文,并不依循刑法限定的范围,而侧重从历史和现实的角度用哲学思辨的眼光去分析并批判刑法所规定的某些制度,探讨刑法改革的途径。① 与此同时,刑事批判理论也是广义刑事政策理论的发动

---

① 参见卢建平:《刑事政策学的基本问题》,载《法学》2004 年第 2 期。

机,承担着持续改善刑事政治理论的功能,为刑事政策理论、实践的发展提供源源不断的动力。

当然,我们之所以将刑事批判原理作为广义刑事政策理论的三大原理之一,主要是基于以下两个方面的考虑。首先,从政治学的本义出发,多元社会力量的利益反应、冲突遵循着"冲突—妥协"的范式,各种社会力量的利益都不可能得到完全的实现,进而形成一种你中有我,我中有你的利益局面,需要通过批判的进路寻求利益的扩张。因此,不管是作为一种公共精神还是作为一种方法论,公共政策批判自始至终都为公共理性在公共福利的追求中保留相当的地位。刑事政策亦不例外,基于犯罪的公共属性,多元刑事政策主体及其利益是一个矛盾统一的整体,具有天然的批判属性。其次,作为批判刑法学和批判犯罪学的刑事政策,从新旧派的论辩到社会防卫主义的构建,都具有突出的批判理性和特性。

需要特别说明的是,广义刑事政策理论对狭义刑事政策理论的批判,说到底还是因为后者具有突出的僵化、单一性质,有悖批判理性的原理,不能适应中国社会发展的需要。与此同时,广义刑事政策理论的自洽性和前瞻性也不是一个一成不变的命题。作为批判的理论以及理论自身的批判,刑事批判理论具有前文提到的,突出的两重属性。唯其如此,广义刑事政策理论才能在自我批判与批判他人的实践中,适应社会发展的要求,维系理论的合法性。概言之,刑事政策批判,源于公共政策批判的理论,不仅主张多元的刑事主体和利益,而且将多元、普遍的批判作为提升犯罪抗制水平,促进刑事政策民主、进步的标志,从而成为广义刑事政策理论的重要组成部分。

第四节　刑事政治理论的治理体系

一般说来,理论的构成抑或体系是指这个理论的基本观念、概念、方法、原则和规范。然而,基于犯罪问题的普遍性和紧迫性,刑事政策的研究具有突出的实践性质——犯罪抗制的行动及其指南(guideline),或者说如何指导刑事立法、司法的实际情况,也是这个理论的重要组成部分。我们将前者称为刑事政治理论的静态构成抑或静态体系,而称后者为刑事政治理论的动态构成抑或动态体系。

一、治理与犯罪治理

2012 年,论及城中村的社会治理,我们对治理的概念做出了界定。考虑到善治的本质以及多元参与、合作的精神,我们以为:治理是公共主体为实现多元社会利益、改善民众生活而对共同事务采取的系统反应。① 区别于单方主导的控制和管理,治理强调多方主体的协调和共同事务的机理。当然,最重要的还是多元利益的实现。没有多元利益的实现,很难说是有效的治理。

相应地,犯罪治理是指社会力量为增进社会福祉而对犯罪问题采取的系统性反应。区别于传统的犯罪控制理论,犯罪治理是建立在尊重犯罪问题的基本属性和规律基础上的系统反应。根据"公共事务的公共解决"的原理,犯罪治理的本质还是相关社会利益的整体改善。相关社会利益的整体改善,主要是指犯罪人、被害人、国家、社会、其他社会组织和力量,他们与犯罪治理密切相关的利益能在犯罪抗制事务的公共解决中,通过"冲突—妥协"的方式得到有效的处理。考虑到国家一贯具有的突出的主导地位,相关社会利益的整体改善尤其需要国家放弃长期具有的垄断犯罪治理权力的地位,扩大犯罪治理的社会参与,尽可能恢复因犯罪被侵犯的法益。总的来说,当代中国的犯罪治理尤其需要在尊重治理理性的前提下系统研究犯罪地位和功能的相对性质,理性对待必然存在且未必能被减少、消除的犯罪问题,并以商谈、相对、系统的哲学范式开展批判犯罪学、批判刑法学的研究,建构起与市场经济、国家治理、社会治理相适应的犯罪治理体系。当然,这也是个系统工程。考虑到相关理论和实践的难度,这个意义上的犯罪治理也可以用"最好的社会政策"抑或"社会治理"来形容。

二、犯罪治理的运动与体系

刑事政治理论的动态构成主要包含两个方面的内容:一个是刑事政治的运动抑或过程。运动的形态是一个包括政策形成(决策)—执行—评估—再形成决策等环节在内的开放体系。根据公共政策的研究,决策、执行是这个运

---

① 参见卢建平、周建军:《城中村治理:撕开二元制度的面纱》,载《清风》2012 年第 12 期。

动体系的核心内容。但是,决策和执行的性质是相对的,决策之中有执行,执行之中亦有决策。以刑事政策的执行为例,基于合法性(多元参与及利益)的要求,刑事政策的执行目标应当是一种多元、非确定的存在,政策的执行不仅有赖于业已形成的决策,也有赖于政策执行者的重新理解(也是一个政策形成的过程)。动态构成的另一个组成部分是犯罪抗制行动的指南,即犯罪治理的体系化。由于犯罪治理体系的本质也在于多元公共主体及其利益的冲突、协调,抑或反应,与政治本义抑或公共政策的基本要求同出一辙,因而也可以纳入刑事政治理论的范畴。

根据扩大犯罪治理参与、合作的要求,也考虑到犯罪治理利益整体改善的需要,犯罪治理必然是动态的存在,并以犯罪抗制反应的体系化为核心内容。当然,是否可以参照社会契约的范式构建犯罪治理的协议,并以犯罪治理协议的方式改善犯罪治理体系的合作,从而实现犯罪治理利益的整体改善,这也是犯罪治理体系范畴下的新问题。

概言之,犯罪治理体系主要包含两个方面的要求:第一,多元公共主体的参与以及多元刑事利益的妥协是犯罪治理体系的根本要求。区别于狭义刑事政策理论的主体垄断和单一目标,犯罪治理体系不仅注重多元公共主体的参与,而且要在多元刑事利益妥协的基础上对刑事政策的目标和方法进行梳理,进而提出多元利益妥协抑或动态治理的主张。这一点,不再赘言。需要特别指出的是,以利益和表决为基石构成的政治原理本身也存在一些难以解决的问题,最突出的就是少数人的权利抑或利益的保护,或者说多数人的“暴政”问题。这个问题,存在几千年了。从苏格拉底之死到法西斯的统治,都奉了“政治”抑或“民众”的名义。应用于犯罪抗制的事务,多元公共主体的参与抑或多元刑事利益的妥协也需要对多数人的暴政进行防范,尤其需要慎重对待各主要力量(如国家抑或民众)的呼声抑或反应。以民众的呼声为例:古往今来,仅从民众的呼声来看,从来都是不断加罪、加刑的利益要求。例如,美国人普遍声称他们的司法制度是“宽厚仁慈的实验室”,以至于“软弱的判决”比比皆是。《纽约时报》还刊发过参议员菲尔·格拉姆(Phil Gramm)的评论:“平均说起来,现今在美国犯谋杀罪行,预期只需要在监狱里待 1.8 年;犯强奸罪行,预期 60 天,抢劫是 23 天,纵火是 6.7 天,严重的攻击是 6.4 天。至于偷一辆车,合理的预期仅需要在监狱里待上一天半。"①然而,从犯罪抗制的长期效果来看,不断地加罪、加刑,作用微乎其微。因此,不断地加罪、加刑的利益要求属于民众普遍存在的不当反应。第二,犯罪治理体系采用了政治系统理论,树立了整体抗制的思维。这里提到的系统理论抑或整体思维,主要是指犯罪的治理,牵一发而动全身,不仅需要调动尽可能多的资源和力量,扩大参与(也是合法性的要求),而且需要以开阔的视野,采用适当的方法组合,形成抗制犯罪的堤坝体系,提升犯罪抗制艺术的水平。

从关系理论的角度来看,犯罪治理的体系和方法贯穿刑事政治理论的三大原理。首先,治理体系源自公共政策理论及其多元利益妥协的思想。申言之,没有公共政策所倡导的多元社会力量及其主体地位,就没有多元利益的梳理,更不存在科学的犯罪治理体系的组建。反观狭义的刑事政策理论,在封闭、垄断的主体地位以及单一的控制目标体系下,犯罪只是"孤立的个人反对统治关系的斗争",能消灭就消灭,实在消灭不了就一控了之。其次,犯罪治理体系是刑事反应运动的指南。不管是刑事反应的理论,还是犯罪治理的体系,都以犯罪问题的科学治理为目的,都以刑事反应的堤坝体系为承载,二者统一于犯罪抗制艺术的运动。最后,具有突出实践导向的刑事政策批判是以犯罪治理体系及其实践为对象的批判理论,离开了犯罪治理的体系和实践,刑事政策批判将失去存在的意义,更不可能为刑事政策理论、实践的发展提供源源不断的动力。

考虑到当代中国犯罪抗制的实际情况,犯罪治理体系的研究主要有两个方面的意义。一方面,以多元利益的梳理为脉络,改善犯罪抗制运动的理论,形成犯罪抗制运动的指南。中国犯罪抗制的理论及其实践长期奉行单一、垄断的利益体系,多元利益受阻、缺无的情况非常突出。因此,刑事政治理论需要联系犯罪抗制的运动抑或过程,以多元利益的梳理为脉络,加强对犯罪抗制运动的指导。另一方面,犯罪治理体系既是犯罪抗制运动的指南,也是广义刑事政策理论最为倚重的研究方法。作为一种研究方法,犯罪治理体系是在广泛采用比较研究、交叉研究和批判研究的基础上,以善治理论为指导,以多元

---

① Phil Gramm, *Drugs, Crime and Punishment: Don't Let Judges Set Crooks Free*, N. Y. Times, 1993, at A19.

利益的冲突—妥协为核心,结合刑事一体化理论和政治系统理论的要求形成的犯罪抗制的方法体系。从渊源来看,犯罪治理体系的形成主要源自卢建平教授对刑事政策的比较研究和交叉研究。在此基础上,不仅提出了"刑事政策就是刑事政治"的命题,还从政治(善治)的本义和要求出发,指出了狭义刑事政策理论的不足,奠定了刑事政治理论抑或犯罪治理体系的基础。从问题意识出发,犯罪治理体系不仅指出了传统刑事政策理论种种不足,而且提出了多元利益妥协、刑事反应的堤坝体系等主要措施,具有开阔的研究视野、严密的逻辑体系和突出的批判性、针对性。

三、刑事政策的反应体系

犯罪治理的体系和方法不仅贯穿刑事政治理论的三大原理,而且要以公共政策的理论和犯罪抗制的实际为依托,紧扣犯罪事务的动态治理,强化相关理论的实践导向,与之共同组成一个以"治恶"为中心任务的反应体系①,如图1所示。

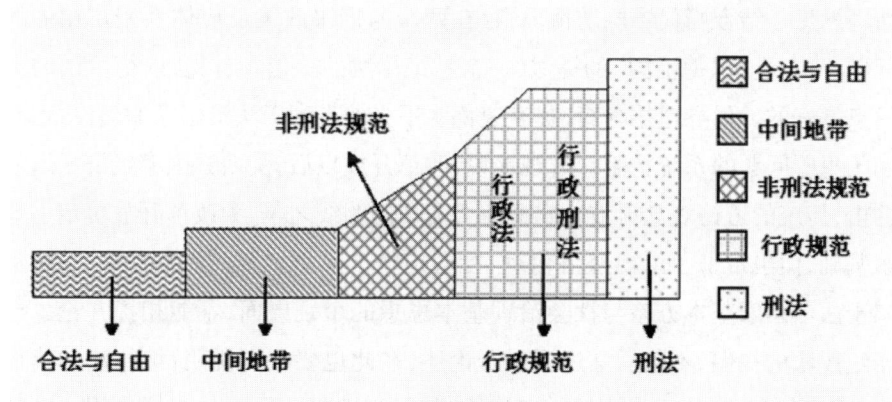

图 1　刑事政策反应的堤坝体系

① 论及刑事政治问题,卢建平教授较早提出了相关的"堤坝反应体系"。以此为基础,犯罪治理的堤坝反应体系也该注重各反应方式的位阶、顺序、有效性等方面的要求。不过,犯罪治理的堤坝反应体系理论也要注意到堤坝反应体系在堤坝存在的自然性、反应方法的融合性等方面的不足。

上文提到的反应体系也称"刑事政策的反应体系"抑或"刑事政策反应的堤坝体系"。如图 1 所示,在犯罪抗制的研究中,我们将刑事政策反应的方式划分为四类:分别是非法律规范、民事法律规范、行政规范和刑法规范。其中,非法律规范主要是指还没有被法律规范吸收的伦理、纪律、习惯等;行政规范包括两类,分别是行政法与行政刑法。以上四类规范共同组成的刑事政策反应体系,犹如一个堤坝,底层是非法律规范和民事、行政法律规范组成的基础性制度,顶层才是刑罚反应抑或刑法制度。换句话说,作为保障法的刑法制度虽然高高在上,但不能独立组成抗制相关犯罪的堤坝体系,其存在和作用更取决于底部制度的构筑和保障。① 这一点,不仅构成刑法谦抑性的基础,也是犯罪治理理论及其实践的关键。

刑事政策反应体系的思想与李斯特"最好的社会政策就是最好的刑事政策"论断一脉相承。在刑事政策反应体系之下,非法律规范大抵属于社会政策的范畴。鉴于犯罪治理在社会治理中的突出地位,笔者倾向于将犯罪治理当作社会治理的风向标。换句话说,犯罪治理非常糟糕的社会,不可能具有很高的社会治理水平,反之亦然。因此,刑事政策反应体系也蕴含着丰富的社会治理思想。结合当代中国的情况,存在两个与刑事政策反应体系密切相关的问题:一个是"以德治国"的提法,一个是纪律法的提倡。首先,以德治国的出发点是好的。倡导道德教育,提升道德水平必然有利于法治国家的建设,也有利于犯罪问题的系统抗制。客观地说,改革开放以后,受西方国家经济成果的冲击,传统的道德观念滑坡。它避免了无谓的路线之争,为改革开放奠定了政策基础,但也带来了忽视经济伦理、社会道德的问题。但"以德治国"只是从属于法治国家基本方略与社会治理基本思想的个别层面,不能相提并论。至于纪律法的提倡,不仅后文还要展开论述,在此也要特别说明:纪律法的建设完善了刑事政策的反应体系,将对腐败犯罪治理起到重要的支撑作用。尤其对长期执政的政党来说,纪律法治类似于自身的道德约束。没有道德基础的制裁体系,事倍功半不说,还有可能南辕北辙。

---

① 参见周建军:《中国民营企业犯罪治理的刑事政策研究》,载《政治与法律》2012 年第 7 期。

第五节　刑法知识的去政治化问题

刑法学知识与政治问题的关系已经引起了很大争议。一方面,受历史条件的限制,那种动辄居于至上地位且不容置疑的范畴阻碍了批判方法的运用,影响了理论的辩证发展。以犯罪治理问题及其刑法理论为例:在单一且不受质疑的思维条件下,刑法沦落为阶级统治的工具,服务于消灭犯罪、打压抑或控制犯罪的主要目的,形成了"一有问题就上刑法,再不济就是死刑"的顽疾。受此影响,犯罪治理徒劳无功不说,稍有风吹草动,还会带来所谓的路线之争,破坏来之不易的法治基础。另一方面,在工具主义法学的影响下,立法与司法的理论、实践长期缺乏应有的品格,在此前提下追求纯粹的形式法治抑或刑法知识,排斥政治抑或政治知识对刑法学研究的影响,虽有一定的合理性,但间接影响刑事政策抑或刑事政治的地位和作用,又犯了物极必反、过犹不及的毛病。为此,在刑事政治理论的系统确立中,有必要就刑事政策理论是否需要去政治化的命题做出特别说明。

一、刑法知识的泛政治化问题

去政治化存在一个前提,即泛政治化问题的存在。所谓泛政治化,就是指政治理论的过度作用。类似于工具主义法学的弊端,政治理论的过度作用也存在矮化其定义、夸大其作用的问题。例如,曾几何时,农民自家养的鸡鸭是"资本主义的尾巴",要被"割掉";吃饭、理发之前,需要背诵《毛主席语录》……凡此种种,日常生活都变得很麻烦,更不用说"更好的生活"抑或生活的改善。这些问题,说起来有些轻巧,难免被当作过眼烟云。实际上,传统的意识形态体系①或多或少存在泛政治化的问题,如"两个凡是""一切以阶级斗争为中心",等等。这种情况,正如习近平总书记在《在庆祝改革开放 40 周年大会上的讲话》所指出来的:"十年内乱导致我国经济濒临崩溃的边缘,人

---

① 亦如前文所言,意识形态体系也只是一种观念的集合、科学抑或系统化的利益主张,个人和组织都有可能成为意识形态的主体。这样一来,不仅可以做到"百花齐放、百家争鸣",而且可以满足以公共力量解决公共问题的治理要求,集思广益,真正实现集中多元力量办大事的意愿。

民温饱都成问题,国家建设百业待兴……在邓小平同志领导下和老一辈革命家支持下,党的十一届三中全会冲破长期'左'的错误的严重束缚,批评'两个凡是'的错误方针,充分肯定必须完整、准确地掌握毛泽东思想的科学体系,高度评价关于真理标准问题的讨论,果断结束'以阶级斗争为纲',重新确立马克思主义的思想路线、政治路线、组织路线。从此,我国改革开放拉开了大幕。"①从"完整、准确地掌握毛泽东思想的科学体系"的要求出发,泛政治化也存在自我批判与科学性的不足。然而,泛政治化的因素仍然存在,还在干扰我们的改革开放工作和法治建设事业。

在刑事政策的界定中,受"政策(政治)就是国家和党的策略、主张"的观点影响,形成了工具层面的刑事政策定义:"刑事政策就是党和国家应对或抗制犯罪的策略和主张。"这个层面的刑事政策缺乏科学的逻辑体系,在自身定力层面存在不足,容易受政策主体或领导人注意力影响呈现出忽左忽右的状态。政治科学的系统研究表明,肇始于城邦(policy)的政治理论,在正义原则、善治目的、自然形成等方面存在一系列的要求②,与工具层面的"策略、主张"存在根本性差别。相应地,工具层面的刑事政策思想缺乏政治高度,在刑事权力制约、社会治理目标、美好生活追求等方面也存在严重不足,容易出现被滥用的情况,难以为新时期国家治理体系和治理能力现代化条件下的犯罪治理理论和实践提供科学的指引。

刑法学(知识)泛政治化的问题早已引起了学界的不满,进而产生了反对政治介入的倾向。其中,又以陈兴良教授提倡的刑法知识论最有代表性。例如,陈兴良教授指出:"在相当长的一个时期内,刑法问题的思考都是一种政治考量、一种意识形态考量,因而所谓刑法知识完全混同于政治常识、意识形态教条,刑法知识的学术化完全无从谈起。刑法知识的政治化以及意识形态化,实际上是政治对刑法学的一种侵蚀,有损于学术的独立性和知识的纯粹性。"③对此,笔者首先是赞成的。亦如前文所言,泛政治化抑或传统政治意识形态的危害是有目共睹的。要想摆脱这一点,刑法学需要在刑法规范、刑法解

---

① 习近平:《在庆祝改革开放40周年大会上的讲话》,载《人民日报》2018年12月19日。
② [古希腊]亚里士多德:《政治学》,吴寿彭译,商务印书馆1965年版,第5—9页。
③ 陈兴良:《刑法知识论》,人民大学出版社2007年版,第III页。

释、刑法判例、刑法教义的研究中倡导专门的刑法知识的研究,保持学科及其知识的相对独立性。

在刑法知识论的主张中,还有论者提出:"刑法知识转型是近年来刑法理论提出的一个重要命题。一般指称我国刑法学知识从苏俄刑法学向德日刑法学的转向,并逐步确立我国刑法学主体地位与主体意识的过程。刑法知识转型对我国刑法理论研究的发展具有重要的指导性作用,其不仅重塑了我国刑法解释学的整体形象,更是促成了刑法解释立场的理论分野。在我国,刑法解释立场思想脉络的产生、发展是与刑法知识转型密不可分的,刑法解释'立场'的抉择无法脱离对刑法知识转型的路径依赖,亦须放到刑法知识转型理论背景下加以考察。"①如果说刑法知识论的倡导在泛政治化的去除方面具有重要的作用,那么,将倡导自在、独立的刑法知识论与刑法学主体地位抑或刑法解释学的整体形象联系在一起,难免有些牵强。要知道,近代德国哲学对世界哲学的影响和贡献是有目共睹的。其中,马克思主义、犯罪构成的四要件理论和三阶层理论也都主要源自德国。当然,这一点后文还将具体展开。最关键的是,在刑法知识、教义理论的倡导中,陈兴良教授常常从李斯特的观点出发,指出刑法知识抑或刑法教义理论的核心,就是建立一套刚性、自在,与主体无涉的知识体系。例如,在《刑法教义学与刑事政策的关系:从李斯特鸿沟到罗克辛贯通中国语境下的展开》一文中,陈兴良教授明确指出:"正是李斯特指明了近代刑法学的发展路径,将刑法学从政治、宗教和意识形态的纠葛中解脱出来,形成自成一体的知识体系。在刑法教义学的知识体系中,罪刑法定原则是根本的价值追求。在罪刑法定的框架范围之内,刑法教义学应该遵循实证主义的分析方法,而这种实证主义是排除价值判断的。"②在《教义刑法学》中,陈兴良教授进一步提出:学术区别于政治,学术区别于思想,学术区别于技术,学术区别于宗教。③ 可见,刑法知识抑或刑法教义提出伊始就特别强调独立、自在,区别于主体、价值

---

① 王昭振:《刑法知识转型与实质刑法解释的反形式主义》,载《法学评论》2013 年第 5 期。
② 陈兴良:《刑法教义学与刑事政策的关系:从李斯特鸿沟到罗克辛贯通中国语境下的展开》,载《中外法学》2013 年第 5 期。
③ 参见陈兴良:《教义刑法学》,中国人民大学出版社 2010 年版,第 4—6 页。

的知识体系研究。因此,刑法知识抑或教义的提倡,与我国刑法学主体地位、意识的确立之间并没有太多的联系。倘若真要讨论刑法学的主体地位与意识,那么,作为公共政策方法之一的刑法方法的确是有主体地位和意识的,只不过它的主体地位和意识来自多元、妥协,而非独立的目的判断和价值输入。可见,刑法知识论的提倡中,也存在一些自相矛盾的问题。还要特别指出的是,系统地研究李斯特的刑法思想,他提出来的"自成体系的知识体系"①是一个相对的概念。作为刑事社会学派的创始人,尤其作为"最好的社会政策就是最好的刑事政策"这一至理名言的提出者,李斯特并不反对刑事政策与刑法教义的整体贯通(包括外在和内在)。

二、泛政治化的拨乱反正

不妨将刑法学去除泛政治化的努力看作一个拨乱反正的过程。在这个过程中,刑法学不仅重新确定了罪刑法定原则的法律地位,还以刑法规范、刑法解释、刑法教义、刑法判例的研究为主要内容倡导刑法知识论的研究。但是,在这个拨乱反正的过程中,也有一些涉及刑法学与政治学结合适用的必要性和科学性问题,有待厘正。

系统研究法律与政治的关系,我们既不能无视泛政治化的危害,也不能因噎废食,无视法律知识与政治知识的天然联系,盲目拒绝政治知识的指导作用,过度追求学科和知识的独立性、纯粹性。为此,卢建平教授提出:"如果将去政治化的目标定位在彻底地否定或者无视刑法的政治性乃至意识形态色彩,追求所谓的学术独立性和知识的纯粹性,则我以为是极不现实的。事皆有度,过犹不及,刑法与政治之间的天然联系应该得到正确的阐述与科学的界定,这就是我们学者的社会责任。刑法知识的过度政治化或者意识形态化固然是要反对的,但如果由此又走到刑法的非政治化或非意识形态化(翻译成英语无非就是一个 depoliticalization),同样会因为脱离社会现实而遭到人们的反对。"②受此

---

① 〔德〕弗兰兹·冯·李斯特:《德国刑法教科书》,徐久生译,法律出版社2000年版,第1—2页。

② 卢建平:《法律人要有法学的根底 也要有政治家的头脑》,载《法制日报周末》2009年6月11日,第13版。

启发,刑法知识论的提倡将对刑法学如何去除泛政治化、与传统意识形态的影响起到重要的指导作用。与此同时,刑法知识论也需要妥善解决好刑法知识的纯粹性和交叉性的分歧,犯罪成立理论、刑事政治理论等方面的争议。

泛政治化的拨乱反正还与当代中国社会的主要矛盾密切相关。中国共产党第十九次全国代表大会明确提出我国社会的主要矛盾已经转化为人民日益增长的美好生活需要和不平衡不充分的发展之间的矛盾。"美好生活需要"的目标既是善治理想的承载和实现,也是饱经沧桑的人们渴望安宁、幸福的生活,反对极端思潮的迫切愿望。国家治理体系与能力的现代化,需要通过善治理论与中国国情的结合,以"最好的社会政策就是最好的刑事政策"为原则,实现社会治理的科学化。在此之中,泛政治化是特定历史时期与工具主义思想的产物,有悖善治理念与美好生活目标,不符国情、不合人心,势必要扫进历史的垃圾堆。因此误读政治的善治本质,反对刑法学与政治学的交叉也是狭隘、不准确的。事实上,在犯罪治理的系统抗制中,刑法学与政治学的交叉结合不仅是必要的,也是必需的。

三、刑法学与政治学交叉的知识

刑法知识去政治化的范式,并不反对刑法学与政治学的交叉,而是反对工具主义思想及其意识形态的过度作用。因此,刑法知识论的提倡缘起于泛政治化抑或传统意识形态对刑法学的操控,具有祛魅的性质。

刑法学研究泛政治化的危害是有目共睹的,问题的关键在于如何扭转这种局面。早先的时候,法学界提出了"专业槽"的概念(刑法学称之为专业的"食槽"),倡导法学抑或刑法学自身理论范畴与范式的体系化。法学理论范畴与范式的体系化,主要是指法学及其部门法学自身概念、话语体系的确立,避免其和国家一起继续被界定为"阶级统治工具"的命运。此后,随着罪刑法定原则和刑事法治理念的确立,传统意识形态完全把控着刑法学范畴及其话语体系的情况逐步得到了改善。从现今的情况来看,犯罪是一个公共问题的观念初步得到确立,任何基于单一利益主体的抗制犯罪的主张抑或一以贯之的主义,如消灭犯罪的理想、"敌人刑法"的提倡等,也都遭到了法学研究的批判。尤其对消灭犯罪的理想和"敌人刑法"的批判,还是刑法学独立承担的任务。相关的批判,以刑法知识论的提出和犯罪治理理论的提倡为标志,不仅意味着相对理性的回归,而且伴随着市民社会的兴起以及多元利益视角(主体)共同抗制犯罪局面的出现,去政治化的努力抑或刑法学理论范畴和范式的系统构建已经初见成效。

但是,刑法知识论的提倡并不反对刑法学和其他学科知识的交叉作用,而是反对刑法知识的过度政治化抑或完全混同于政治常识的情况。刑法知识的过度政治化,用陈兴良教授的话说是指"刑法知识完全混同于政治常识、意识形态教条,刑法知识的学术化完全无从谈起"的情况,和刑法学与政治学科等其他学科的适度交叉(而不是完全混同)作用是不一样的。从刑法知识论的表述上看,陈兴良教授提出"刑法知识的政治化以及意识形态化,实际上是政治对刑法学的一种侵蚀,有损于学术的独立性和知识的纯粹性",貌似提出了一种反对政治学介入(侵蚀)刑法学的观点。实际上,结合上下文和有关的研究背景,上述表述的前提,即"刑法知识的政治化以及意识形态化"并不是泛指政治对刑法学的介入,而是指政治对刑法学的过度介入抑或刑法学完全混同于政治常识的情况。这一点,还可以从以下两个方面得到说明:

第一,"政治化"和"意识形态化"的措辞本身包含了方法上一以贯之抑或绝对化的问题,违背了相对理性和多元作用的要求。从这个意义上讲,陈兴良教授所谓"刑法知识的政治化以及意识形态化"应当是指"刑法知识完全混同于政治常识、意识形态教条"的情况,而不是泛指政治对刑法学的介入。

第二,陈兴良教授倡导跨学科的研究,绝不至于反对刑法学与政治学的适度交叉。1995 年,论及刑法学研究的专业"食槽"问题,陈兴良教授撰文指出:"刑法学虽然是一门法律学科,以其规范性研究为特点,但这绝非意味着它只是尾随立法与司法的注释学,而应当打通刑法学与人文科学之间的隔膜,引入哲学思维,注入人文性,从而使刑法学向法理学乃至于哲学升华。"[1]2007 年,在《刑法知识论》的"出版说明"中,陈兴良教授再一次明确提出:"刑法知识演

---

[1]　陈兴良:《科学性与人文性——刑法学研究的价值目标》,载《政治与法律》1995 年第 1 期。

变的内在动因之一就是关于人的知识的演变。其他社会科学对于刑法来说，具有方法论与知识论的双重属性，例如哲学、经济学、社会学对于刑法学研究都有方法论意义。与此同时，法律现象与政治现象、经济现象、社会现象的相关性，决定了政治学、经济学、社会学对于刑法学来说是一种可以直接借鉴的知识资源。"①不难看出，陈兴良教授不仅从宽厚的人文科学中汲取了丰富的营养形成了底蕴深厚的刑法哲学，而且明确提出政治学原本也是刑法学可以直接借鉴的知识资源。因此，刑法知识论的提倡并不反对刑法学与政治学的交叉抑或适度交叉，关键在于如何确保这种交叉是适度的，又如何在泛政治化的去除抑或反对传统意识形态操控刑法学研究的时候，做到两类学科及其知识的良性互动——既不要顾此失彼，也不要矫枉过正。就此而言，卢建平教授提出"事皆有度，过犹不及"也是这个意思。

四、犯罪构成理论的争议与知识

系统考察犯罪构成四要件理论的争议，犯罪构成的四要件理论并不是泛政治化的必然产物，它也包含着对专门的刑法知识的要求，可以为犯罪成立的判断提供具有客观倾向的理论依据，能在一定程度上抵御过度政治化的干预。然而，反对犯罪构成四要件的论证坚持认为源于苏俄的"四要件"理论不过是意识形态的产物，需要在刑法知识的倡导中淘汰。

不可否认，我国犯罪构成的四要件理论②源于苏俄的犯罪构成理论，提出之初也具有浓厚的意识形态色彩。据 A.H.特拉伊宁介绍："社会主义刑法的深刻的特点及其真正的民主主义都表现在：法律条文过去和现在常常把说明犯罪构成的因素（一方面）同有关其政治评价因而揭示出法律的含义及其理由的特征（另一方面）结合起来。"③"在法律规范中把专门的刑法评价和一般的政治评价相结合的做法，现在仍然是为数很多的而且是很典型的现象。在

---

①　陈兴良：《刑法知识论》，中国人民大学出版社 2007 年版，第 V 页。

②　本书称之为四要件理论而不是四要件体系，主要是考虑到犯罪成立的四个要件只是犯罪成立理论的一部分，包括正当防卫、紧急避险、职务行为等在内的抗辩事由的研究也是这个理论的重要组成部分。因此，犯罪构成的四要件理论绝不只是四个要件组成的体系。

③　［苏］A.H.特拉伊宁：《犯罪构成的一般学说》，薛秉忠、王作富等译，中国人民大学出版社 1958 年版，第 52 页。

这里,在刑事立法方面就体现了社会主义民主的基本原则:法律在施行新规范的同时,就要指出所犯罪行的巨大危害,从而唤起劳动人民的政治觉悟,把社会舆论和政权机关动员起来,同这些犯罪作坚持不懈的斗争。"①但是,犯罪构成的四要件理论并不是泛政治化的必然产物。

产生之初,四要件理论不仅对早期资本主义国家的犯罪构成理论进行了分析、批判,而且明确指出当时的"资产阶级的犯罪构成理论"在麦卡伦-伍德法(即 1950 年美国颁布的《国内安全法》)和布拉乌涅尔-巴特列尔法(即 1954 年美国颁布的《共产党活动管制法》)中,"具体犯罪构成的要求已完全让位于所谓政治上不可靠的推断了。"②论及犯罪和犯罪构成概念的区分,A.H.特拉伊宁进一步指出:"A.A.皮昂特科夫斯基在上述著作(即《社会主义法制的巩固和犯罪构成学说的基本问题》,笔者注)中,把'苏俄刑法典'第六条中的犯罪概念只看作是对苏维埃刑法上犯罪的一般政治评价,而把犯罪构成的概念看作是犯罪的法权评价。这样划分这两个概念的做法,是不能令人同意的。'苏俄刑法典'第六条对犯罪不仅做了政治评价,而且也做了法权评价,因为社会危害性不但是在政治上而且也是在法权上对犯罪的评价。"③由此可见,以 A.H.特拉伊宁为代表的刑法学家对犯罪构成理论的过度政治化是有所警觉的。他们也不主张刑法理论和犯罪构成体系的彻底政治化抑或意识形态化,在不排除(当时的条件下,也不可能排除)一般政治评价的基础上,通过"专门的刑法评价"抑或法权的主张对犯罪构成理论的知识提出了基本的要求。

至于四要件理论在中国的传播和适用,高铭暄教授指出:"中国的四要件犯罪构成理论确实来源于苏联,但这种学习具有历史必然性,是特定历史条件

---

① [苏]A.H.特拉伊宁:《犯罪构成的一般学说》,薛秉忠、王作富等译,中国人民大学出版社 1958 年版,第 55 页。

② 这一点当然是有争议的。一方面,至少说明了以A.H.特拉伊宁为代表的苏联刑法学家对犯罪构成的知识内容的坚持,反对犯罪构成完全让位于政治判断的基本态度;另一方面,三阶层的犯罪体系的确出现过恶意利用的情况,但是,不能因此认为三阶层体系下的犯罪构成已完全让位于政治上的推断。正如后来显示的那样,三阶层体系为包括德国、日本在内的许多国家战后的刑事法治工作作出了重要贡献。

③ [苏]A.H.特拉伊宁:《犯罪构成的一般学说》,薛秉忠、王作富等译,中国人民大学出版社 1958 年版,第 40、50 页。

下必然的唯一选择。"①"深入到四要件犯罪构成理论内部进行研究可以看出，四要件犯罪构成理论具有逻辑严密、契合认识规律、符合犯罪本质特征等内在的合理性。可以说，四要件犯罪构成理论并不是毫无法理基础的特定政治条件下冲动的产物，而是经过了审慎思考、反复论辩形成的理论精华，其精致程度足可媲美世界上任何一种犯罪论体系。"②尽管如此，四要件理论仍然能够审慎地对待各种批评的声音以及自身的不足。为此，高铭暄教授指出："当然，对这一体系，包括作为体系核心内容的四要件犯罪构成理论也存在一些批评的声音。在我看来，批评的观点中确实不乏真知灼见，对进一步完善中国刑法学体系有很大的参考价值……当然，中国刑法学体系也不是尽善尽美的，我个人认为，中国刑法学体系目前存在的问题主要有以下两个方面：(1)我国刑法学体系整体来说静态性有余，动态性不足……通行的刑法学教材章节设置如犯罪构成的整体介绍、犯罪客体、犯罪客观方面、犯罪主体、犯罪主观方面，直至犯罪未完成形态、共同犯罪、罪数等，都是立足于静态描述犯罪，缺乏动态性地认定犯罪、归结责任、量定刑罚的相关理论内容。(2)在我国刑法学体系——犯罪论、刑事责任论、刑罚论的三大板块中，犯罪论、刑罚论都比较充实，但刑事责任论却相对空白，缺少实质性的内容，这就导致在一个行为成立犯罪后，如何判断其刑事责任大小缺乏应有的标准和依据……在某些时候，可能出现一个行为虽构成犯罪，但根据行为人的主观情况，对其进行严厉处罚明显不合适的情况。在这种情况下，由于刑事责任论缺乏实质性的判断内容，没有很好地起到犯罪论与刑罚论之间过渡、缓冲的桥梁和纽带作用，导致在某些特殊案例中，根据我国刑法学体系得出的结论可能与实际情况不符，不能很好地实现法律效果和社会效果的统一。"③话说到这个份上，不仅四要件理论的功过是非一目了然，老一辈刑法学家的学术坚持也跃然纸上。

---

① 高铭暄：《论四要件犯罪构成理论的合理性暨对中国刑法学体系的坚持》，载《中国法学》2009年第2期。

② 高铭暄：《论四要件犯罪构成理论的合理性暨对中国刑法学体系的坚持》，载《中国法学》2009年第2期。

③ ［苏］A.H.特拉伊宁：《犯罪构成的一般学说》，薛秉忠、王作富等译，中国人民大学出版社1958年版，第9页。

在关于四要件理论的各种评价中,张明楷教授的观点相对公允,值得注意。首先,针对四要件抗辩不足抑或人权保障不够充分的观点,张明楷教授明确指出:"不少学者在批判四要件体系时指出,四要件体系没有给被告人抗辩提供充分的空间。但这种批判难以令人信服。在四要件体系中,被告人不仅可以就四个要件逐一进行抗辩,提出自己的行为不符合任何一个或全部构成要件,或者不具备各要件中的任何一个要素,而且可以在犯罪构成之外就是否存在正当防卫、紧急避险等事由进行抗辩。"①其次,关于四要件理论与意识形态抑或政治体制的关系,张明楷教授认为:"犯罪论体系与政治体制没有关系。通行于苏联社会主义体制下的四要件体系,也通行于资本主义体制下的俄罗斯。所以,不能认为采取四要件体系就是讲政治或者符合中国的政治体制,采取三阶层体系就是不讲政治或者不符合中国的政治体制。"②本书认为,不管是四要件理论还是三阶层体系,都有各自存在的渊源、背景和贡献,也都存在一些问题。因此,有人对四要件理论提出了批评,再正常不过。关于四要件理论是否存在抗辩不足的问题,张明楷教授认为不存在这个方面的问题。但是,高铭暄教授以许霆案件③为例指出,由于刑事责任论的不足可能发生"对其进行严厉处罚明显不合适的情况"。也就是说,四要件理论完全可以通过包括刑事责任论在内的相关理论的发展、完善,进一步增强该理论的抗辩功能,进一步满足广大民众日益突出的权利意识以及诉讼程序日渐提升的抗辩要求。受其启发,尽管国内的四要件理论来源于苏联,但是,这个理论不仅能够解决现有的问题(包括许霆案件),而且保持着一份审慎的态度,能够随着社会的发展而发展,不是一个僵化的、故步自封的理论。就此而言,即便这个理论遇到了真正棘手的问题(并不奇怪),也可以通过理论的借鉴、完善来解

---

① 张明楷:《犯罪构成体系与构成要件要素》,北京大学出版社 2010 年版,第 12 页。

② 张明楷:《犯罪构成体系与构成要件要素》,北京大学出版社 2010 年版,第 18 页。

③ 高铭暄教授提出,许霆案件一审的处理可能与四要件理论的刑事责任论研究不足有关。本书赞成高老关于四要件理论的刑事责任论研究存在不足的观点,但是,许霆案件的一审判决之所以成为一个公共事件,最主要的原因是《中华人民共和国刑法》原第二百六十四条的规定存在过分保护国有金融机构抑或金融法益的问题,相关法定刑甚至超过了为相应的贪污、受贿行为所配置的刑罚,是一个恶法,引起了民众的强烈不满。原第二百六十四条的法定刑出现了这么大的偏差,岂是相关犯罪成立的理论直接改变得了的? 正因为如此,2011 年出台《中华人民共和国刑法修正案(八)》的时候,对第二百六十四条的法定刑做了重大的修改。

决,甚至借鉴三阶层体系的部分经验,也是可以的。反之亦然,三阶层的体系也不是铁板一块,例如,该当性的判断与四要件理论的"犯罪构成"之间具有很大的关联性质,四要件的犯罪构成要比三阶层体系中的该当性判断更加全面,可以成为该当性判断的重要依据抑或"上位概念"。因此,三阶层体系需要修改、完善的地方也不在少数。

问题的关键在于四要件理论和政治问题抑或意识形态的关系。陈兴良教授认为:"在苏俄犯罪构成理论形式当中,存在严重的意识形态化的倾向。其实,犯罪成立条件是一个纯学理问题,是对刑法关于犯罪成立法定条件的理论概括,是技术性的、工具性的概念。但苏俄刑法学家在批判大陆法系犯罪论体系的时候,充满了政治上的敌对性,意识形态上的否定性。"①"从苏俄刑法学中的犯罪构成理论的中国化过程来看,尽管历经波折,并且也逐渐被本土化,但苏俄刑法学的痕迹还是不可抹杀的。我国刑法学的苏俄化,承续的基本上是斯大林时代形成的刑法学说,其政治上与学术上的陈旧性自不待言。"②亦如前文所言,在泛政治化背景下,将犯罪成立的条件归结为"一个纯学理问题"的努力正是刑法学去政治化的重要表现,具有祛魅的性质。但是,犯罪成立的四要件理论并不是泛政治化的必然产物,该理论和政治知识及其学科的关系,既不像张明楷教授所说的那样——"犯罪论体系与政治体制没有关系",也不像陈兴良教授所说的那样——"我国刑法学的苏俄化,承续的基本上是斯大林时代形成的刑法学说,其政治上与学术上的陈旧性自不待言。"犯罪论体系的四要件理论源自苏联,出现过与政治意识形态过从甚密的情况,但又适用于资本主义的俄罗斯,貌似又与政治意识形态没有太多的关系,也难怪两位教授会得出如上的判断。然而,将四要件理论彻底政治化抑或完全否定犯罪论体系与政治体制之间具有联系的观点,不仅犯了方法意义上的绝对主义,从逻辑上说也不符合以下两个方面的事实:第一,四要件理论产生之初就非常重视对过度政治化的批判,本身也包含了对"专门的刑法评价"(就是刑法知识)的追求,四要件理论并不是泛政治化抑或传统意识形态的必然产物。

① 陈兴良:《刑法知识论》,中国人民大学出版社 2007 年版,第 XI 页。
② 陈兴良:《刑法知识论》,中国人民大学出版社 2007 年版,第 300 页。

第二,将四要件理论应用于犯罪成立的判断,出现过被恶为利用的情况,那并不是四要件理论的所能承受之重。同样的道理,三阶层体系被"二战"中的法西斯国家广为应用的情况也不能说明三阶层体系必然就是法西斯国家的帮凶。

概言之,四要件理论并不是政治意识形态的必然产物,本身也包含着对专门的刑法知识的要求,可以为犯罪成立的判断提供具有客观倾向的理论依据,能在一定程度上抵御过度政治化的干预。批评四要件理论完全是政治意识形态产物的观点,和当年苏联刑法学家批评三阶层体系的"犯罪构成的要求已完全让位于所谓政治上不可靠的推断了"①的论断一样,都忽视了犯罪成立理论无法单独抵御泛政治化及其意识形态体系侵蚀的事实。基于法律(包括法律知识和法律理论)和政治(包括政治知识和政治理论)的天然关系,完全隔断二者的联系与彻底政治化、意识形态化的观点一样,都存在方法和逻辑上的问题。现有的犯罪成立体系(理论),鉴于社会危害、法益侵犯、不法、有责等概念的现实存在,都需要结合相关社会力量的利益主张(法官也是某类社会力量的一分子)进行社会危害、不法(法益侵犯)、有责的判断抑或阻却。一旦执政社会力量的利益主张超越了多元利益制约、妥协的界限,成为一种"压倒一切"的政治主张,其他活生生的社会力量都会遭到窒息性质的压制,皮之不存毛将焉附,更不用说犯罪成立体系(理论)的科学适用了。正因为如此,高铭暄教授提出,犯罪成立体系抑或理论的发展、完善也是时不我待的历史任务。

第六节　刑事政治理论的转向与实现

尽管刑事政策理论出现了某种意义上的繁荣,但是契合法治精神和公共政策要求的刑事政治理论仍然处在厘清概念、梳理问题、界定范式的初创阶段。据卢建平教授介绍:"当今中国的刑事政策学已经成了一门显学。中国近几年关于刑事政策的领导讲话、会议、报告、文件之多,专家学者的文章、著

---

① [苏]A.H.特拉伊宁:《犯罪构成的一般学说》,薛秉忠、王作富等译,中国人民大学出版社 1958 年版,第 39 页。

作、教材的数量之大,是世所罕见的。"①为此,储槐植教授还提出了一个非常值得深思的问题:"世界上有哪一个国家对于刑事政策的重视能与中国相比?"②严格说来,卢建平教授所说的作为"显学"的刑事政策学多是传统刑事政策理论的研究和运用,广义刑事政策理论(尤其刑事政治理论,即刑法学与政治学的结合)在自身理论体系和指导社会实际问题方面还存在较多的问题,还谈不上真正意义上的繁荣。不仅如此,随着刑事法治改革的推进,此前隐藏在刑事立法、司法工作背后的政策问题也逐步暴露出来了。

一、刑事政治理论的转向

中国传统刑事政策理论世所罕见的作品数量不仅没有提升刑事政策理论的地位和作用,与之相反,还由于该类理论对泛政治化背景下的犯罪控制(消灭)的理论和实践缺乏有力的批判,以至于工具层面的刑事政策观念盛行,刑事政治的本义难以让人信服,整个理论的危险性居于突出的地位。从这个角度来讲,储槐植先生的问题算得上刑事政策理论发展史上的惊天一问。第一,问出了突出的"国家情愫"。传统刑事政策理论为国家所倚重,却不能解决犯罪控制(消灭)等关系刑事政策基本理论和根本使命的问题。第二,储先生还问出了中国传统刑事政策理论偏离公共政策轨道的实际情况。基于犯罪问题的公共属性,各国都将刑事政策作为公共政策抑或社会政策的一个分支来研究。为此,德国著名刑法学家冯·李斯特教授还提出了"最好的社会政策就是最好的刑事政策"的论断。从公共政策的基本原理来看,基于提高公共福利的需要,公共政策具有突出的批判特性。然而,刑事政策理论在中国的地位远高于任何其他国家的情况还意味着传统刑事政策理论已经脱离了作为公共政策所必须具备的妥协本质和批判特性,偏离了公共政策的轨道。因此,中国的刑事政策研究亟须在(最好的)社会政策抑或公共政策理论的指导下,改善自身的理论并加强对犯罪治理实践的研究和指导。其中,尤其多元利益妥协本质和批判方法的运用,不仅将成为区分传统刑事政策理论与广义刑事政策

---

① 卢建平:《中国刑事政策研究综述》,中国检察出版社 2009 年版,第 4 页。
② 卢建平:《刑事政策研究的中国特色》,载《河北法学》2008 年第 11 期。

理论的标志,还将极大改善广义刑事政策理论的自身品质,在犯罪治理实践中发挥更大的作用。

受储先生的启发,我们的刑事政治理论必然要对虚火太旺的刑事政策理论泼泼冷水、做做减法。这样一来,必然要将日益繁荣的刑事政策理论转向未必如此繁荣的境界。但是,传统意识形态下的繁荣不是公众的繁荣。从这个意义上讲,刑事政治理论的转向也就有了情非得已,但是科学的逻辑。一言以蔽之,刑事政治理论的转向,不仅要将公共政策的基本要求与犯罪治理的实践结合起来,还要将传统意识形态的改善作为一个突出的问题来看待。

第一,公共政策与犯罪治理实践的结合,将为犯罪问题的实际改善提供现实的可能性。中华人民共和国成立以后,国内的犯罪问题与经济发展保持基本同步的态势,社会政策对犯罪治理实践的影响微乎其微。一方面,以国内生产总值(GDP)为代表的经济总量一翻再翻,取得了世人瞩目的成绩。另一方面,犯罪问题也日趋严重。新中国成立之初,经济上一穷二白。犯罪治理方面,除了战争、阶级斗争所带来的纷扰,国内甚至出现了"夜不闭户路不拾遗"的太平局面。改革开放以后,经济发展了,国家和民众的钱包鼓起来了。随之鼓起来的,还有为所欲为的意识形态逻辑。套用当下的一个词:"任性"。从人性主张的角度来讲,任性也是一种释放和张扬,具有一定的进步意义。但从社会治理的角度来讲,任性这种社会心态从另一个侧面反映出中国社会极度缺乏的制约精神和底线要求。类似的情况也存在于犯罪(社会)治理的理论和实践中:不喜欢麻雀,就消灭麻雀(还罪及无辜的其他"三害");犯罪是一种恶,因此就要消灭犯罪(实际上,犯罪未必都是恶,也永远消灭不了);治安形势不好,因此就从严打击(杀了太多的人,而效果非常有限);一有问题就找刑法,再不济,就死刑……我们的社会治理逻辑和思想曾经任性到了极致,至今也没能充分反省。在这样一个背景下,包括犯罪治理在内的社会治理亟须得到公共政策精神的指导。然而,亦如前文所言,源于主流意识形态的任性多以"政策"抑或"政治"的名义出现,以至于我们最缺乏的政治精神(即公共政策精神)未曾真正出现便遭了唾弃。不过,问题的解决还得从公共政策原理及其精神的引入开始,否则我们还将踯躅在传统意识形态的狂热作用之下。

第二,源于公共政策与犯罪治理实践的结合,刑事政治理论将从以下三个方面阐述整体刑法、善治理论、国家犯罪、制度批判等犯罪治理理论的要求:刑事政治原理、刑事反应理论和刑事批判理论。其中,刑事政治原理是广义刑事政策理论的基础,承担着基本观念、概念、原则、方法和规范的介绍,同时需要对刑事政策理论的转向(从狭义刑事政策理论转向广义刑事政策理论)做出说明。刑事反应理论系广义刑事政策理论的核心内容,承担着动员各种社会力量,协调抗制犯罪的各种社会反应,组织犯罪治理体系的功能。刑事批判理论是广义刑事政策理论的发动机,承担着持续改善刑事政治理论的功能,为刑事政策理论、实践的发展提供源源不断的动力。当然,以上三个理论的提出,不仅源于中国犯罪治理实践亟待改善的现实需求,而且与构成公共政策理论重要基石的多元利益妥协机制、系统反应理论和公共批判精神的作用是密不可分的。更为重要的是,在犯罪治理这一绝难回避的公共事务的处理中,国家、民众的公共精神能够得到锻炼,社会治理水平亦能得到提升。

第三,作为一项求善的事业,刑事政治理论的倡导不仅承担着改善刑事政策理论构成和体系的任务,而且要以相关理论的改善为基础,推动公共事务治理机制以及公共福利的提高。亦如前文所言,传统刑事政策理论未能充分认识到犯罪存在的绝对性和犯罪功能的复杂性,以为犯罪将会随着某种社会形态的到来而被消灭,还以为犯罪始终都有害于社会,因此对待犯罪的态度缺少了社会治理所应有的冷静和理性。如果说,一个人一时不冷静抑或缺乏理性,可能是环境抑或外因的问题;一个人抑或一个国家,几十年,甚至相当长的时间都缺乏某种应有的理性,问题应该出自深层次的指导思想抑或意识形态。因此,刑事政治理论对犯罪存在的绝对性以及犯罪功能的相对性的研究不仅构成系统治理思想的现实基础,而且为辩证、多元的公共精神的引入、养成提供了一个契机。

在相关公共精神的引入中,犯罪人的主体地位、国家犯罪主体、制度犯罪等问题抑或范畴获得了重要的支撑。其中,犯罪人主体地位的提出,不仅表明类似于"犯罪分子"的提法存在人格羞辱、否定的嫌疑,不利于犯罪问题的客观分析,而且要求从系统、动态的角度研究犯罪人(实为"犯过罪的人")的概念:"犯过罪的人很可能不再犯罪,未必还是犯罪人;没犯罪的,未必不会犯罪,也是可能的犯罪人。"①很显然,犯罪人主体地位的提出受到了多元政策主体理论的影响。还是这个思路,国家犯罪主体概念的提出,进一步揭开了长期笼罩在国家主体视野中的意识形态面纱——从被统治的角度来讲,国家需要通过"更好的生活"来维系它的合法性。一些相反的情况,例如,以国家抑或主权名义实施的,严重侵犯人权、危害人类社会及其文化礼仪的行为,不仅破坏了民众的幸福生活,而且侵犯了人类社会的基本权利(法益),理应成立相关的国家犯罪(包括制度犯罪)。当然,国家犯罪的出现,必然意味着国家犯罪主体的存在。然而,长期以来,基于单一利益主体及其意识形态的原因,国内否认国家成为犯罪主体的可能性,致使我们对国家犯罪和制度犯罪的研究严重滞后。更重要的是,国家犯罪主体地位的提出和研究,有利于国家法律责任(民事、行政和刑事法律责任)的完整性,有利于国家权力的制约,有利于国家制度(尤其社会治理制度)的改善,有利于国家合法性抑或民众幸福的提升。由此看来,传统刑事政策理论研究的转向抑或刑事政治理论的提倡还将具有改善公共事务治理机制及其公共福利的意义。

二、转向与求善

不难看出,刑事政治理论的转向实为公共事务机理的改善。作为一项求善的事业,刑事政治不仅承担着改善刑事政策理论构成和体系的任务,而且要以相关理论的改善为基础,推动公共事务治理机制以及公共福利的提高。

申言之,刑事政治理论之善至少包含两个方面的维度:一方面,通过政治本义的探寻,确立刑事政治的概念,改善刑事政策理论的构成和体系,此为理论之善,是谓小善。另一方面,封闭、垄断的主体及其单一的利益体系同样存在于其他公共事务的解决之中,反过来,刑事政治理论的确立又会推动政治本义的探寻、公共事务治理机制及其实践的改善。相对于理论之善

---

① 周建军:《分子还是分母:犯罪主体的提倡》,载《法学家茶座》2014 年第 1 辑。

而言,此为应用抑或实践之善,这才是刑事政治理论研究的最终目的,亦可谓善之大者。

三、刑事善治的存在与实现

源于"刑事政治就是刑事善治"的基本判断,广义刑事政策理论阐明政治(善治)含义,系统构建犯罪治理理论的目的一目了然。然而,实践中,不仅政治的含义依然受到传统因素的干扰,刑事善治理论的适用也存在很多需要进一步说明的问题。

(一) 系统、动态的善治理论

在刑事政治理论的倡导中,卢建平教授指出:"西语中的刑事政策,无论是德语中的 Kriminalpolitik 或是法语中的 la politique criminelle,其关键词政策 politik 或 politique 均源于希腊语的'城邦'(polis)。而在古希腊哲学家亚里士多德看来,'城邦'(polis)是一种合作关系,是联合体或共同体,是以追求善业为目的的最高也是最广泛的社会团体。城邦是这样一种合作关系,它的构成的一个关键方面,是人们分享某种有关善或正义的生活方式的概念。而政治就是对城邦内部公共事务的认识与管理,其目的就是为了追求善,所以在我看来,亚里士多德的政治又可以称之为'善治'。"①很显然,卢建平教授对于城邦抑或政治的理解构成了刑事政治理论的重要基石。说到底,刑事政治理论的提倡就是将犯罪治理这一公共事务纳入公共政策研究的范畴,以此改善工具主义刑事政策理论(即狭义刑事政策理论)的机理,实现犯罪治理理论及其实践的改善。按说,将犯罪治理这一公共事务纳入公共政策研究的范畴,再正常不过。从逻辑上讲,相关的转向抑或研究,不过是起到了正本溯源的作用。然而,在刑事政治理论的研究中,最需要溯及本原的还是政治(善治)的基本理论和观念。

亦如卢建平教授所言,中文的"政策"一词其实就是西语中的 policy(城邦、政治)。在《政治学》中,亚里士多德明确指出:"一切社会团体都以善业为目的,那么我们也可说社会团体中最高而包含最广的一种,它所求的善业也一

---

① 卢建平:《刑事政策问题研究》,载《法学》2004 年第 2 期。

定是最高而最广的:这种至高而广涵的社会团体就是所谓'城邦',即政治社团(城市社团)。"①因此,在亚里士多德看来,城邦、城市社团抑或政治具有"最高而包含最广"的善的属性,即终极的善的属性。很显然,这和我们此前广为传颂的"没有重点就没有政策""政治乃众人之事"的政治观念之间存在较大的差别。首先,"没有重点就没有政策"的提法指出了政策所具有的利益关切抑或策略(对策)属性。基于更好地处理城邦事务的需要,政策必然具有重点利益的判断。根据事务的轻重缓急,人们会做出一些策略层面上的安排本在情理之中,本不必多言。但在利益判断的机制中,"没有重点就没有政策"的提法忽视了利益主体的多元性。需要说明的是,不管是城邦事务的处理,还是公共利益的形成、判断,根据多元利益必然冲突平衡的要求,多元利益的制约、妥协居于核心的地位。其次,"政治乃众人之事"指出了政治事务(即公共事务)的形式要件。关于众人之事的理解:从形式上看,主要是指众人抑或多元社会力量的参与、决定和折中;更为重要的是,多元社会力量的利益妥协、折中应当有助于多元利益的改善和实现。否则,相关的利益妥协和折中就是多余、不经济、非正义的,也不符合政治的本义。因此,"政治乃众人之事"仅指出了政治的形式要件②,却忽视了政治的本质要求——多元利益的改善。而这一点,在亚里士多德的《政治学》中,尤其在政治具有终极的善的判断中,早就得到了阐明。源于这一点,本书认为,政治乃公共问题的公共解决,具有求善的本质,亦称之为善治。考虑到中国社会的实际情况,善治理论的引入,不仅意味着政治绝非成王败寇式的弱肉强食、指鹿为马,而且表明公共问题的公共解决务必要注意到多元社会力量的利益反应和妥协。唯其如此,政治才能引导众人的人生,规定众人的事务,成为"最高而包含最广"的善业。

当然,政治的善的属性也是一个系统、动态的概念。亦如前文所言,亚里士多德提出城邦具有"最高而包含最广"的善的属性。在亚里士多德看来,城

---

① [古希腊]亚里士多德:《政治学》,吴寿彭译,商务印书馆 1965 年版,第 3 页。
② 话说回来,依中国社会的情形来说,由于"一言堂"、家长制的危险仍然存在,因此众人之事抑或多元社会力量参与、决定、折中的形式要件依然具有重要的意义。

邦乃社会团体发展的最高形式①——城邦得以自然(完全)长成,达到与人性同等的本性②状态。很显然,这种城邦、人性完全趋同的状态,类似于中国传统文化所说的"天人合一"③,建立在人与城邦的善性都得以完全显现的基础之上,是最理想的状态。从现实层面来看,人性(人类生来具有的合群的性情)需要在生长完成以后才能完全显示出来,城邦的形成更是一个自然、渐进的过程。用亚里士多德的话说:城邦的长成出于人类"生活"的发展,而其实际的存在却是为了"优良的生活"。早期各级社会团体都是自然地生长起来的,一切城邦既然都是这一生长过程的完成,也该是自然的产物。因此,在人性得以完全显现之前,抑或在城邦长成的过程中,人类及其社会团体的善尚未达到最高的层面,只是一种相对的善。相对的善的存在,不仅表明当下的生活并非绝对"优良"的生活,而且要求我们对各种社会团体以"政治"抑或"政策"之名发布的各种讲话、对策抑或决定保持必要的谨慎和怀疑。基于必要的谨慎和怀疑,政治抑或政策的存在不仅需要具备求善的本性,还要具有真正改善公共事务的实际可能。任何社会力量都会宣称自己的主张有益于社会。但是,相关政策主张是否符合社会发展的规律,是否具有改善民众生活的能力,是有疑问的。因此,政策的形成和判断应当建立在充分的政策批判(抑或政策怀疑)的基础上,决不能一经提出就要贯彻执行。从另一个角度来说:那

---

①　用亚氏的话说:"等到由若干村坊组合而为'城市(城邦)',社会就进化到高级而完备的境界,在这种社会团体以内,人类的生活可以获得完全的自给自足;我们也可以这样说:城邦的长成出于人类'生活'的发展,而其实际的存在却是为了'优良的生活'。早期各级社会团体都是自然地生长起来的,一切城邦既然都是这一生长过程的完成,也该是自然的产物。这又是社会团体发展的终点。无论是一个人或一匹马或一个家庭,当它生长完成以后,我们就见到了它的自然本性;每一个事物生长的目的就在显明其本性(我们在城邦这个终点也见到了社会的本性)。又事物的终点,或其极因,必然达到至善,那么,现在这个完全自足的城邦正该是(自然所趋向的)至善的社会团体了。"参见[古希腊]亚里士多德:《政治学》,吴寿彭译,商务印书馆1965年版,第7页。

②　亚氏认为:"人类在本性上,也正是一个政治动物。"关于"政治动物"的含义,亚氏进一步提出:"人类生来就有合群的性情,所以能不期而共趋于这样高级(政治)的组合……人类由于志趋善良而有所成就,成为最优良的动物,如果不讲礼法、违背正义,他就堕落为最恶劣的动物。"参见[古希腊]亚里士多德:《政治学》,吴寿彭译,商务印书馆1965年版,第7—9页。

③　《庄子·达声》记载:"夫形全精复,与天为一。天地者,万物之父母也。合则成体,散则成始。形精不亏,是谓能移。精而又精,反以相天。"

些不符合社会发展规律,不能真正改善公共需要的利益主张,即便常有"政策"之名,也不是真正意义上的政策;那些基于个别社会力量利益提出来的"政策"主张,在没有经过多元社会力量的折中、批判之前,不具备要求其他社会力量共同执行的合法性,也不是真正意义上的政策(善治)。真正意义上的政策,应当是一种多元、辩证的存在,必须具有改善民众生活抑或社会治理的现实性和可能性。

(二) 刑事善治的系统存在

从民生幸福的改善来说,犯罪治理的意义从来不可小觑。当然,源于传统意识形态的过度作用,学界普遍不喜欢专门问题与政治学科的结合。尤其刑法学的研究,追求纯粹的刑法知识的主张颇有人望。但是,一方面,犯罪原本就是人类社会极其恒久、难缠的公共事务,在犯罪治理体系中居于首要地位的刑法原本也具有公共政策工具的属性,刑法学与政治学科的结合当属犯罪这一公共事务的科学治理的基本范式。另一方面,受"最好的社会政策就是最好的刑事政策"思想的启发,作为社会政策的刑事政策在力求做到"最好"抑或追求至善的过程中,必须确立综合运用各种社会资源,穷尽各学科手段的范式,以犯罪治理的逐步改善,实现"最好的社会政策"的华丽转身。因此,在正本清源、厘清了政治本质的基础上,政治(善治)乃公共问题的公共解决,犯罪治理理论及其实践的改善亦属政治(善治)范畴的应有之义。任何时候,犯罪治理偏离了公共政策抑或政治学科的指导,科学的犯罪治理就是一句空话。

因此,基于刑法、政治学科的结合抑或犯罪治理这一公共事务的需要而产生的刑事政治理论同时具有了求善、治恶的属性。严格说来,求善乃追求至善的简称,是以终极的善的追求为目标,逐步实现相对的善的过程。然而,至善的城邦终归只是人性彻底显明、城邦完全自足的理想状态,"最好的社会政策"迄今尚未莅临。因此,相对的善的追求更有现实意义。从相对的善的概念出发:人性是多元的,人既有善良的本性,也有作恶的天性;人人平等的城邦(政治)乃社会团体中"最高而包含最广"的存在,因此阶级统治绝非政治的本义,"政治挂帅"抑或"政治压倒一切"的意识形态也不过滥用了政治的别名,并非真正的政治生活;犯罪治理亦是如此,犯罪是一种整体、相对的恶并不代表犯罪、犯罪人一无是处,犯罪治理不仅需要考虑到共同事务的机理及其多元利益的实现,也要考虑到犯罪的积极作用、犯罪人的正当权益,以满足公共处理抑或系统反应的要求。由此看来,刑事政治之善,不仅在于城邦生活的改善,也在于犯罪治理这一公共事务的公共处理。城邦生活的改善,即为善治;犯罪治理的公共处理,本为治恶。考虑到刑事政策与社会政策的相互转化,治恶本为求善,求善亦需治恶;治恶与求善,貌似悖反的两种属性,犹如硬币的两面,统一于犯罪治理的根本任务之中。

　　受认识规律和传统意识形态的影响,国家总以为犯罪抑或"个人反抗统治关系的斗争"必将有害于社会。殊不知,马克思、恩格斯在提出"犯罪——孤立的个人反对统治关系的斗争,和法一样,也不是随心所欲地产生的。相反地,犯罪和现行的统治都产生于相同的条件"①的同时,马克思在对德意志 16 世纪粗俗文学进行批判的时候也指出:"'人的理智'来自'生活深处',并且不会因为任何哲学的或其他学术研究而破坏自己天然的习性,它的全部粗俗性表现在:在它看出有差别的地方就看不见统一,在它看见有统一的地方就看不出差别。当它在规定有差别的定义时,这些定义立即在它手下硬化,而它认为加入这些僵化的概念互相撞击而打出火花,那是最有害的诡辩。"②可见,犯罪的确具有一定程度上的反对现行统治的属性。但是,反对现行统治的犯罪并不意味着它一定有害于现行的统治,其中的问题值得我们做更进一步的研究。

　　首先,从犯罪反对统治的基本判断出发,以为犯罪必然有害于统治,抑或犯罪只能是一种恶的判断,进而要求坚决、彻底抑或从快、从严消火犯罪的观点大抵也具有马克思所说的僵化问题抑或"攻击别人时狂妄粗暴,对别人的粗暴则歇斯底里地易动感情"③的粗俗逻辑。然而,1979 年《中华人民共和国刑法》第二条明确规定:"刑法的任务,是用刑罚同一切反革命和其他刑事犯罪行为作斗争,以保卫无产阶级专政制度,保护社会主义的全民所有的财产和劳动群众集体所有的财产,保护……保障社会主义革命和社会主义建设事业的顺利进行。"其中,"用刑罚同一切反革命和其他刑事犯罪行为作斗争"措辞,明确表达出统治者对犯罪问题深恶痛绝并"一刀切"的态度。即便现行的

---

① 《马克思恩格斯全集》第 3 卷,人民出版社 1960 年版,第 379 页。
② 《马克思恩格斯选集》第 1 卷,人民出版社 1972 年版,第 172 页。
③ 《马克思恩格斯选集》第 1 卷,人民出版社 1972 年版,第 162 页。

刑法典,其第 2 条也明确规定:"刑法的任务,是用刑罚同一切犯罪行为作斗争……"因此,我国刑法关于犯罪问题的规定,长期存在马克思坚决反对的僵化、粗俗问题。究其原因,既有犯罪研究不够系统、深入的因素,也有统治主体缺乏制约的原因。考虑到犯罪治理、公共政策理论的最新发展,传统意识形态的阻碍作用更值得注意。

其次,反对统治关系的斗争未必有害于统治,更不一定有害于社会。关于统治,柏拉图(Πλάτεων)指出:"在每一个城邦中,那强有力的就是那进行统治的部分……而那进行着统治的,它都是着眼于他自身的利益而来制定它的法律的;因此,民主政体所制定的是以民众为强者而进行统治的法律,僭主暴君政体所制定的是以僭主暴君为强者而进行统治的法律,以及其他(政体)也都是如此。它们宣称,这些统治者们的利益,它也就是那些被统治者的正义;而谁要是触犯这个利益,这些政体就惩罚谁,视之为违法者,视之为触犯正义的人。"①在芝加哥古典学教授大卫·格雷钠(David Grene)看来,在柏拉图的城邦思想中,统治者和被统治者之间的"自然"关系最为紧要:"在统治者和被统治者的自然关系中,整个共同体的利益是决定性因素,那么在这种情况下民众必须意识到他们的统治者进行统治为的不是自己的享乐,而是整个社会的善好……如果民众忘恩负义,那肯定说明了该政府还没有实现其治理的目的,由此判断治邦者并不是一位优秀的治邦者。"②众所周知,柏拉图认为贪婪(利益)是统治的根源。即便如此,不管是民主政体还是僭主暴君,出于维护统治者和被统治者的"自然"关系的需要,都会以他们"共同的正义"的名义来实现统治者的利益。在现代政治理论看来,正义抑或被统治者的利益、名义,都是获取民众信任(即合法性)的根本依据。从这一点来看,古典的城邦理论也好,现代的合法性理论也好,都是一样的。因此,不管是哪种统治形式,统治者都有保持克制的需要。实际上,统治者保持克制的程度往往就是相关统治形式文明、进步、成熟的标志。与之相反,倘若将任何反对统治关系的斗争都界定为犯罪,那一定是缺乏克制的表现,也就是马克思所说的粗俗情况。实际

① [古希腊]柏拉图:《理想国》,顾寿观译,岳麓出版社 2010 年版,第 23 页。
② [美]格雷钠:《古希腊政治理论——修昔底德和柏拉图笔下的人的形象》,戴智恒译,华夏出版社 2012 年版,第 162 页。

上,反对统治关系的斗争,既有可能是反对统治利益的斗争,也有可能是为了更好地实现统治利益的斗争。出于更好地实现统治利益抑或改善统治的需要,来自统治者内部、外部的反对的声音都是非常必要的。前者,毛泽东还称之为"批评与自我批评",并将其视为中国共产党建设的三大法宝之一。至于反对统治关系而未必有害于社会的情况,那就更多了:绝大多数的政治犯罪、制度犯罪,是有益于社会发展的。当然,从逻辑上讲,统治者的利益和被统治者的利益存在冲突的可能。一旦二者发生冲突,何者更为重要?从民主社会抑或民生、福祉的角度来讲,后者的利益需求更加重要。这一点再明显不过了,封建君主都知道"民为重、社稷次之、君为轻"的道理,我们还能简单、粗暴地将一切与统治关系(利益)不一致的行为都界定为犯罪吗?

(三)犯罪治理的整体改善

在犯罪的界定方面,传统的意识形态一开始就出现了以意识形态代替专门知识的问题。从意识形态抑或统治利益的角度来讲,犯罪势必具有一定程度上的危害性。但是,从民主社会的角度来讲,统治利益必须尽可能与公共利益一致,犯罪是因为有害于社会才影响统治利益的,而不是相反的情况。当然,马克思提出上述观点主要是为了说明无产阶级反抗统治阶级的犯罪斗争最终会发展成为自觉的革命活动。在反抗暴政的革命中,这些观点是有意义的。但从社会治理的角度来讲,上述定义甚至否定了统治(包括治权)的合法性,以至于国家、法律的存在都是虚伪、不合理的,又怎能照搬照抄呢?此外,受传统意识形态的影响,我们对犯罪地位、作用的理解以及我们所采取的犯罪治理方式,都出现了严重的问题。为此,以犯罪治理理论及其实践的改善为宗旨的刑事政治理论,也需要从犯罪的界定、地位、作用、治理方式等角度来探讨犯罪治理理论的系统改善。

首先,在犯罪的界定方面。一般认为,犯罪是一种恶抑或违反刑法构成犯罪的行为。犯罪是一种恶的观点非常普遍,类似的提法还有恶行、不轨、越轨、虞犯、病态等。这些提法基本属于价值判断的范畴,能直截了当地反映出犯罪所具有的有害于社会的属性。但在法治社会的背景下,这种提法明显存在规范逻辑不足的问题,缺乏操作、应用的属性。与之相反,从是否违反刑法规定来界定犯罪的情况属于规范分析的范畴,缺乏必要的立法

（尤其刑法）怀疑,难免出现恶为利用的情况。因此,在对犯罪的概念进行界定的时候,需要考虑到以下三个方面的内容:第一,犯罪所违反的法律并不仅限于刑法规范。受限于立法者的认识和利益判断,他们只能选择性地将一部分严重危害社会的行为纳入刑法的范畴。实际上,刑法之外还有很多值得研究,需要进行防范、治理的行为。同时,在刑法之外,允许一定数量的犯罪存在,让犯罪的概念保持相对的独立性,也有利于刑法立法的改善。第二,有害于社会是指有害于公共社会,不利于权利保障和社会发展的行为。整体而言,犯罪必然具有有害于社会的属性。这一点,不仅可以从日常的经验得到验证,而且可以从关于犯罪的各种社会学定义中得到说明。但是,日常经验所得抑或社会学的定义通常缺乏严格的规范逻辑,大抵可以归结为价值判断的范畴。社会危害性抑或有害于社会的概念,也具有突出的价值判断属性。与之相反,法益抑或法所保护的利益具有明显的规范逻辑,应该划入规范分析的范畴。因此,具有突出的规范逻辑和特性的刑法学更应该选择法益作为其划定的犯罪范畴的本质。相应地,犯罪学应该选择社会危害性作为相关犯罪范畴的本质。第三,基于犯罪行为的普遍性、严重性,其后果应该是可能招致刑罚的处罚。犯罪治理不是习惯、纪律、民事、行政法律所能完全承担的任务。多数情况下,需要刑罚的介入,进而形成以刑罚为主要反应方式的反应体系。综上可知,犯罪是指违反法律,有害于社会,可能招致刑罚处罚的行为。

其次,关于犯罪的地位和作用。在《资本论》中,马克思提出:"……在这个'资本家的乐园'里,只要最必要的生活资料的价格发生最微小的变动,就会引起死亡和犯罪数字的变动!"[1]"在伊丽莎白时代,'成队的流浪者被绞死,每年都要绞死 300 或 400 人'……"[2]在马克思看来,资本主义的经济基础建立在一系列与盗窃农民传统权益相似的行为之上。资产阶级通过国家和法律终止了农民使用土地的权利,并将乞讨、流浪规定为犯罪,迫使农民成为资本家的工薪劳动者。在现代犯罪学的研究中,资产阶级及其国家"盗窃最大

---

① 《马克思恩格斯全集》第 44 卷,人民出版社 2001 年版,第 774 页。
② 《马克思恩格斯全集》第 44 卷,人民出版社 2001 年版,第 845 页。

范围的可以想见的一切东西"①的行为,属于国家(制度)犯罪的范畴。换句话说,马克思率先指出了国家(制度)犯罪的问题。问题是,马克思提到的,资本主义国家实施的这些迫使农民成为无产者的犯罪行为是否存在推动社会发展的价值? 很显然,这是一个有争议的问题。一方面,资本主义初期发生的类似于"羊吃人"的运动,的确具有严重侵犯底层民众权益的属性——称其为原罪抑或国家犯罪,都不为过。另一方面,在"羊吃人"的运动中成长起来的工厂、企业抑或资本主义经济,不仅极大地提高了生产效率,带来了巨大的社会财富,也为后来的资本主义福利国家奠定了基础,最终也极大地改善了底层民众的生活水平。其实,犯罪推动社会发展的情况到处都有。改革开放之前,中国没有合法的私营经济。但是,资料显示,早在 20 世纪 60 年代末、70 年代初,以吴仁宝、鲁冠球等为代表的本土企业精英违反当时的法律和政策,投机倒把②、发展资本主义经济(当时也是很严重的罪行),建立了一批符合现代企业制度要求的企业。可见,犯罪并非绝对的恶。在一定条件下,某些犯罪甚至起到了推动社会发展的关键作用。认识到这一点,对我们来说,至少应该以一种客观、理性的态度,辩证地看待犯罪的地位和作用。整体上说,犯罪是一种恶,但这并不能否认犯罪具有可能推动社会发展的属性,也不能否认犯罪人的善良与努力,还有犯罪的社会原因和社会责任。既然犯罪可能具有推动社会发展的属性,我们还能死死地抱着阶级斗争的方式来对待犯罪问题吗? 既然犯罪的社会原因和社会责任是客观存在的,在我们面对犯罪人的时候,是否应该多一份自己的理解和担当?

最后,关于犯罪治理的方式。在传统意识形态的条件下,国内的政策(政治)理论和实践长期停留在"阶级统治""政治挂帅"抑或"政治压倒一切"的意识形态中,政策主体封闭、单一,政策目标过于绝对、非妥协,非理性的犯罪抗制方式盛行。根据启蒙思想的研究,理性就是从事务的客观属性抑或本性出发,尊重事务发展的客观规律和普遍联系的知性。但是,传统的犯罪抗制,

---

① [美]乔治·B.沃尔德、托马斯·J.伯纳德等:《理论犯罪学》,方鹏译,中国政法大学出版社 2005 年版,第 317 页。
② 根据当时的法律,以走私、投机倒把为常业的,走私、投机倒把数额巨大的或者走私、投机倒把集团的首要分子,处三年以上十年以下有期徒刑,可以并处没收财产。

不管是消灭犯罪的理想,还是单一的犯罪控制方式,都存在片面看待犯罪的本质和功能的情况。片面看待犯罪的本质和功能,就不能全面反映犯罪的客观属性和本性,谈不上抗制方式的系统性和科学性。

根据刑事政治理论抑或"公共事务的公共处理"原理的要求,我们提出了犯罪治理的理念与方式。① 犯罪治理的理念主要是指,尊重犯罪问题的基本属性和规律,以多元利益的冲突—妥协为核心,结合刑事一体化理论和政治系统理论的要求,扩大犯罪治理(刑事政策)的合作,实现犯罪抗制的整体改善。从问题意识出发,犯罪治理的方式需要解决好两个主要问题:其一,犯罪治理体系的建构;其二,犯罪治理实践的改善。我们以为,犯罪治理体系就是各种社会力量为实现多元公共利益而对犯罪事务采取的系统反应。由于犯罪治理体系的本质也在于多元公共主体及其利益的冲突、协调,抑或反应,与政治本义抑或公共政策的基本要求同出一辙。犯罪治理实践的改善,主要是指犯罪问题的有效处理。犯罪问题的有效处理,并不是说犯罪最终被消灭抑或被控制到一个非常理想的状态,而是指犯罪人得到应有的惩罚,相关的犯罪因素能够获得社会治理层面的回应,因犯罪受损的法益也得到了尽可能地恢复。然而,不管是犯罪治理体系的建构,还是犯罪治理实践的改善,也需要打破传统的意识形态,促进国家与市民的合作,完善犯罪治理的体系,提升犯罪抗制的科学性,进一步推进国家(社会)治理体系和治理能力的现代化。

---

① 2012 年,我们撰文指出:"治理是公共主体为实现多元社会利益、改善民众生活而对共同事务采取的系统反应。区别于单方主导的控制和管理,治理强调多方主体的协调、共同事务的机理和多元利益的实现。"参见卢建平、周建军:《城中村治理:撕开二元制度的面纱》,载《清风》2012 年第 12 期。

第三章　刑事政治理论的犯罪学基础

　　一般认为,犯罪是一种恶抑或违反刑法构成犯罪的行为。但是,这两种界定犯罪的思维分别存在规范逻辑、价值批评的不足。一方面,犯罪是一种恶的观点存在规范逻辑不足的问题。众所周知,犯罪是一种恶的观点非常普遍,类似的提法还有恶行、不轨、越轨、虞犯、病态等。这些提法基本属于价值判断的范畴,能直截了当地反映出犯罪所具有的有害于社会的属性。但在法治背景下,这种提法明显存在规范逻辑不足的问题,缺乏操作、应用的属性。另一方面,以违反刑法为标志来界定犯罪存在价值批评抑或立法怀疑不足的问题。从是否违反刑法规定来界定犯罪的情况属于规范分析的范畴,缺乏必要的立法(尤其刑法)怀疑,难免出现恶为利用的情况。因此,在对犯罪的概念进行界定的时候,需要考虑以下三个方面的内容:第一,犯罪所违反的法律并不仅限于刑法规范;第二,有害于社会是指有害于公共社会,不利于权利保障和社会发展的行为;第三,基于犯罪行为的普遍性、严重性,其后果应该是可能招致刑罚的处罚。因此,犯罪是指违反法律,有害于社会,可能招致刑罚处罚的行为。

　　基于以上的观念和逻辑,该部分主要介绍与犯罪现象(事实)密切关联的基础理论,如犯罪主体、国家的社会防卫理论、纪律法的提倡等。源于犯罪所具有的恒久、难缠的属性,犯罪这一公共事务的治理必然属于公共事务抑或公共政策的范畴。根据公共政策的基本原理,正当的刑事政策理论必须充分考虑犯罪人的主体地位、国家的社会防卫职责,并以多元参与、利益妥协和有限权力的原则来限定、巩固刑事政策的合法性。一言以蔽之,犯罪学乃刑事政治理论的基础,没有犯罪学的发展、完善,不可能出现现代意义上的刑事政治理论。

第一节　犯罪治理的斯芬克斯之谜

犯罪是人类社会的自然产物。犹如古希腊人面狮身的斯芬克斯（Sphinx），它不仅是扼人致死的怪物，也是巨人与智慧的化身。它张口一吐，能吹出瘟疫之风；双翼一挥，将产生沙漠风暴。最诡异的还是它的眼睛——当你们互相凝望，务必解答它的谜题，否则将无法动弹，为其所伤……然而，一旦揭开了谜底，人们也将因此获得巨大的智慧和力量。古往今来，人类社会纠缠于犯罪问题久矣，耗费重巨、诸刑罄尽，亦如斯芬克斯之谜。

一、犯罪治理的自然属性

犯罪之所以是一种恶，主要是因为它影响了我们的生活。犯罪对生活的影响，亦如《俄狄浦斯王》所描述的："因为这城邦，像你亲眼看见的，正在雪红的波浪里颠簸着，抬不起头来；田间的麦穗枯萎了，牧场上的牛瘟死了，妇人流产了……"①同理，犯罪之恶也涉及生活的方方面面，从田间、牧场、女人流产到城邦的生路，莫不是犯罪存在的界面。

因此，犯罪的诱惑与憎恶也是我们的"现实生活"。

究其实质，加罗法洛（Baron Raffaele Garofalo）所说的构成自然犯罪基础的"怜悯和正直"的情感，作为刑法目的及其违法性基础的法益，也都是现实生活的组成部分。即便如此，什么是犯罪，什么是生活，什么是我们自己，仍然是德尔菲神庙前的谜团。

基于现实的损害，犯罪是可恶的。但这个可恶的东西，从来就不是一个绝对确定的存在。初始的时候，衣不蔽体，食不果腹，天谴神罚，共妻公有，但凭一己之力；而后私念渐生，文明见长，泾渭分明，家国天下，始有"犯罪"之谓。然而，犯罪的存在并不以犯罪的名义为前提。恶行、不轨、越轨、虞犯、病态也都是它的别名。它日出而作，日落不息，亘古如斯。再者，普天之下，没有不生病的人类，也没有不犯罪的社会。这个可恶的东西，虽有恶名，亦有裨益。类

---

① ［古希腊］索福克勒斯：《俄狄浦斯王》，罗念生译，人民文学出版社1979年版，第67页。

似于伊甸园里的青苹果,它引诱出人类的"原罪",但也启发了我们的智慧。更何况,谁是谁的谁,东边日出西边雨,张家的犯罪未必不是李家的功德。可见,犯罪本乃自然的存在,生生息息。犯罪治理,一忌悖言乱辞,妄图消灭犯罪,不过徒劳无功;二忌逆天妄行,不尊法理,终无裨益。

二、自然而然的政治合作

在《政治学》中,亚里士多德明确提出:"一切城邦既然都是这一生长过程的完成,也该是自然的产物。"①有别于苏格拉底提出来的"哲人王所统治的城邦才算基于自然"的观点,亚里士多德的城邦乃"最高而包含最广"的善业,具有仁慈、超越的权力,乃人格(性)化的自然。在这一"最高而包含最广"的人格自然中,城邦的长成、人性的显明都是一个自然、渐进的过程。因此,长于自然的城邦及其显于自然的人性必然具有源于人性的自然属性和要求。实际上,无论多元与否、善恶如何,人性都包含了利己的情感和因素。亚里士多德提出"城邦的长成出于人类'生活'的发展,而其实际的存在却是为了'优良的生活'",也是这个意思。从生活实际的情况来看,所谓"优良的生活",也就是更好的生活。为了更好的生活,人类自然趋向于城邦,因此成为本性上的政治动物。一言以蔽之,政治源于人性的自然要求,必然具有自然的属性。

城邦和犯罪治理的自然属性决定了它们之间的统一性质。在城邦的各种事务中,犯罪治理算得上最恒久、难缠的问题了。因此,犯罪治理既要遵循城邦事务的规律,也要遵从犯罪治理的理性。在城邦的生活中,"组成一个城邦的分子却必须是品类相异的人们,各以所能和所得,通工易事,互相补益,这才能使全邦的人过渡到较高级的生活。"②也就是说,城邦生活的本质在于"各尽所能和所得、通工易事、互相补益"的合作范式。相关的范式,不仅互通有无,还可以互相监督、互相补益,寻得更好的生活,成就更好的人性。反之不然,没有合作就没有城邦。亚里士多德说,"人在城邦中才得完全或完美,一旦脱离法律与审判,人便是最坏的动物",也是这个意思。

---

① ［古希腊］亚里士多德:《政治学》,吴寿彭译,商务印书馆 2014 年版,第 7 页。
② ［古希腊］亚里士多德:《政治学》,吴寿彭译,商务印书馆 2014 年版,第 45 页。

因此,在城邦理论中,政治合作乃人性的自然存在。既是人性的自然存在,也就意味着城邦的政治合作具有以下三个方面的属性和规律:第一,城邦需要以更好的生活来证明它的善治本质,否则就偏离了政治的本义;第二,城邦生活在人性维系、发展等方面具有无可违反的属性和规律;第三,城邦事务的解决当以合作为基本进路。以上所及,也是犯罪治理的思想基础。

三、犯罪治理的合作抗制

源于城邦的自然属性,犯罪治理的政治合作也是一种依自然而存在的,自然而然的存在。首先,作为一种自然存在,犯罪治理需要根据"现实生活"的实际需要,实现生活利益的逐步改善。从生活的角度来讲,秩序不过是好的生活的前提,绝非生活的目的。因此,秩序利益应当得到优先的考虑,但不应该成为生活利益的主要部分。犯罪治理也是如此,一个将秩序利益摆放在突出地位的犯罪抗制体系必然具有层次较低的基本属性。其次,犯罪治理也是一种自然而然的存在。依据自然而然的范式,犯罪治理不得违背人性及其自利情感的基本要求,需要折中相关主体的利益需要。在此基础上,形成犯罪治理的合力,提升犯罪治理体系的效用。

当然,最重要的还是犯罪治理的合作抗制。亦如前文所言,城邦事务的解决当以合作为基本进路,犯罪治理也是如此。然而,国内长期存在严重的"政治"偏见。受传统意识形态的影响,犯罪抗制依然留有"阶级统治"抑或"暴力革命"的烙印。以讹传讹,误以为政治不过是传统意识形态的代名词,拒绝承认政治知识或政治科学的大有人在。本书认为,在一定的历史条件下,阶级统治及其暴力革命的理论合理地解释了人们维系生存的基本权利,亦属善治的范畴。问题是,阶级统治及其暴力革命是通过民众生活的改善才获得了相应的善治地位与合法性质,而不是相反的情况。倘若如今再奢求以暴力革命或阶级统治来寻求民生福祉的改善,当属南辕北辙抑或天方夜谭了。因此,阶级统治及其暴力革命的政治地位是阶段性的,是有限的。一旦基本的生活秩序得以建立,生存不再是主要的问题,就该突破低层次的秩序利益思维,以自然参与、自利自愿的方式来确立政治生活及其犯罪治理的合作进路。

犯罪治理的合作进路,需要确立商谈、自利的契约范式。商谈、自利的范式,不仅意味着多元犯罪治理主体的存在,还将在犯罪人、被害人等社会主体的参与过程中,实现犯罪治理的内在化和民主化。犯罪治理的民主化不待多言。犯罪治理的内在化,主要是指以犯罪人、被害人等传统意义上的局外人、边缘人的参与消解犯罪治理的内、外矛盾,提升犯罪治理的认同和责任,改善犯罪治理的共同体,实现犯罪治理系统的和谐一致。

四、犯罪治理的现实生活

在古希腊神话中,赫拉派遣斯芬克斯扼守在忒拜城附近的悬崖上,俄狄浦斯猜中了以人类为谜底的谜题,斯芬克斯最终跳崖而死。但在现实生活中,人类也不太擅长解答以自己为谜底的谜题。古今中外,莫不如此。因此,斯芬克斯之谜始终消融在我们的生活之中,从未离开。尤其当代中国,随着理性的犯罪学观念的恢复和探明,犯罪抗制所引发的问题日渐突出。其中,又以"自己犯罪问题"最为突出。所谓"自己犯罪问题",主要是指谁是犯罪行为的主体,又是谁在抗制犯罪,他们的犯罪能否得到相似的处理等一系列关系到犯罪治理理论和实践的重大问题。不管是犯罪主体的查明与关切,还是犯罪抗制主体的犯罪问题,都是以自己为谜底的现实生活。

毋庸讳言,犯罪主体的查明是犯罪治理的前提。问题是,在传统刑事政策理念下,犯罪主体的查明不过是犯罪人被消灭、控制的开始,他们"自己"的利益长期被忽视,自愿参与犯罪治理的程度也很低。然而,亦如前文所言,犯罪的自然存在也意味着犯罪和犯罪人必然具有一定的合理性质。他们是犯罪行为的实施者,最了解相关犯罪行为的机理。没有他们的自愿参与,犯罪治理不仅会缺失一些重要力量,也会出现合理存在却未被合理关切的问题。一言以蔽之,没有犯罪人主体地位的查明和关切,现代化的犯罪治理体系抑或犯罪治理的合作抗制将是一句空话。

"自己犯罪问题"的研究更需要阐明犯罪抗制主体的犯罪问题。犯罪抗制的主体,即刑事政策主体。长期以来,人们误以为只有党和国家才是刑事政策的主体。实际上,犯罪乃人类社会恒久、难缠的事务,为各种社会力量所关切。因此,当代的公共政策更倾向于刑事政策主体的社会力量化。刑事政策主体的社会力量化不仅可以扩大犯罪治理的参与,还有助于相关社会利益和权力的制衡。众所周知,权力具有滥用的天性。作为犯罪抗制的主体,刑事政策主体的犯罪行为也是客观存在的。囿于权力滥用和犯罪学研究的局限性,刑事政策主体的犯罪更少进入公众的视野。然而,亦如"杜培武案"等反映出来的,相关犯罪抗制主体的犯罪与一般犯罪人的犯罪都是自然的存在,且没有太多差别。因此,"自己犯罪问题"的研究既要平等对待一般犯罪人与犯罪抗制主体的犯罪,使之得到平等、相似的处理,还要加强犯罪人参与犯罪治理的研究,培育犯罪治理共同体,改善犯罪治理事务的机理和收益。

在此基础上,犯罪治理的进路也有待调整。亦如前文所言,忽视了"自己犯罪问题"的犯罪抗制活动具有突出的秩序导向,轻视犯罪人、被害人和其他民众的生活利益,形成了压制性的抗制进路。区别于压制性的抗制进路,犯罪治理的合作抗制既可以在犯罪自然的基础上,吸收犯罪的合理因素,实现犯罪的自然治理,还可以在认清"自己"的基础上,扩大"自己"的参与和利益,改善共同体,实现自然而然的治理。概言之,这个意义上的犯罪治理,不仅撇开了不切实际、逆天妄行的空想,而且解开了犯罪治理的斯芬克斯之谜,真正实现了犯罪抗制的"现实生活"。

第二节　犯罪主体地位与防卫理论

在批判犯罪学的研究中,我们注意到了传统犯罪学严重忽视犯罪人地位和利益的问题。根据公共事务的机理和要求,不仅应当率先弄清楚行为的主体和利益的攸关者,而且"应该宽容对待绝不妥协的其他刑事(司法)利益批判"[①]。就此而言,我国犯罪治理体系的建构,社会防卫理论的完善都与犯罪主体地位的缺失密切相关。

一、犯罪主体地位问题

论及犯罪主体地位这般峨冠端坐的问题,却想起了小时候分不清分子与分母的故事。小时候,老师说:"分数就像是父母将孩子高高举起的情况,你

---

① 周建军:《刑事司法政策原理》,清华大学出版社 2011 年版,第 73 页。

们是分子,父母就是分母。"当代中国的制度建设,不仅存在"分子"的提法,也存在分不清分子、分母的问题。"分子"的提法,诸如"犯罪分子""腐败分子"的称呼,分不清分子、分母还在其次,更重要的是该类称呼的背后还折射出主体观念的缺失。

犯罪分子,也有人称之为犯罪份子。从现有的材料来看,《中华人民共和国刑法》(以下简称《刑法》)使用"犯罪分子"多达 59 次,《中华人民共和国宪法》(以下简称《宪法》)和最新的《中华人民共和国刑事诉讼法》也都使用到了"犯罪分子",足见这一词汇甚合决策者的心意,已经成为通用的立法语言。从语义上看,不管是分子还是份子,都是指构成某一整体的个体、成分。《穀梁传·庄公三十年》记载:"北伐山戎,危之也。则非之乎? 善之也。何善乎尔? 燕,周之分子也。"所谓"分子",经学家范宁解释说:"分子,谓周之别子孙也。"因此,分子抑或份子,原本是指个体的来源抑或所属的关系,并没有歧视、敌对的意思。

然而,当所属个体触罪的时候,决策者的态度立即来了个一百八十度的大转弯。据 1954 年的《公安派出所组织条例》记载:"预防和制止盗匪和其他犯罪分子的破坏活动","依照法律管制反革命分子和其他犯罪分子"。这一次,犯罪分子正式成为与盗匪、反革命分子相提并论的对象。1983 年,时任全国人大常委会秘书长的王汉斌同志在《关于修改〈人民法院组织法〉、〈人民检察院组织法〉的决定和〈关于严惩严重危害社会治安的犯罪分子的决定〉等几个法律案的说明》中讲道:"对严重危害社会治安的犯罪分子,只有坚决予以打击,才能震慑犯罪分子,打击犯罪分子的嚣张气焰;才能保护广大人民生命、财产的安全;才能教育、挽救那些轻微违法犯罪分子,使他们能够悬崖勒马,改恶从善;才能争取社会治安较快地根本好转,保障四化建设的顺利进行。""坚决予以打击""悬崖勒马""改恶从善",字字句句,疾声厉色、斩钉截铁,决策者的态度简直可以用深恶而痛绝来形容。

决策者痛恨犯罪,将犯罪人视为异类和洪水猛兽,貌似划清了自身与犯罪的界限。实际上,分子源于分母,二者之间仅有一线之隔。相应地,犯罪人与立法者,不仅具有源流的关系,而且利益攸关、本性相通。其中的道理,古亦如此,《庄子》有云"窃钩者诛,窃国者侯",诗圣喟叹"不过行俭德,盗贼本王臣",都是说犯罪人与其他人之间相连相通,并没有必然的差别。

二、犯罪人的主体地位

在犯罪学上,作为分子的犯罪主体就是犯罪人,即触罪抑或越轨的行为主体。基于充分研究犯罪产生、增减及其影响的需要,犯罪的界定抑或规矩的设定并不以刑法的明文规定抑或刑事程序的适用为限。实施了犯罪(包括应然的犯罪)行为的主体,不论是否被发觉、逮捕,也不论地位高低——居庙堂之高抑或流离失所都不为所问,都是犯罪学意义上的犯罪人。穷人和无权势者,基本无关于规则的设定,却是规则适用的对象。换句话说,人为刀俎,我为鱼肉,因此贫穷抑或无权势的犯罪人也被称为犯罪学意义上的"局外人"和"边缘人",他们实施的犯罪也被剖析得淋漓尽致。然而,居庙堂之高,执掌政治决策抑或立法、司法的权力,甚至能让法律绕着自己转圈,很难将其界定为法律意义上的犯罪人,更谈不上深入的研究以及有效的治理。因此,后者对社会发展的阻碍、破坏远甚于前者,他们所实施的犯罪也才是犯罪研究、治理的难点。

《刑法》第十三条规定:"一切危害国家主权、领土完整和安全,分裂国家……侵犯公民的人身权利、民主权利和其他权利,以及其他危害社会的行为,依照法律应当受刑罚处罚的,都是犯罪,但是情节显著轻微危害不大的,不认为是犯罪。"根据本规定,犯罪的界定具有突出的选择性和随意性。首先,国家法益的地位远高于个人法益(包括生命法益),具有突出的选择性,违背了立法的民主性质。自古以来,"民为重,社稷次之,君为轻"的道理,妇孺皆知。但是,《刑法》对犯罪的界定反其道而行之,着重规定了下犯上、民犯官的情形,而对国家的刑事责任语焉不详,有悖常理。其次,"一切……的,都是犯罪,但是……不认为是犯罪"的表述前后抵触、逻辑混乱,过于儿戏。"一切"的一切,在于"不认为是犯罪"的行为究竟是不是犯罪?如果是,为什么要"不认为是犯罪"?如果不是,又何来"一切都是犯罪"之说。当然,以上所及还只是现存于犯罪界定的众多问题的些许端倪。比语言逻辑更加严重的,莫过于国家犯罪及其主体的缺失。

所谓国家犯罪,是指国家及其控制者依托国家权力所实施的犯罪。相应地,国家及其控制者也有可能成为相关犯罪的主体。众所周知,在国际法和行政法的视野中,作为责任主体的一种,国家(政府)也需要为自己的行为承担相应的责任。例如,联合国大会 1974 年通过的《关于侵略罪的定义的决议》第一条的规定:"侵略是指一个国家使用武力侵犯另一个国家的主权、领土完整或政治独立,或以本《定义》所宣示的与联合国宪章不符的任何其他方式使用武力。"然而,在刑法的视野中,很难看到类似的规定。原因何在? 通说认为,国家机关是代表国家行使管理职能的主体,在活动中体现的是国家意志,与犯罪意志水火不相容。根据我们的国家理论,国家、政党、公职人员都要全心全意地为人民服务,既不存在自己的利益,也不可能与国家、社会、民众的需要相背而驰。但是,这种说法存在以下几个方面的悖论:首先,违背了国家抑或政党存在自己利益、自己行为的常识。其次,不承认国家的犯罪主体地位无异于掩耳盗铃,与国际犯罪、行政诉讼的基本原理格格不入。还有,《刑法》第三十条所列举的"机关"原本就是国家作为犯罪主体的体现,如何否认得了? 一言以蔽之,国家犯罪是客观存在的,一味地回避问题不利于国家权力的制衡和法治的发展。

既然国家也是可能的犯罪主体,那么,"犯罪分子"原本就是普通民众(尤其贫穷、无权无势者)与国家(包括身居高位的决策者)的共同体,与作为分母的芸芸众生也没有本质的区别,任谁也不例外。从这个意义上讲,分子原本也是分母,分母亦是分子。当然,没有本质的差别并不是说作为分子的犯罪主体与作为分母的芸芸众生没有任何差别。在本书看来,差别至少存在于以下两个方面:首先,二者体位有别。尽管分子来源于分母,二者相连相通、本质相同,一旦成为犯罪主体,就该坐上分子的位置,贴上犯罪人的标签以区别于作为分母的一般民众,并接受教育、治疗。其次,二者转换有序。犯罪人的成立是有时空条件的,实施犯罪行为的时候是犯罪人,此后就是犯过罪的人,并因此成为社会治疗的对象。为此,犯罪人往往会经历一个身份转换的阶段:一般民众(潜在的犯罪人)—犯罪人—治疗对象——一般民众(潜在的犯罪人)。从一般民众到犯罪人,经过治疗又恢复一般民众的身份,其间也可能发生身份转换的终止、反复。但是,不管如何转换、反复,任何犯罪人都是从一般民众转化而来的,也只能从一般民众转化而来,就像分子来源于分母的情况一样。需要说明的是,所谓的"天生犯罪人"是指某些民众天生具有某些更加突出的犯罪性因素,而不是说某些人天生就是犯过罪的人(与某些宗教思想的观点不太一样)。称犯罪主体为犯罪分子,不仅意味着决策者的蔑视和憎恶,也意味着我们对犯罪主体抑或犯罪人的研究长期处于一种主动隔离的状态——雾里观花抑或水中望月。对犯罪人的蔑视和憎恶,表明决策者始终将自己定位在客位的状态。为此,不仅提出了"消灭犯罪"的口号,而且要通过"严打"迅速扭转犯罪高发的局面。俗话说得好,雾里观花花不语,水中望月月悄然。一轮又一轮的严打之后,到今天,犯罪问题依然我行我素,没有任何溃败的迹象,引人深思。

从犯罪主体的地位来看,作为分子的犯罪人本就是分母的一部分,原本也是普通的民众,也有七情六欲。一方面,作为普通的民众,即使患病成为犯罪人抑或犯过罪的人,也不该被歧视、憎恶。而今,决策者以"我是分母,你是分子"的口吻划出分明的界限,让分数线成为一条条包裹着犯罪人的脏被子,貌似撇清了自己,实则每个人的内心都有一个恶魔,都是潜在的犯罪人。因此,对犯罪人的蔑视、憎恶,既是对我们自己的不尊重,也是犯罪问题日趋严重的重要根源。另一方面,从犯罪人的角度来讲,犯罪人的界定是一个动态的概念。犯过罪的人很可能不再犯罪,未必还是犯罪人;没犯罪的,未必不会犯罪,也是可能的犯罪人。正因为如此,大可不必以"犯罪分子"来称呼犯过罪的人,也不必因犯罪问题而利令智昏抑或恼羞成怒,做出羞辱、消灭犯罪的宣示。最后,分子抑或分母的关系也对犯罪的治理颇有启示。一方面,作为犯罪主体的犯罪分子永远伫立在分数线之上,成其为犯罪治理的标杆。标杆必然是整个系统的龙头抑或重点,兵家云"擒贼先擒王",顺藤摸瓜,不仅可以扩大战果,而且可以事半功倍。反过来,任何对其主体地位的忽视,大抵属于眉毛胡子一把抓的情况,绝难说是科学的治理方法。另一方面,分母不能是零,分子的存在势必也意味着犯罪分母的存在,反之亦然。因此,犯罪治理是一个系统工程,既不能只打苍蝇不打老虎,更不能只看分子,不看分母,治标不治本,而要从社会基础抓起,在尊重、研究犯罪人的主体地位的基础上,实现犯罪问题的科学治理。

三、社会防卫中的国家存在

犯罪主体地位的研究离不开社会防卫理论及其国家存在的问题。传统刑事政策理论认为,国家和中国共产党就是刑事政策主体,社会防卫也就是国家的社会防卫理论。就像现在,党提出了"国家治理体系和治理能力现代化"的政治愿景,很多人想当然地以为国家治理高于社会治理,"要将社会治理纳入国家治理的体系"。传统刑事政策理论和这些"国家治理高于社会治理"的想法都存在同样的问题——对国家在犯罪抗制(社会防卫)抑或社会治理中的存在出现了偏差。

（一）社会防卫的人道问题

广义刑事政策理论的发展与曾任国际社会防卫协会主席的马克·安塞尔之间有千丝万缕的联系。据卢建平教授介绍:安塞尔先生一再强调社会防卫首先是一场人道主义的刑事政策运动。在此基础上,并明确提出,刑事政策是由社会,实际上也就是说由立法者和法官在认定法律所惩罚的犯罪,保护"高尚公民"时所作的选择……这种广义的刑事政策学一经出现便受到西方国家的热烈欢迎,其影响也在世界各个角落逐渐扩展。社会防卫思想既维护法制传统,又强调吸收自然科学、人文科学和社会科学的最新成就,它在人道主义思想指导下把社会防卫和人权保护、预防犯罪和打击犯罪科学地结合起来,它是现代西方刑事政策学的主流。社会防卫思想集中体现了建立在保护人权、尊重社会基本准则基础之上的保护社会、惩罚犯罪的刑事政策。① 也就是说,社会防卫思想对现代刑事政策理论起到了重要的支撑作用。刑事政治理论不仅吸收了社会防卫思想立足人道主义,反对镇压、打击的内核,还系统地继承了它批判研究的传统。当然,在良法善治的系统中,以公共事务的公共处理为原则的刑事政治理论进一步提出了犯罪治理抑或社会治理的进路,这是后话。

较之于"秋风扫落叶""暴风骤雨"一般的犯罪镇压,人道的社会防卫理论的提出无异于一味改善传统刑事政策理论的良药。在传统刑事政策理论的视野下,犯罪人是刑事政策的对象,他们的地位和利益长期处于被忽视的状态,他们的人权状况也引起了广泛的关注。在法制条件完善,国家治理稳定的时候,他们还存在"被挽救"抑或"重新做人"的机会。一旦出现了感性化的犯罪抗制运动,抑或国家治理出现了不太稳定的情况,不用说他们作为"犯罪主

---

① 参见卢建平:《刑事政策与刑法》,中国人民公安大学出版社 2004 年版,第 25 页。

体"参与犯罪治理的地位不可能被保障,甚至"重新做人"的人道地位也很困难。

(二)国家的社会防卫机理

国家本无所谓有的,不过是源于社会契约抑或"更好的生活"的需要。因此,从形而上的角度来讲,国家有义务履行社会契约,抑或保障、提升民众获取"更好的生活"的系统机会。从形而下的角度来讲,犯罪人、精神病人的普遍存在,还有因他们而生的血淋淋的事实,虽不能据此简单判定国家的良与莠,但它肯定不符合"更好的生活"的需要。说到底,任何一个放任精神病人满大街瞎逛的国家,必定不是一个负责任的国家。反思我们的国家学说和理论,基于对超理想社会的追求,我们长期以为阶级统治、暴力革命就是国家的使命和工具。在反抗"极不合法"的暴政的时候,这样的意识形态有助于社会力量的凝聚,具有一定程度上推动社会发展的功能。一旦暴政前提不复存在,国家应当以自由、民主、公正的制度保障民生幸福的系统机会,并以"更好的生活"换取民众的参与和信任,最终实现自身合法性的维系。基于这些最基本的判断,国家具有天然的犯罪治理抑或社会防卫的义务。

何谓社会防卫?此前,普遍以为不过是"保卫社会"的意思。但是,卢建平教授认为,社会防卫通过对现行制度(尤其刑法制度)的批判研究,积极寻求一个既维护社会安定又保护个人权利自由的合理、协调地根治犯罪问题的总体战略……暴力犯罪常常是单独的个体(尤其是青年人)在一个得不到任何真正对话的机会,不能自我表现、得不到他人的同情或理解的社会环境里失望之至的表现,很大程度上可以说是对社会的反叛或发泄对社会的不满。[1]由此可以看出,不排除最初的时候,社会防卫仅以保卫社会为主要目的,但随着社会的发展,尤其民生幸福的逐步提高,迅速扩大了社会防卫的内涵和要求。从现代社会抑或社会治理的层面来讲,社会防卫以良法善治为目的,通过思想的启蒙,国家理论的改善,立法、司法的改革(尤其刑事立法和司法),完善犯罪抗制的体系,寻求犯罪治理的整体改善。这也就是现代国家的社会防卫机理。

---

[1] 参见卢建平:《刑事政策与刑法》,中国人民公安大学出版社 2004 年版,第 30—55 页。

（三）国家的社会防卫职责

社会防卫思想不仅对国家治理、预防犯罪提出了一系列要求,而且对暴力犯罪的预防进行了专门的论述。归根结底,国家抑或社会治理犯罪的艺术原本就是一个系统工程,不仅涉及社会安定和人权保护的平衡,而且不能一味指责暴力犯罪行为人,要从国家抑或社会制度自身找原因,进而寻求犯罪治理的极大改善。秉承国家的社会防卫机理和方法,国家需要履行好以下两个方面的社会防卫职责:第一,改善国家理论和行为,确立社会治理的思想,完善犯罪治理的体系。第二,确立科学的政治原则,以民生幸福为目的,切实承担起兜底性社会保障职责。在兜底性的社会保障职责中,包括但不限于对公民个人幸福具有重大影响的疾病、对公共利益存在危险的精神疾病、传染性疾病的治疗。

国家的兜底性社会保障职责,不仅源于"最好的社会政策就是最好的刑事政策"的指导及其社会治理体系的需要,还和国家的财富制度之间具有一定的联系。要知道,国的分配制度以及贫富悬殊的现实都是造成贫穷和犯罪的重要因素。不管是从财富的原罪抑或自己的秩序利益出发,国家和社会都有对弱势群体进行救助的义务。正因为如此,《宪法》第十四条第四款明确规定:"国家建立健全同经济发展水平相适应的社会保障制度。"可见,贫穷抑或犯罪,特别是因贫穷而产生的犯罪问题,政府和社会都有不可推卸的责任。这也是市民社会抑或资本主义福利国家的基本思想。

"南平血案"①涉及的就是患病民众的国家治理问题。亦如前文所言,患病民众的国家治疗,不仅要求国家的医疗卫生制度要为民众提供适度的公共医疗服务,还包括对具有犯罪危险的病人的国家治疗。前者不待多言,后者原本也有现存的保安处分制度。以广西合浦精神病人砍杀路人致 2 死 5 伤的案件②为

---

①　综合《南方周末》、新华网等媒体的公开消息:2010 年 3 月 23 日早晨 7 点 20 分,福建南平市某小学门口发生一起凶杀案,造成 9 人死亡,4 人受伤,伤亡人员均为该小学学生。"歹徒"随后被群众抓获并转交警方。犯罪人郑某,福建南平人,中专毕业,未婚。原为社区诊所医生,2009 年 6 月辞职。因个人生活受挫,进而引发犯罪行为。亦有消息称其有疑似精神病史。2010 年 4 月 28 日,郑某被执行死刑。

②　综合人民网、中新网等媒体的报道:2010 年 4 月 12 日 16 时许,广西北海市合浦县西场镇西镇村小学附近发生惨案,一精神病男子用菜刀连砍 7 人,造成一名 8 岁男孩和一名八旬老妪死亡,另有 2 名小学生、一名学龄前女童及 2 名村民受伤。

例,精神病人之所以屡屡犯案,邻里矛盾是诱因,更重要的还是精神病人没有得到及时的治疗。参照国外的成熟做法,国家需要依法防卫精神病人的危险状态,必要的时候实施强制治疗。然而,我们的政府,一方面,害怕邱兴华、郑某等真的被鉴定出有精神病,为此不做鉴定的有之,"被鉴定"为正常的也不乏其人;另一方面,在保安处分制度的建构和精神病人的国家收治等方面畏缩不前。这样一来,大量的精神病人绝难依靠自身的力量摆脱病魔的纠缠,散落民间便是极大的安全隐患。

(四) 国家的社会防卫方法

我们讨论国家的社会防卫方法与职责,不是说只有国家才是社会防卫的主体,抑或只有国家才有防卫社会的义务或职责。只不过,在犯罪抗制的刑事政策体系中,国家居于重要但绝不是唯一的主体地位。此外,国家权力是一把"双刃剑",它在保障、促进民生幸福的同时,也存在自身的不确定性。因此,在提出犯罪人的主体地位之后,我们进一步提出国家的社会防卫机理和方法,以期犯罪治理系统及其实践的整体完善。

鉴于犯罪问题具有恒久、难缠的属性,因此,在国家的社会防卫事务中,犯罪治理居于突出的地位。基于国家的社会防卫机理,国家需要承担起组织犯罪治理体系,形成犯罪抗制的合力,改善犯罪治理的整体局面。

一方面,在犯罪治理体系的组织中,国家需要承担起两个方面的主要职责:第一,根据政治抑或"公共事务公共解决"的基本原理,培养良好的社会参与机制,动员各种社会力量参与犯罪治理体系,形成全社会参与犯罪治理的局面。要知道,仅凭国家一己之力肯定无法较好地满足犯罪抗制任务的需要。与此同时,一旦国家以及国家意志的代表成为唯一的刑事政策主体抑或犯罪治理主体,也不利于对国家权力的制约、限制。实际上,国家不仅存在自己的利益,也有实实在在的国家犯罪行为,需要纳入被抗制、治理的对象。第二,在犯罪治理体系的组织中,需要协调好相关社会力量的权利和义务。考虑到国家的契约性质,本书认为,通过犯罪治理协议协调相关权利、义务的思路是有意义的。

在社会契约思想中,民众只让与了组成国家并承担起基本公共职能所必需的权利。换句话说,人们并没有让与他们的全部权利。基于这样一个最基本的假设,人们以及他们的社会团体依然拥有参与犯罪治理的权利和义务。实际上,人们参与犯罪治理的权利和义务是天然的、第一性的。国家参与犯罪治理的权利和义务反而是次生、第二性的。这也是民众拥有天然的反抗犯罪和暴政的权利的原因。一旦国家权力失灵、失范,人们依然可以充当犯罪治理的主要力量。

另一方面,犯罪抗制的合力是系统、动态、相对稳定的存在。犯罪治理体系的标志是犯罪抗制的合力。犯罪抗制的合力,也就是各种社会力量共同参与犯罪抗制所形成的力量的系统存在。力量的系统存在,意味着犯罪抗制的合力不是一个确定的数值,它会随着社会治理水平以及犯罪发生的具体情况发生变化。当犯罪问题凸显出来的时候,各方面会随之调整相应的力量或资源,犯罪抗制的合力必然随之发生改变。同时,当某种社会力量投入的力量过多(过少),其他社会力量也会因自己利益的变化调整相应的力量投入。换句话说,由于利益多元,各方面的力量投入具有趋同的效应,不会引起犯罪抗制系统及其力量的突兀变化。犯罪抗制的合力也趋于稳定,各方面对于犯罪问题的态度也更加平和、公允。与之相反,倘若国家禁止其他社会力量在犯罪治理体系中的介入或存在,犯罪抗制体系就会演变为单一国家力量的演示,从而出现犯罪抗制力量直线上升、下降的情况。

国家的社会防卫主要是通过国家理论的改善和立法、司法的改革来实现的。国家理论的改善,主要是改变国家权力的单一来源和目的,降低国家的地位,使之与其他社会力量具有沟通、协商解决问题的可能性。在犯罪治理体系的建设中,我们不仅需要一个承认存在自己利益的国家,而且可以通过沟通、协商的方式,与其他社会力量协调立场,趋同效应,增强犯罪抗制的效率。在此基础上,国家还需要不断地通过立法、司法改革,完善国家反应的能力和体系,回应社会力量的需要,提升犯罪治理的效率。

在犯罪治理立法的改革中,我们以为应当以犯罪治理体系的完善为契机,打破机械的罪刑法定观念,在刑法之内、之外构建起严而不厉的立法反应体系。亦如前文所言,从心理强制理论出发,费尔巴哈得出了罪刑法定原则的三个从属原则:"I. 无法无刑(法无明文规定不处罚,keine Strafe ohne Gesetz, Nulla poena sine crimine)……II. 无法无罪(法无明文规定不为罪,keine Strafe ohne Verbrechen, Nulla poena sine crimine)……Ⅲ. 有罪必罚(kein Verbrechen darf straflos bleiben, nullum crimen sine poena)……"①在罪刑擅断的时代,基于人权保障的需要,上述观念具有极其突出的意义。费尔巴哈、贝卡利亚等刑法学家均视之为最为重要的刑法原则,因此形成古典刑法学派,为刑法理论和人权保障的事业的发展做出了巨大的贡献。但是,罪刑法定原则不是一个僵化的存在,它会随着社会的发展及其人权保障事业的需要,形成更符合社会需要的内涵的要求。

在《贝卡利亚:"最大的幸福"及其利益衡量》一文中,笔者指出:"刑法的原则、理论也只是人类社会追求'更好的生活'的艺术的组成部分……基于犯罪人权利保护需要的罪刑法定原则的确具有至关重要的地位和作用,但它从来都只是人类社会追求最大幸福的法治体系的一分子,绝不是刑法的最高原则……罪刑法定原则所蕴含的刑法教义思想、形式理性等,也都只是刑法目的及其价值的组成部分,必然具有可以衡量、折中、妥协的范式。"撇开高于罪刑法定的政治原则,依现今的刑法理论看来,"有罪必罚"的思想也不再绝对适合现代社会的需要了。例如,在《刑法契约化》一文中,储槐植教授指出:"根据契约理念,只要据理充分,不越出边界,法官自由裁量就没有违法之虞。当前司法实践中,法官自由裁量存在两种不可欲的倾向,一种是不可自由裁量而裁量,另一种是该自由裁量而不裁量。二者的共同点是没有理性对待罪刑法定原则及其底线,区别是前者无视罪刑法定原则,后者是僵化罪刑法定原则。正确贯彻罪刑法定原则应当是,依据刑法契约精神,在不突破底线的前提下,入罪坚守合法,出罪(含从轻发落)注重合理。"②既可出罪,意味着有罪也可不罚。但是,这并不是罪刑法定原则的违反,而是罪刑法定原则的发展。实际上,人权也不过是人类追求"更好的生活"的系统机会,并不是人类社会的最终目的。因此,保障人权的罪刑法定原则必然存在和其他社会利益冲突、妥协的可能性。在《近百年来刑事思想与三民主义》一文中,我国台湾地区的周治平教授再一次提到了机械的罪刑法定主义的概念:"二十世纪的国家观念是

———————

① 〔德〕安塞姆里特·冯·费尔巴哈:《德国刑法教科书》,徐久生译,中国方正出版社2010年版,第31页。

② 储槐植:《刑法契约化》,载《中外法学》2009年第6期。

使已分立的三权,由相争、制衡转为各尽职能,互相协调合作;法律由限制国家绝大的权力,进而促进国家服务的机能,以完成其最高权的使命。关于主权的传统观念,有了重要的限制或修正;所有权亦不复为个人利益而绝对不可侵犯;机械的罪刑法定主义为防卫社会之目的,而蜕变为机动的罪刑法定主义。至此,团体主义取代了个人主义;社会福利取代了个人自由。法律文化进到了协调个人与社会的平衡发展阶段……"①当然,应当对周治平教授所说的"社会福利"做广义上的理解,它的内容相当于亚里士多德所说的"团体的善",即政治或"更好的生活"。因此,罪刑法定原则是一个相对的原则,不必做过于机械、绝对的理解。同时,源于社会福利和人权保障的需要,也可以对罪刑法定原则做出必要的调整。当然,这种调整必须是相当谨慎的,并以更有利于人权保障为前提。

此前,源于机械的罪刑法定原则,保安处分、非刑罚处罚措施等,都因存在违反罪刑法定原则的嫌疑,难以获得正式、系统的确立和适用。例如,保安处分之罪,未必符合犯罪成立的条件;保安处分的不定期刑,非刑罚处罚的"裁树判决"等,从机械、僵化的角度来看,未必符合"刑之法定"的要求。但在当时,立法者就提出来了:"新旧刑事学派在理论上虽各执一端,而对于保安处分之预防政策、改善主义,实同表赞成,良以刑法之目的,在于保护社会之法律秩序,倘对于幼年犯及精神病者,或虽已执行刑罚尚不能脱离危险性之犯人,不施用保安处分以为之救济,则除报复意义外,刑法保障社会安全之重要意义,终不能完全实现也。"②当然,这也是1935年的《中华民国刑法》追随各主要国家在刑法典中增设保安处分制度的主要原因。可见,一旦打破机械、僵化的罪刑法定原则,我们可以通过刑事政策堤坝体系的方法构建起更加轻缓、系统的刑法反应体系。在此基础上,部分实现轻罪的非犯罪化、轻缓化,实现保安处分、非刑罚处罚措施的系统确立,改善我国向来重刑有余、轻刑不足的问题,提升犯罪治理的效益。

在犯罪治理的司法改革中,既要逐步恢复司法机关独立行使职权的理性

---

① 潘维和等:《中西法律思想论集》,汉林出版社1984年版,第311页。
② 翁腾环:《世界刑法保安处分比较学》,商务印书馆2014年版,第3页。

和权威,也要逐步树立非司法化的理念,打破行政罚、纪律罚、道德处遇等社会治理方法的绝对界限,在司法方法以外寻求更广泛、更有效的综合反应体系。当然,犯罪治理的非司法化,亦称刑事政策的社会政策化,也是刑事政策向社会政策转化的主要进路。关于司法机关独立行使职权的理性和权威,亦如拙文所说:"时至今日,毫未用功便已建成巡回法庭,栽树判决依然石沉大海。可见,一旦涉及司法权力的独立行使性质,便似重峦叠嶂一般的困境……司法改革的确具有牵一发而动全身的地位和作用,既不能因噎废食、半途而废,也不能囫囵吞枣、不讲原则。前者不必多言,不能囫囵吞枣、不讲原则主要是指司法改革务必要遵循法治国家的基本原理,决不能违背司法权力的理性和规律来开展司法改革。"[①]按说,当代中国的司法改革务必尽快恢复司法权力的理性和权威,这是毋庸置疑的。但是,在此过程中,也要注意到相对司法理念的要求,逐步树立非犯罪化、非司法化的理念。相对司法理念,源于司法并非正义本身,而只是人们追求、实现正义的主要方式的判断。由于司法并非正义本身,它的地位和作用也存在一定的局限性,这才有了以非司法化的理念改造我们的犯罪治理体系的可能性。

第三节　纪律法治与腐败犯罪的治理

刑事政治理论的发展离不开政治科学的知识,也离不开国家治理和社会治理的现实情况。当代中国的犯罪治理,纪律法治与腐败犯罪的治理引起了很大的争议。在老百姓看来,既打老虎又拍苍蝇,再好不过。但从"论持久战"抑或制度建设层面来说,老虎和苍蝇原本就没有本质的差别。更何况,腐败在过去也算是比较稀罕的事情,现在呢,不仅小官也能炼成巨贪,还哼着渐进的小调。因此,腐败犯罪治理是要打老虎、拍苍蝇,但又不能仅限于拍拍打打的事情。

一、纪律法治的提倡

在犯罪学的研究中,有一句话叫作"都是太阳惹的祸":当太阳出来,温度

---

　　① 　周建军:《司法改革的那些事》,载《检察风云》2015 年第 3 期。

升高的时候,性犯罪的概率也会随之提升。甚至有学者研究出来,温度每升高一度,性犯罪的概率就会提升一个百分比。很多人据此认为,性犯罪的增加也有太阳公公犯下的错。然而,太阳公公既不贪恋人世间的滚滚红尘,也无暇劈腿,性犯罪的增加自有犯罪人的原因,还有被害人的因素……何来要太阳公公为性犯罪负责之说? 无独有偶,2013 年 8 月,广西某地的县委书记唐某因公款吃喝消费三千多元被免职,事出有因不说,消费金额之小也创造了类似官员被免事件的下限。一时间,官员谈吃色变,民众不明究竟,以为不过是白驹过隙,忽然而已,实则大有文章。

(一) 纪律法的提出

现代官员们贪腐的问题越来越像一场场无厘头的闹剧。那个疯狂的劲,不仅热闹,而且毫无遮拦,赤裸裸的,或者说光着个头就往上蹦。南京市车管所原所长查某年近花甲豢养在册的情妇 13 个,史称"金陵十三钗";深圳市沙井信用社原主任邓某,在不到三年的时间内,挪用、侵吞公款 2.3 亿元;曾任中国银行广东开平支行行长的余某,盗取银行存款 4.82 亿美元,约合人民币 40亿元……凡此种种,亦可谓"官小不可怕,有权就疯狂"。在这样一个大背景下,广西某地县委书记唐某因公消费三千多元被免职,乍一看,真有点匪夷所思。据媒体广泛报道:某书记因下属部门新任领导报到而与其他县领导商定、安排了工作聚餐。四家班子以及相关部门领导 36 人,共消费 3626 元,人均100.72 元——相当于朋友小聚家常饭菜的价格。细说起来,该消费不仅事出有因,也没有十分过分的情形。人常言"百姓心中有杆秤",与前边提到的几个代表或者说那些前腐后继的官员以及他们一再破旧立新的贪腐数据相比,无须多掂量:论级别,查某、余某最多一个科级干部,邓某甚至没有品级,都比某书记小了太多;论行为,某书记是因公聚餐,而且经过了班子的讨论、安排;论数额,总额 3626 元,人均 100.72 元。有理由相信,如果不对该书记被免职的缘由做出充分的说明,某书记们不理解还在其次,民众会以为这样的处理不过是又增加了一场无厘头的闹剧,抑或又是掩人耳目。

严格说来,某书记所受到的"党内严重警告处分,并免去县委书记职务"的处理属于中国共产党的问责和纪律处分。所谓纪律处分,是指组织或团体的成员因违反该组织或团体设定的行为规范而被施加的制裁措施。从本质上讲,纪律就是一种惩戒措施,对相关团体和组织起到和法律一样的规制作用。正因为如此,正当、合理的纪律,通过一定的程序和形式,也可以成为纪律法。在西方法治国家,出于系统约束国家权力的需要,纪律法治日渐完善。例如,在德国,《联邦惩戒法》规定,公务员(事务官)以及退休的公务员,违反义务或拒不履行义务都可以适用相关的惩戒程序。惩戒的内容包括申诫、罚款、减俸、降级、免职、退休金之缩减和撤销退休金给予等。德国还专门设立了对法官进行惩戒的联邦职业法院。《德国法官法》第 2 编第 3 章对联邦职业法院组成、管辖权、纪律程序、纪律措施等作出了具体的规定。根据有关规定,对法官的惩戒主要分为监督、纪律制裁、经济赔偿等方式;联邦职业法院的纪律程序须经联邦最高公务机关申请后启动。职业法院应就正式纪律程序的开始或者结束、暂时离职、扣发劳务报酬或者上述任一措施的撤销作出裁决。法国的公务员惩戒制度,所适用的对象较之德国还要广泛,不限于事务官,惩戒的措施更有特点——不仅包括警告、降级、降职、撤职等通常意义上的惩戒,还包括"从晋升表上除名"等颇为针对性的措施。不管是德国还是法国,出于平衡相关惩戒权力和公务员基本人权的需要,都对相关的惩戒程序和救济措施作出了系统的安排,如惩戒机关的司法化、惩戒程序合理的要求、惩戒救济的制度等。相形之下,我们的纪律法治才刚刚起步。

但是,区别于通常意义上的法律规范,纪律是组织或团体自己制定的,仅适用于团体治理,只针对其成员,不得约束非成员的个人和组织,常称内部行为规范。与之相反,法律是国家立法机关依照法定程序制定的,具有对世性或外部性,不论是否属于某个组织或党派都要遵守的。但是,针对某些对国家具有重要影响的团体,例如长期执政的政党、法官、军队等,有必要通过立法强化对有关团体的纪律规制。

(二) 纪律法的界限

总的来说,纪律法治理属于团体自治的范畴,具有自我管理的特点。由于团体成员更了解团体自身的情况,因此,相关的纪律措施往往具有突出的针对性和有效性,更能促进团体的利益和发展。但是,纪律措施在强化对团体的控制、治理的同时,也会带来一些负面影响。例如,1852 年,卡尔·马克思(Karl Heinrich Marx)和弗·恩格斯(Friedrich Engels)在给《泰晤士报》编辑的信中写道:"这件事实表明,普鲁士的法官和路易-拿破仑的政治奴仆们完全是不相上下的……但是,就在他们被拘禁的期间,颁布了一个'纪律法',这个法律使政府有权通过非常简便的手续解除任何一个不称政府心意的审判官员的职务。这个法律的实施可以说立即影响到当时已经拖延很久而迟迟未决的、上面提到的那几位先生的案件的进程。不仅把他们关进了单人牢房,不仅禁止他们彼此之间以及他们同朋友之间的任何来往(甚至是书信来往),不许他们读书和写作(在普鲁士,这一切甚至对重犯在判决之前也是不禁止的),而且改变了整个诉讼程序的方向。"①马克思所说的纪律法,是指当时的德国,用于约束法官的专门纪律。正因为有"纪律法"的存在,迫使法官对政府言听计从、俯首称臣,失去了中立、公正的地位,以至于发生了"普鲁士的法官和路易-拿破仑的政治奴仆们完全是不相上下"的情况。尽管如此,马克思非常重视党的纪律建设。1859 年 5 月 18 日,马克思在《致恩格斯》的信中就鲜明而尖锐地指出:"我们现在必须绝对保持党的纪律,否则将一事无成。"②1920年,列宁也在《共产主义运动中的"左派"幼稚病》中指出:"如果我们党没有极其严格的铁的纪律……那么,布尔什维克别说把政权维持两年半,就是两个半月也保持不住。"③可见,纪律也是一柄"双刃剑",它在发挥团体治理作用的同时,也有侵犯人权的可能性。

　　基于团体治理和人权保障的需要,纪律的作用是有界限的。首先,纪律只能作用于团体的成员和事务。由于纪律只是团体自治的方式,它只得到了团体成员的授权,因此也只能作用于团体的成员和事务。早些年的时候,发生过中国共产党对涉案、非党的企业家实施"双规"的情况。很快,这种情况就被纠正了。即便通过国家立法颁行的纪律法,它也只能适用于相关纪律组织的成员和事务。否则,它就具有了普遍的约束力,不再属于纪律规范的范畴。一旦超越了纪律规范的范畴,那么,它发生的机理,以及对它的制约、限制就会发生根本的改变。其次,纪律处分仅限于团体利益范围。团体利益,即因团体而获得的资格、荣誉、权利等。在没有成为国家法律之前,纪律只是社会团体自

---

① 《马克思恩格斯全集》第 8 卷,人民出版社 1961 年版,第 241—242 页。
② 《马克思恩格斯全集》第 29 卷,人民出版社 1972 年版,第 413 页。
③ 《列宁选集》第 4 卷,人民出版社 1960 年版,第 191—194 页。

我管理的方式,相关的规范仅限于团体成员意思自治的范围。一旦上升为国家法律,根据团体治理的需要,可以设定一些符合团体存续、发展需要的处分措施。即便是纪律法,原则上也只能就相关的团体利益进行处分。超过团体赋予相关成员的利益,如生命、自由等,不属于团体自治的范围,只能由对世的国家法律来处理。最后,纪律法的适用应当受公共政策和刑事诉讼法律的限制。考虑到纪律措施多属于惩戒性的规范,往往会产生限制、剥夺权益的后果。因此,纪律法的适用需要遵守基本的社会价值和观念,相关的处分行为不得超越刑事诉讼法律的界限。遵守基本的社会价值和观念,是说纪律处分应当是公允、合理的;不得超越刑事诉讼法律的界限,是防范纪律措施侵入国家的刑事司法权力,因而侵犯相关人员的权利。

（三）纪律法的误读

很多人都对纪律措施存在误解。误读主要来源于纪律的严厉性:这么严厉的纪律,有时候,它的影响甚至超过了国家法律。这样的纪律还合理、合法吗? 我们以为,纪律的严厉性往往与有关组织或团体需要承担的责任、目的、任务之间具有密切的联系。《孟子》有云:"故天将降大任于斯人也,必先苦其心志,劳其筋骨,饿其体肤,空乏其身,行拂乱其所为,所以动心忍性,曾益其所不能……入则无法家拂士,出则无敌国外患者,国恒亡。然后知生于忧患而死于安乐也。"深知这一点,中国共产党不仅加强了纪律制度的研究,倡导纪律法治的建设,而且一步一步地将反腐的工作推向纵深——"既拍苍蝇又打老虎",怙恶不悛的不能放过,"微笑的表叔"也能一查到底。一查到底,不仅意味着移交司法机关进一步处理的可能性,也意味着党内职务、荣誉和利益的剥夺。仍以前文提到的某书记因公款吃喝消费仅三千多元被免职的纪律处分为例:一个"县委书记"的职位往往需要拼搏几十年才能获得,因此职位被免的确涉及一系列的重大利益,非常严厉。然而,我们以为,只要不违背公共政策和国家法律的要求,在团体利益范围内设定处分原则上是合法的。纪律的严厉性并不影响纪律的合法性。第一,免去县委书记的纪律处分是党内部的权益处置,属团体利益的范畴,具有合理性。亦如前文所言,从公共组织抑或中国共产党的角度来讲,遵守组织的纪律,执行组织的决定是关系到相关组织生死存亡抑或实现其基本目的的关键。执行事先已经规定抑或声明的纪律,剥夺该组织给予相关成员的职责、利益,属于情理之中的事情。第二,相关处分的依据,即中共中央政治局《关于改进工作作风、密切联系群众的八项规定》(俗称"八项规定")和广西壮族自治区《贯彻落实中央关于改进工作作风、密切联系群众有关规定的实施意见》,不仅颁布在官员贪腐直叫人瞠目结舌的背景之下,是改善党的作风、提升党的作用所亟须的重大举措,也不违反现行的法律,亦在合法的范围之内。第三,从执行的情况来看,该书记违反的主要是"八项规定"第八条"要厉行勤俭节约"规定的精神。勤俭节约原本是中华民族的传统美德,但不知几时开始,国家机关吃喝成风,每年公款吃喝的费用接近万亿之巨。对此,民众怨声载道,甚至以"整个地球上的老鼠每年破坏掉的粮食的多少"来和我们的公款吃喝费用相比。《诗经·国风》有云:"硕鼠硕鼠,无食我黍! 三岁贯汝,莫我肯顾。"因此,三千元事小,严刹公款吃喝之风事大。就此而言,尽管该书记因公款吃喝被免职的情况引起了较大的争议,但是,除了他违反纪律使用公款吃喝的行为,此外也没有别的原因,相关的处理应该是客观的。

因此,某书记因公吃喝三千多元被免县委书记职务的纪律处分,从表面上看有些不近人情或者说过于严厉,实际上,只要相关的规定真能执行到底,类似的情况也只有一种答案(法理上叫"同案同判"),那么某书记被免职的处分不仅合理、合法,还是我党"惩前毖后,治病救人"政策的体现,于国、于民、于公、于私都说得过去。

(四) 纪律法的施行

亦如前文所言,不仅性犯罪没阳光什么事,阳光还被称为"最好的防腐剂"。在相关界限之外,中国的纪律法治还存在施行中不够公开的问题。实际上,公款大吃大喝必然常有,县委书记因此被免却不常有。这种情况,用拉德布鲁赫的话说:"分配正义的本质是平等,相同的相同对待,与之相应则是对不同的人和关系不同对待。"①如果说相同的吃喝,却是不同的结果,民众必然以为"县委书记被免"不过是个闹剧。因此,某书记被免职了,我们可以说这样的纪律处分合理、合法。问题是,一旦再有公款大吃大喝的情况曝光,结

---

① ［德］G.拉德布鲁赫:《法哲学》,王朴译,法律出版社2005年版,第73页。

果却大相径庭,又该如何? 当然,纪律法治也有它功能上的局限性,它无法解决所有的问题。总的来说,刑事政策反应体系下的纪律制度相当于防洪大坝的底座,构成中国共产党自身建设的基础,与党员个人的道德水平、国家的法律制度等共同组成防腐拒变的制度体系。因此,纪律法不过是社会治理体系的一分子,指望纪律解决全部问题,或者将所有的问题都指向纪律法治,都是不科学的。

从国内的情况来看:一方面,我们的纪律制度形成了一些合理的内容,如群众路线、纪律严明等;另一方面,在纪律法治的建设中,不仅要尽快完善纪律法治体系,还要树立纪律有限地位和作用的观念。特别需要注意的是,在纪律成为国家法律之前,纪律只是团体治理的制度约束,效力的位阶远在法律之下,所能惩戒、约束的内容也仅限于相关团体、组织给予相关责任成员的利益。在此基础上,合理、合法的纪律,越是严明,防洪大坝的基础越是牢靠,相关组织和团体也能获得良好的执行能力。只有这样,我们才有理由相信某书记因公款吃喝消费三千多元受到"党内严重警告处分,并免去县委书记职务"的事情,它既不是无厘头的闹剧,也不是天降的横祸。

最后,纪律法的施行类似于头顶上的阳光。然而,有阳光就必然有黑子,腐败和犯罪也像阳光、空气和纪律一样普遍。说白了,公款吃喝蔚然成风,岂是一个县委书记被免就能完全阻止的? 从这个角度来讲,某书记所受到的处分虽则是咎由自取,但也必然存在个案对比等方面的不公平。即便如此,那也不是阳光和纪律的错,错在遮挡阳光抑或主宰纪律的人和制度。更何况,遮挡阳光抑或违背纪律的情况如此普遍。说到底,这个世界,权力有特供、食品有特供、阳光亦可以被遮挡,唯独空气无处不在、无孔不入,事关大家的生存而又没有特供。倘若太阳都被遮挡住了,整个世界将会无比黑暗——阳光和法治都在九霄云外,泥沙俱下,再谈纪律也是枉然。由此可见,纪律法治的重要性不言自明,纪律法治的理论建设与实际施行也刻不容缓。

二、反腐行动的治理性质

考虑到中国社会治理所具有的"增进民生福祉"的根本任务与权力制约

的基本要求,反腐败工作具有从属于社会治理的性质。这个意义上的反腐败工作亦可以理解为社会治理系统中的反腐行动或以反腐败奠定社会治理基础的重要行动。但从社会治理的角度来看,我们的反腐行动依然存在可以改进的地方。

首先,现今的反腐行动依然存在社会参与的不足。社会参与,即社会力量的参与。当下的反腐行动,老百姓是很欢迎的。但是,在执政党以外,包括老百姓在内的社会力量大多是喜闻乐道的方式对这场反腐败的运动进行评说。客观地说,这是广大民众认同反腐行动的明证。但从他们津津乐道的旁观角色来看,反腐行动参与性依然存在改善的空间。

其次,反腐行动的宪法地位。源于纪律法治的常识和规律,其他社会力量并非中国共产党的成员,他们更适合采用纪律以外的方法来参与中国共产党的反腐工作。在纪律以外的方法中,《宪法》是最重要的。一旦处于最重要地位的《宪法》都未能有效地成为其他社会力量参与反腐工作的武器和方法,那么其他社会力量参与反腐工作的力度必然是有限的。考虑到系统治理的要求,在《宪法》中载明反腐败的治理性要求,确立反腐行动的宪法地位,将执政党首倡的反腐行动发展为全民性的政治任务。在和某教授讨论反腐行动及其主要政策的时候,该教授提出,"从严治吏是没有道理的"。在他看来:其一,贪腐案件数量繁多,从严处理所涉过多。其二,对照盗窃犯罪发生的难易程度,贪腐犯罪的发生在主体条件等方面具有显而易见的难度,从犯罪预防的角度也不该等同视之。本书认为,上述观点存在显而易见的问题:犯罪学的研究早就表明,盗窃罪是人类社会最为常见的犯罪行为,普遍具有贫穷致罪的因素,可宽宥的程度远大于具有"权钱交易"特征的贪腐犯罪行为。从侵犯法益或危害社会的角度,贪腐犯罪所犯不止财物,更有职务廉洁、不可收买等方面的法益,危害之大远甚于窃盗。因此,反腐行动难度、作用之大,分歧之严重,都有待更高层面的指引、治理。

最后,反腐所取得的成绩需要向制度成果转换。客观地说,现阶段的反腐行动依然属于主要领导励精图治、率先发力所取得的成果。根据治理理论的规律和要求,纪律法治不过是处于社会治理方法体系基础性反应方式。中国共产党大量采用基础性的纪律法治应对如此严重的腐败问题,在抬高纪律地位的同时,也意味着其他处于更高位阶的社会治理方式尚未起到应有的作用。因此,反腐所取得的成绩还需要向系统性的反应方式与制度成果转换。

三、腐败犯罪的渐进治理

国家反腐却屡屡遭遇"小官巨贪"现象。一般说来,官阶是权力的指征,官阶越大,权力越大。小官呢,自然是指权力很小的公职人员。以"七品芝麻官"为例,按老祖宗的说法,原本只是国家权力体系中不甚重要,甚至位卑言轻的角色。然而,如今芝麻小官的所作所为也不时让人瞠目结舌。以曾任甘肃省某县委书记王某民的案件为例:据新华网的消息,王某民在担任甘肃省宕昌县委书记的三年多里,受贿金额逐年递增:2007 年受贿 42.2 万元,2008 年受贿 125 万元,2009 年受贿 724 万元,2010 年 1 月至 3 月受贿 476 万元……就在被立案调查当天,王某民还收受一家建筑公司经理贿赂的 50 万元。一石激起千层浪,"小官巨贪"的名头由此传播开来。

(一)"小官巨贪"问题的本质

细说起来,"小官巨贪"不过是普遍存在的权力寻租的飙高而已。所谓权力寻租,就是对国家权力非正当介入而产生的超额利润(租金)的寻求。根据"公共选择学派"的观点,国家权力的非正当介入(不是为了保护个人权利、人身财产和维护平等的市场竞争秩序)会导致生产要素(包括生产要素的产权)产生超过市场价格的超额利润。政府以外的主体寻求以较低的价格(政府的强制定价)购买上述生产要素,再以市场价格转卖出去,从而获取其中的差价。因此,权力的寻租有悖市场经济的基本规律,不仅不会增加社会财富,反而会破坏正当的市场秩序,浪费相当一部分社会财富。

然而,"小官巨贪"又不是一般意义上的权力寻租,而是权力的疯狂,是权力寻租的飙高。一个县委书记,动辄受贿上千万,普天之下又有多少县委书记,外加比县委书记还大的官员,民众不愤怒才怪。正因为如此,许某盗窃银行十几万的资金,一审"依法"被判了无期徒刑,民间的声讨一浪超过一浪,说到底还不是因为"国家用刑贪不如盗",权力歇斯底里的疯狂可见一斑。

（二）"小官巨贪"的渐进路径

丰子恺在《渐》中写道：使人生圆滑进行的微妙的要素，莫如"渐"；造物主骗人的手段，也莫如"渐"。在不知不觉之中，天真烂漫的孩子"渐渐"变成野心勃勃的青年；慷慨豪侠的青年"渐渐"变成冷酷的成人；血气旺盛的成人"渐渐"变成顽固的老头子。因为其变更是渐进的，一年一年地、一月一月地、一日一日地、一时一时地、一分一分地、一秒一秒地渐进，犹如从斜度极缓的长远的山坡上走下来，使人不察其递降的痕迹，不见其各阶段的境界，而似乎觉得常在同样的地位，恒久不变，又无时不有生的意趣与价值，于是人生就被确实肯定，而圆滑进行了。"小官"王某民也不是天生的"巨贪"。据媒体的广泛报道，王某民担任宕昌主要领导期间，该县经济的增速从 2006 年的陇南倒数第一提高到 2008 年的全市排名第二。该书记的工作能力、贡献也是有目共睹的。我们知道，在基层岗位取得点成绩绝不是件容易的事情，往往需要经由时间和努力渐次累积而成。然而，渐次累积的结果，既可以是渐入佳境，也可以是渐不可长。伴随着成绩的增长，该书记受贿的数额一百一百地、一千一千地、一万一万地、十万十万地、百万百万地、千万千万地渐进，受贿的态度也从半推半就、来者不拒发展到令人瞠目结舌。于是，佳境没了，最不可长的长起来了。

虽然长起来的是腐败，亦如最美的是毒花。想起《钢铁是怎样炼成的》中奥斯特洛夫斯基的话："钢是在烈火与骤冷中铸造而成的。只有这样它才能成为坚硬的，什么都不惧怕，我们这一代人也是在这样的斗争中、在艰苦的考验中锻炼出来的，并且学会了在生活面前不颓废。"两相对照，冰冷的是钢铁，美丽的是罂花，仅从人性出发，有所迷失，在所难免。因此，腐败也在人性之内，国家、社会、法律制度、文化传统，尤其抗制腐败的分权、监督制度，应当在人性之外承担起更为可靠，也更为重要的职责。当然，腐败也有另外一种路径——"一刹那间的永劫"。但是，这种情况具有一定的偶然性，不太可能是"小官巨贪"，讨论起来话更长了，暂且按下。

（三）"小官巨贪"的渐进抗制

说到底，"小官巨贪"不仅是权力寻租的疯狂，而且具有"随风潜入夜，润物细无声"的特征。考虑到这一点，抗制"小官巨贪"的进路也可以用不为

"渐"所迷,不为"渐"所欺来概括。

首先,作为权力寻租的疯狂状态,"小官巨贪"不可杜绝,但是可防、可控。为什么说"小官巨贪"不可杜绝？这是因为权力不分大小,都有滥用的天性,想要杜绝"小官巨贪",那是不可能的。为什么说"小官巨贪"可防、可控呢？本书认为,尽管防微杜渐要比激流勇进困难得多,但是权力的分立、监督,伦理的改善,那都是放之四海而皆准的制度原理。应用于"小官巨贪"问题的治理,不仅需要我们重视基层权力的分立和监督,减少产生"土皇帝"的制度机会,而且要加强基层公职人员的教育和培训,逐步提高相关公职人员的素质。

其次,尊重市场规律,切断基层权力寻租的利益链条。我们知道,权力寻租的前提就是政府管制的存在,减少政府的管制,也就减少了超额利润(租)的存在,"寻租"的问题也就得到了相当部分的控制。因此,抑制政府的管制冲动不仅有利于市场经济制度的完善,而且有利于权力寻租的治理。尤其对基层权力来说,大体没有计划、调控市场的职能,原本没有管制市场的机会,就怕为利益所迷,硬要干涉市场的独立运行。因此,市场经济的最大阻力来自政府——尤其基层权力,更要尊重市场规律,更不得越雷池直接介入市场的经营。

最后,"小官巨贪"既不是"大官超贪"的垫脚石,也不是"大官不贪"的遮羞布,相关的治理工作要在权力的系统抗制和腐败的系统治理中逐步展开。从现今查处的情形看,"小官"犯案的越来越多,涉案的数额也越来越大。实际上,官不论大小,都是权力的指征;腐败不论形式,也都是权力的寻租。系统地看,"小官"和"大官"并没有本质的差别,"大官"曾经也是"小官","小官"也可以成长为"大官"。从系统理论看来,系统的腐败需要系统地查处,"小官巨贪"被查的越来越多,甚好;但是毛主席也教育我们,"宜将剩勇追穷寇,不可沽名学霸王",由小及大、由点到面推进我们的反腐工作,一定能让我们的反腐工作再上新的台阶。说白了,这也是不为"渐"所迷,不为"渐"所欺的必然要求。

第四节　犯罪学研究的一体化进路

我们的犯罪学研究方法,存在两个突出的问题。一个是主流的犯罪学理论都倾向于把自己的学说看作完整的犯罪理论体系,犯罪人类学、犯罪生物学、犯罪心理学、犯罪社会学等,莫不是如此。实际上,犯罪理论的数目可能不亚于犯罪原因抑或反应方式的多少,现有的犯罪理论往往在犯罪的某类原因抑或反应方式的探寻方面具有不可或缺的地位,但抗制犯罪的整体水平更需要融合相关理论、学科的知识,形成一个综合的反应体系,才能提升抗制犯罪的整体水平。另一个是当代中国的犯罪实证研究,不仅描述犯罪现象、解释犯罪原因、深入探讨犯罪人的实证作品屈指可数,解决实际问题的能力更是严重不足。因此,面对转型中国的犯罪高峰,我们的犯罪学研究亟须从研究方法、地位到贡献有一个根本的改观。

一、盲人摸象:犯罪学理论的非完整形态

从方法论的角度讲,盲人摸象可以归入实证研究的范畴,更何况,人类探知未知世界的能力并不比盲人以触摸认知大象的方式高明多少。以"天生犯罪人理论"为例,作为切萨雷·龙勃罗梭(Cesare Lombroso)"最重要、最有影响、用力最多、最富于创新精神、也是后来最有争论的理论观点",是龙勃罗梭通过人体测量、尸体解剖获得资料的基础上率先在论文《对 400 名威尼斯犯罪人的人体测量》(1872 年)中提出来的。然而,没过多久,法国的社会学家、哲学家和犯罪学家加布里埃尔·塔尔德(Gabriel Tarde)的《比较犯罪论》(1886 年)根据大量的统计研究指出:并不存在支持生来犯罪人理论的证据。[1] 相对来说,美国哈佛大学人类学家和犯罪学家欧内斯特·艾伯特·胡顿(Earnst Albert Hooton)的评价比较客观:龙勃罗梭是试图证实犯罪人的身体上有隔代遗传或退化的特征的先驱者。但是,他提出的许多证据并没有使大多数犯罪学研究者信服,主要的问题在于龙勃罗梭研究的对象的数量不够多,所研究的对象的种族不相同,缺乏科学的统计学方法。[2] 类似的问题也普遍存在于犯罪问题的心理学实证主义、经济学实证主义和社会学实证主义的研究中。例如,心理学实证主义提出的犯罪学习理论与古典的犯罪理论都认

---

① 吴宗宪:《西方犯罪学史》,警官教育出版社 1997 年版,第 354—355 页。

② 参见[意]切萨雷·龙勃罗梭:《犯罪及其原因和矫治》,吴宗宪等译,中国人民公安大学出版社 2009 年版,序第 4—7 页。

为"行为是由其结果支配的"（操作性条件反射）；经济学实证主义认为"所有
行为（包括犯罪行为和非犯罪行为）都是对个人利益的理性追求"；社会学实
证主义的文化冲突理论则认为，"人们就不会违反自己所属群体的规范，只会
违反其他群体的规范。看起来越轨的行为，仅仅是某个外群体（outgroup）使
用的标签而已，而这种越轨行为在其所属的亚文化中是得到认可的。"①上述
理论都存在将自己的学说看作完整的犯罪理论体系的倾向，都以为自己的理
论体系足以解读犯罪的全部原因。殊不知，当单个理论触摸到"真谛"的时
候，不过应了"横看成岭侧成峰，远近高低各不同"的说法而已。倘若因此坚
持"自己"就是完整的犯罪理论体系，其局限性与盲人摸象无异。

说到底，盲人摸象的局限性就是研究方法的局限性。对盲人来说，大象是
庞大的未知世界，亲自触摸未尝不是他们所能找到的好方法。问题在于埋头
触摸之后，等同于"墙""扇子""柱子"的切身感受都只是未知世界的部分内
容，出于整体观念的缺乏，画地为牢的盲人们不能及时整合大象的整体印象，
仅能得出片面的结论。事实证明，加上一双眼睛，人类在未知世界面前未尝不
是盲人。迄今为止的犯罪学理论不仅没有找到已知犯罪的全部答案，犯罪的
发展还远远地超过了人类抗制犯罪的努力——不仅见所未见、闻所未闻的犯
罪问题层出不穷，甚至传统的犯罪也露出了"日益兴旺"的迹象。以转型中国
的犯罪问题为例，1978 年到 2009 年的 31 年间，犯罪数量（无论总量抑或人均
的数量）随着经济的增长也在增长。犯罪学的理论向来以为贫穷是产生犯罪
的极大原因，在其他因素不变的情况下，贫穷产生更多的犯罪。然而，经济与
犯罪的同步增长却产生了富裕带来犯罪的现实。当然，理论落后于现实并非
犯罪学特有的现象，只不过犯罪学理论并不完整的情形也由此得到了说明。
可见，研究方法的改善过去是、现在是、将来还是犯罪学改进研究成效、提升学
科地位的重要途径，尤其整体观念的缺乏现已成为犯罪学研究的"瓶颈"。

二、管中窥豹：实证研究的片面深刻

实证研究的缺乏已经成为犯罪学界的共识。然而，现有的实证研究也存

---

① ［美］迈克尔·戈特弗里德森、特拉维斯·赫希：《犯罪的一般理论》，吴宗宪等译，中国
人民公安大学出版社 2009 年版，第 60—80 页。

在不少问题。犯罪学界常常强调,根据认知规律,感知是第一性的认知方法,而后才有思辨抑或规范,因此离开刑法规范,犯罪依然存在。我们以为,实证研究就是利用第一性的认知方法探知未知世界的努力。基于犯罪学的经验特性,实证研究从来就是这个学科最为重要的研究方法。这一点,可以从犯罪人类学的创立到犯罪心理学、犯罪社会学等相关犯罪学科的发展,无不以相关的实证研究作为基础的事实得到说明。但是,实证研究从来也只是这个学科的一种研究方法,大力倡导实证研究的同时,也要对实证研究的不足保持必要的警惕。

　　一般认为,法国数学家、哲学家奥古斯特·孔德(Auguste Comte)是现代实证主义的哲学奠基人。孔德将人类思想的进化分为三个阶段,第一个阶段是神学阶段,第二个阶段是形而上学阶段,第三个阶段是实证的阶段。因此,实证主义往往占据人类思想进化的较高位阶,相对于思辨分析具有一定的优越地位。逻辑实证主义甚至还指出,科学的任务乃是描述和分析现象,哲学的任务是对观念的逻辑分类,伦理命令只不过是"吼吼叫叫"或"激动"的语词而已,毫无认知的价值。① 很显然,逻辑实证主义的上述主张过于绝对。如果只考虑法的现实有效,法律只是统治者的命令,不仅恶法亦法,而且会产生严重的"权力崇拜"。法治国家中,由于产生恶法的土壤不复存在,无须以思辨、理性为指导的实证法可以大行其道。然而,法治(良法善治)从来就是一种治国理想,不仅各国的法律体系总存在缺陷,而且法律信仰(权威)也不是绝对意义上的存在。因此,不仅法律永远都是自然与实证的统一,法学研究也要防范实证至上的绝对主张。

　　与古典学派不同,犯罪的实证主义研究将犯罪人视为异常人(群),相关的研究对象就是那些要么具有返祖特征,要么犯罪性超乎寻常,要么遭受了社会病理因素抑或群体病理因素极大影响的"病人"。由于"病人"与正常人之间存在可以辨别的差别,因此消灭他们的犯罪能力(主要是预防)或者抑制他们的病理因素(主要是治疗)就成了犯罪实证主义者的共识。意外的是,罗伯

---

　　① 参见[美]E.博登海默:《法理学:法律哲学与法律方法》,邓正来译,中国政法大学出版社 1999 年版,第 116 页。

特·马丁森(Robert Martinson)等人对1000多项有关监狱矫正的研究进行了重新检验,在1974年发表了著名的研究成果《有什么效果?关于监狱改革的问题与答案》,而后还出版了人称"马丁森炸弹"的《矫正治疗的实效》一书,宣称犯罪人的矫正并没有实际的效果。① 曾任国际防卫协会主席的马克·安塞尔教授也对实证主义提出了质疑:实证主义在本质上是持决定论的,实证主义的犯罪原因论或是建立在生理学、解剖学的基础上,或是参照社会学的研究成果……实证主义理论认为可以在未来或潜在的罪犯身上找出犯罪痕迹或犯罪萌芽,并主张在犯罪行为以前,也就是在被法律确定为犯罪的行为构成以前,对具有这种犯罪危险性或可能性的人实行保安处分。与此相反,社会防卫思想从保护人权、保护人格尊严的自由主义、人道主义立场出发,坚决维护罪刑法定原则,反对专断的任意的行政处罚,维护法无规定者不罚的原则,维护只有法官才有权宣布处罚的原则……②

反观实证主义抑或犯罪实证研究的种种问题,既有严重缺乏实证研究的因素,也有实证研究方法的天然不足。受革命观念(大而统,容易产生压倒一切的观念)等因素的影响,当代中国的社会科学研究具有重思辨、轻实践的传统,犯罪学的实证研究存在严重的不足。然而,一旦进入犯罪的实证研究,即便为数不多,也出现了实证与思辨相脱节的现象(不妨称之为实证研究的片面深刻)。对此,陈兴良教授提出,经验方法虽然重视实证材料,但并不排斥在详尽地占有实证材料的基础上,通过理性思维,引申出具有事实根据的犯罪学原理。这些犯罪学原理是犯罪学理论的结晶,将之应用于刑事政策的制定和刑法的创制与适用,才能使犯罪学的研究成果充分实现其实践价值。③ 对照现实,迄今为止的犯罪研究(尤其实证研究),一方面,借助现代科技取得的进步令人耳目一新,印象极其深刻;另一方面,犯罪理论的整体突破依然乏善可陈,尤其犯罪学的本体理论,迄今毫无头绪。我们以为,其中的原委既在于实证研究的先天不足,也在于自说自话的犯罪实证研究缺乏多元融通抑或整

① 参见[美]理查德·霍金斯、杰弗里·阿尔珀特:《美国监狱制度——刑罚与正义》,孙晓雳等译,中国人民公安大学出版社1991年版,第58—59页。
② 参见卢建平:《刑事政策与刑法》,中国人民公安大学出版社2004年版,第88页。
③ 参见陈兴良:《刑事一体化视野的犯罪学研究》,载《中国法学》1999年第6期。

体突破的思维。

融通,即融会贯通(也作融合通达),《朱子语类》记载"但见一个事是一个理,不曾融会贯通"。多元融通,大抵也是这个意思,只是更强调多方面知识抑或道理的融合贯通,从而求得系统、透彻的理解。实践表明,犯罪实证研究容易取得专门问题的深入理解,但是综合不同问题的能力严重不足。盲人摸到"墙壁""扇子"抑或"柱子"的情形和人类学坚持犯罪具有遗传效果抑或生物效果的主张都是犯罪问题的实证解读,决不能简单加以嘲笑。我们理解犯罪社会学、犯罪经济学和犯罪心理学的质疑:"生物学几乎没有留给他们什么可以解释的空间。"但是,犯罪社会学、犯罪经济学抑或犯罪心理学的实证研究何尝不存在以为自己掌握了全部犯罪原理的问题。不难看出,犯罪实证研究不注重相关问题的综合近乎一种传统。当代著名的犯罪学家迈克尔·哥特弗里德森(Michael R.Gottfredson)和特拉维斯·赫希(Travis Hirschi)甚至还指出:"实证主义的社会科学反对一般的概念体系或者理论。结果,它催生了大量的概念,但是,并不关注这些概念之间的特殊性或者重要性。"[1]以犯罪原因的研究为例:天生犯罪人理论为犯罪人类学的实证研究带来极高的社会评价的同时,也被广泛认为是过于片面的观点;心理学实证主义关于操作性条件反射(行为后果决定行为)的论述照样受到原因在先的普遍观点的质疑……实际上,犯罪原因肯定是多元的,人类学、心理学、经济学、社会学的实证研究都是窥觑抑或打探真理的管孔,只要方法得当,总能窥豹一斑。但是,犯罪原因的研究不能只从个别层面看待问题,不仅需要综合各类实证研究成果,而且需要综合实证与思辨的研究方法,进而形成综合的机制。否则,即便能够窥豹一斑,甚至获得片面的深刻,实证研究也只能取得盲人摸象一般众说纷纭的效果。

三、多元融通:一体化研究的倡导

秉承刑事一体化的思想,多元融通的犯罪学研究(亦称一体化的犯罪学研究)本质在于犯罪研究的整体思维——犯罪学的研究不仅需要处理好犯罪

---

[1] [美]迈克尔·戈特弗里德森、特拉维斯·赫希:《犯罪的一般理论》,吴宗宪等译,中国人民公安大学出版社 2009 年版,第 79 页。

学与人类学、心理学、经济学、社会学、刑事政策学、刑法学等学科的外部关系，而且要培育各个犯罪学分支协调发展、共同发力的运行机制，提升犯罪研究的效能，进而寻求社会贡献、学科地位的极大突破。

首先，关于犯罪学的学科属性和系统地位。相当长的时间内，国内的犯罪学研究为摆脱三级学科的属性做了较大的努力。最困难的时候，犯罪学界仅能从犯罪学在国外大抵属于社会学并不是法学的范畴来获得一些支持。最近些年，犯罪学的研究从研究方法的反省到研究人员、成果的倍增无不显示出日新月异的迹象（离显学还有一些距离）。研究方法方面，不仅唯资、唯社的争议已经雨打风吹去，机械套用马列主义解释犯罪问题的局面也一去不复返。从这个意义上讲，犯罪实证研究的提倡，不仅撇开了务虚的缠斗，而且将研究的重心引领到事实抑或经验的层面，功莫大焉。研究对象抑或目的方面，由于变革社会的犯罪浪潮不仅没有在"三年社会治安迅速好转"的运动治理中得到好转，而且花样翻新、数量激增，大有愈演愈烈的态势，因此犯罪的事实研究出现了众多的疑难问题。客观地说，犯罪学的事实研究（现状、原因和人）、刑事政策学的决策研究（功能决策和执行决策）和刑法学的规范研究分属三者的核心内容。因此，犯罪研究的对象抑或目的不能离开犯罪事实这个根本，犯罪学的地位、贡献最终也取决于犯罪学归纳、反映犯罪事实的能力。一方面，由于刑事政策学和刑法学具有和犯罪学不完全相同的研究对象，外加主要研究方法的区别①，犯罪学必然具有相对独立的学科地位；另一方面，三者具有功能上的承接关系，以犯罪事实研究为基础，刑事政策学根据犯罪态势做出抗制犯罪的决策，刑法反应则是刑事政策抗制犯罪决策的重要内容（绝不是唯一的反应方式）。概言之，在抗制犯罪的系统理论中，犯罪学、刑事政策学、刑法学等学科不仅具有独立的研究对象，而且具有相互依承、相互实现的功能，乃一体化的刑事问题研究。

其次，关于犯罪事实的系统描述。犯罪事实主要包含三个方面的内容，即

---

① 卢建平教授指出：在研究方法上，犯罪学多采用实证的研究方法，采用观察、实验、实地调查研究等手段，注重第一手资料的收集；而刑事政策学侧重在调查研究的基础之上进一步的分析、总结，为决策提供依据。参见卢建平：《刑事政策与刑法》，中国人民公安大学出版社 2004 年版，第 11 页。

犯罪现象、犯罪原因和犯罪人。一般说来,犯罪事实的研究不仅遵循由现象到原因的规律,而且始终贯穿犯罪人格的系统考察。可见,犯罪事实的研究存在两种进路:一种是由犯罪现象到犯罪原因的分析,兼顾犯罪人的考察,如犯罪社会学的研究;另一种就是犯罪人的系统考察,辅以犯罪现象和犯罪原因的研究,如犯罪人类学的研究。本书认为,以上两种进路都是犯罪研究方法的有机构成,只考虑犯罪人抑或犯罪现象的研究方法尽管也能取得一些成绩(甚至相当重要),但免不了失之片面。

由犯罪现象到犯罪原因,兼顾犯罪人的进路是居于主导地位的犯罪事实研究方法。从认识论的角度来讲,客观到主观是居于主导地位的认识方法,即便犯罪人的研究也要遵循从表征到人格的基本思路。这一点还可以从毛泽东同志的表述中得到一些说明:"我们看事情必须要看它的实质,而把它的现象只看作入门的向导,一进了门就要抓住它的实质,这才是可靠的科学分析方法。"①当然,我们不赞成哪一种方法"才是可靠的科学分析方法"的结论,毕竟也存在主观到客观的认识方法,有些时候主观到客观的认识方法也很重要。但是,从社会学、法学、经济学、伦理学等角度展开的犯罪研究大多是从犯罪现象的分析着手的。为此,王牧教授明确提出犯罪现象是犯罪学研究的基础:"犯罪现象论是研究一般犯罪现象的理论……是犯罪学理论体系中的一个独立而相当重要的部分,是科学犯罪学的基础。没有犯罪现象的研究,就不会有科学的犯罪原因论,就会使犯罪学理论黯然失色。犯罪现象论是犯罪学理论价值的基础。然而,犯罪学至今对它的研究却很不充分。"②当然,以人为逻辑起点的犯罪研究从犯罪学诞生的那一刻开始就占据了重要的地位,有犯罪人类学的研究为例。当代社会,以人为本的原则更是制度的正当基础,犯罪学的研究也不例外。因此,从人出发,兼顾犯罪现象、原因也是犯罪研究的基本进路。我们相信,随着研究的深入,犯罪学的研究还将出现更多进路。例如,犯罪生态的研究,这种以生态为中心的研究进路不仅要超越传统的人本主义,更要将犯罪的发生、形态以及抗制看作自在的体系,具有多元的目的、本原,既是

---

① 《毛泽东选集》第一卷,人民出版社 1968 年版,第 98 页。
② 王牧:《犯罪现象研究》,载《当代法学》1992 年第 2 期。

传统犯罪观念的极大突破,也是研究方法的极大提升。

再次,关于犯罪原因的机制。犯罪原因的研究不是个别学科的专有领域,包括人类学、心理学、政治学、经济学、社会学、刑事政策学在内的众多学科都对犯罪原因问题给予了较多的关注,规范刑法学也很重视犯罪原因的分析。但是,犯罪学最关心犯罪原因的研究,不仅要对犯罪的具体原因进行专门的分析,而且要为有关学科的犯罪原因研究提供可以进行整体分析的平台。第一,整体分析犯罪的平台是一个开放的研究体系。一方面,各类犯罪原因的实证研究,单独看来,或多或少存在片面深刻的问题,一旦整合起来,谁也否定不了谁;另一方面,犯罪原因如此多元,没有一个学科能够独立承担起揭示全部犯罪原因的责任。因此,众多学科的介入是必然的,排斥其他学科介入无益于犯罪问题的整体抗制。第二,犯罪原因的整体分析不是有关内容的简单叠加,而是采用系统理论整合相关研究,并以相关学科(尤其实证学科)的合理关系和协调运作为内容,具有兼容并蓄的功能,既是单边犯罪研究观念的调整,更是实证犯罪研究方法的提升。第三,犯罪原因的整体分析以形成犯罪原因的一般理论为目的。犯罪原因的一般理论不是犯罪原因的全部(抑或简单的综合),更不是犯罪原因的唯一真理,而是犯罪原因的整体理论的发展,即一体化的犯罪原因机制。第四,一体化的犯罪原因机制是动态的犯罪原因体系。一体化的犯罪原因机制不仅要避免实证研究的片面深刻,而且要根据具体情境认定具体的原因体系(相关原因的关系也应得到说明)。因应时空、个体等因素的变化,既不存在完全相同的情境,也不存在毫无关联的犯罪情境,犯罪原因体系也是如此。申言之,不仅不存在一成不变的犯罪原因体系,而且实际问题的原因体系所包含的多数变量也会出现不同的调整、组合,发展出对有关犯罪现象更强有力的说明,较好地完成寻求犯罪原因的实际任务。

需要说明的是,犯罪学理论中出现过整体理论的提法。以克拉伦斯·雷·杰弗利(Clarence Ray Jeffery)的多学科型犯罪行为理论为例:"真正的多学科型理论将不同的分析水平整合到一起。当遗传与大脑、学习的发展和行为系统的发展有关时,就讨论遗传。当大脑与学习、暴力和攻击性、对环境的文化适应有关时,就讨论大脑。当学习理论与遗传、大脑、文化适应、暴力和攻击性、性行为、精神疾病、反社会行为有关时,就讨论学习理论。当社会和文化变量影响遗传、大脑、学习过程、人格发展,同时社会和文化变量也受这些因素的影响时,就讨论社会和文化变量。遗传影响社会,而社会也影响遗传。"①吴宗宪教授认为,尽管杰弗利将不同学科的理论加以整合,试图发展一种包罗万象的犯罪学理论的愿望是良好的,但是这种整合的准确性是有限的。因为作为一名社会学家,杰弗利很难从事深入的生物学、心理学的具体研究,只能对现有文献进行整合。同时,多学科型理论的实用性可能是较低的,似乎还没有提出十分可行的犯罪控制和预防对策。此外,多学科型理论目前仅仅有一种方向、框架,对许多具体的方面还缺乏具体的、精确的论述,这有赖于生物学、心理学的进一步发展和犯罪学家们对这些学科的熟悉与应用程度。② 本书认为,多学科型犯罪理论抑或整体犯罪学理论在犯罪原因的具体研究中确实会出现深入不够的问题。一方面,现有的犯罪学整体理论尚不能为各专门犯罪理论的研究提供有效的指导;另一方面,对各个犯罪实证研究学科的关系也缺乏足够的研究,更不用说提出十分可行的控制、预防对策。因此,吴教授对多学科型犯罪理论的批评犀利而准确。但是,鉴于专门学科的犯罪实证研究必然存在决定论抑或方法意义上的不足,犯罪学的整体理论要是对此有所弥补,未尝不是一个重大的突破。从这个意义上讲,以提供一般理论为目的的整体分析肯定不能解决全部的犯罪问题,更侧重于犯罪研究的系统机制抑或方法的改善。

最后,关于犯罪的反应体系。根据主体的不同,犯罪的反应体系主要包括犯罪的国家反应、社会反应和个人反应。计划经济时代,国家和社会通过牺牲个人自由换得较强的社会控制能力,总能对犯罪做出有力的反应。随着市场经济的推进,大一统的社会结构不复存在,国家和社会的控制能力遭到极大削弱,至今没能找到更为完善的抗制犯罪的方式。与此同时,民众的个人自由逐步得到释放,关于犯罪的意愿却日益丰富、活跃起来。然而,我们向来重视犯罪的国家反应和社会反应,对犯罪的个人反应缺乏深入的研究。以最近连连发生的校园血案为例:"南平校园血案"发生以后,政府依

---

① William S.Laufer & Freda Adler,*Advances in Criminology Theory*,Vol.1,New Brunswick,NJ. Transaction,1989,p.82.

② 参见吴宗宪:《西方犯罪学史》,警官教育出版社 1997 年版,第 798 页。

然采用从重从快的传统方式来抗制犯罪,致小学生 8 死 5 重伤的犯罪人郑某在 36 天后被执行死刑,较之案发后 5 个月零 12 天被执行死刑的邱兴华大为提前。结果呢?"邱兴华案"(10 人被害)发生后 1 年零 30 天,其家乡再度发生男子持斧连砍 11 人的命案;"南平校园血案"以后,不到 40 天的时间,横跨闽、鲁、苏、粤、桂等省接连发生 5 起校园惨案。两相对照,国家(社会)反应的无效以及个人反应(模仿抑或传染的速度和跨度)的极大扩张可见一斑。然而,我们不仅忽视个人反应机制的研究(只害怕群体事件),以个人治疗为主要目的的保安处分制度也处于整体缺位的状态。概言之,抗制犯罪的反应体系在个人反应环节出现了严重的结构缺陷,整体反应出现严重滞后的情形也就很自然了。

根据反应方式,刑罚只是抗制犯罪的国家反应体系的一个部分。单就抗制犯罪的国家反应来说:第一,犯罪的国家反应包含众多的分支系统,如刑法(主要是刑罚)反应、行政法反应、民法反应,刑法反应只是国家反应的一个部分。第二,国家反应不仅需要协调好各个部门法的系统关系,而且需要根据政策做出调整。以窃盗行为的抗制为例:"任何人不诚实地挪占属于另一个人的财产,意图永久地剥夺该另一个人的财产,即属犯窃盗罪。"(香港特区《窃盗罪条例》第二条)仅从刑法的规定来看,窃盗和贪污、受贿的犯罪侵犯不同的法益,分属不同的罪例,但是民众心理具有天然意义上的对比特性。类似于犯罪市场的分析,如果贪污、受贿犯罪的责难还不如窃盗犯罪,那么民众更倾向于以贪污、受贿的方式窃取财物。对比有关的成本和后果,远不如贪污、受贿经济的盗窃行为仍然存在巨大的市场,原因在于贪污、受贿存在"利用职务便利"的条件。没有这个条件,又想"不诚实地挪占属于另一个人的财产",便只能通过寻常的盗窃方式。一旦获取公职,行为人就更倾向于利用职务便利获取财物。因此,考虑到职务廉洁的重大法益,窃盗行为的抗制体系一定要进行重大的调整,不应该出现贪污、受贿行为的起刑点和用刑量整体低于寻常窃盗行为的情形。进一步说,跳出国家反应的视野,回归犯罪的整体抗制,不难看出抗制窃盗犯罪的国家反应体系也存在严重的结构缺陷,甚至还可以得出现行法律放纵公职犯罪的结论。

结语:方法也是内容的灵魂

本书认为,整体认识到实证方法缺乏的时候,犯罪学离新一轮的复兴不远了。之所以做出这种断言,原因还是我们思辨得太久、太纯粹,实证研究确实欠账太多。这个时候,最该提醒的是:实证的饥渴也容易带来方法的偏食,加上犯罪学并不缺乏进行片面深刻的实证研究的传统,纠正研究方法的片面深刻尤其重要。所有的考虑,可以概括为两点:其一,犯罪学是专门研究犯罪事实(犯罪现象、犯罪原因和犯罪人)的综合学科。基于事实反映的基本特征,实证研究是这个学科最基本的研究方法。从这个意义上讲,重返实证,犯罪学才真正走上了复兴的道路。其二,一体化的犯罪研究并不否定实证研究的根本地位,而是要在整体观念抑或多元方法的指导下,健全犯罪实证研究的方法体系,避免绝对的实证主张,走实证与思辨相结合的进路,以实证奠定犯罪事实研究的科学地位,以整体思维协调相关学科、方法、结构、体系的关系,将人类对犯罪的认识水平和抗制犯罪的永久实践提升到更高的水平。最后,借用黑格尔的一句话,"方法并不是外在的形式,而是内容的灵魂",并以此为批判犯罪学和犯罪学研究方法的进路做个小结。

第四章 刑事政治反应及其治理理论

  源于犯罪原因和功能作用的复杂性,刑事政策反应当以渐进、系统的犯罪治理为目的。首先,作为观察的艺术,刑事政策的系统反应率先要对现行刑事政策进行观察、研究,并将其作为合理组织反犯罪战略的必要条件。反观现行的刑事政策,以为犯罪只是一种恶,而且只存在于人类社会的某些阶段,因此从重、从严打击犯罪或者消灭犯罪就成了再正常不过的选择。实际上,作为一种社会病,犯罪存在于人类社会的任何形态和阶段,功能也很复杂,不仅消灭不了,一味地打击、控制也不科学。因此,犯罪治理当以系统、渐进的治理为范式。其次,作为行为的艺术,渐进治理要求犯罪抗制的决策、应用不仅要多头并举,而且要依序进行。就决策层面而言,渐进的决策不仅包括建议的提出、决策的执行等系统环节,而且是一个多元主体、多元利益达成的多元目的体系。作为公共政策的一个分支,犯罪治理决策的合法形成要依一定的程序进行,切忌拍脑袋决策,并以程序的公开、透明进一步争取民众的信任。

第一节 治理与国家治理反应

  自 1999 年俞可平先生率先对治理和善治展开专门研究以来[①],治理理论取得了长足的发展。2005 年,卢建平教授在《作为"治道"的刑事政策》一文中指出:"刑事政策是公共政策或者社会政策的一部分,是治国之道的一部

[①] 参见俞可平:《治理与善治引论》,载《马克思主义与现实》1999 年第 5 期。

分,属于'治道'(Art of governance,art de gouverner)的范畴。"①既属治道的范畴,那么,刑事政治理论必将以犯罪治理为最根本的目的和任务,从而为犯罪治理体系和能力的建设提供了契机。然而,传统的刑事政策理论坚持犯罪控制、消灭的目的理论,具有突出的单一主体、价值和意识形态特征。受其影响,犯罪控制的实践也具有突出的国家中心主义特征,犯罪治理的科学性、民主性存在严重的不足。为此,我们在刑事政治理论的构建中,强调多元、多层次、复合、系统的犯罪治理体系建设,借此改善刑事政策的目的和反应,实现犯罪抗制的整体改善。

一、治理的含义和要求

犯罪治理从属于"善治"(good governance)或"治理"(governance)的范畴。因此,治理的含义和要求乃犯罪治理理论的重要基础。

(一)治理的含义

文献研究表明,治理(governance)亦称治道,源自古典拉丁文或古希腊语"操舵"(steering)一词,原意是控制、引导和操纵,是指在特定范围内行使权威。在《牛津现代法律用语词典》中,"governance"被视为与"government""control"含义相当的词汇。2013年出版的《元照英美法词典》甚至还没有收入这个词汇。但在汉语词典中,治理通常具有以下四个方面的含义:(1)管理、统治;(2)理政的成绩;(3)治理政务的道理;(4)处理、整修。概括起来,与"管理"和"统治"并没有太大的差别。现代意义上的治理,源于有关国际组织的相关报告。1989年,世界银行在其报告中首次使用了"治理危机"(crisis in governance)一词。此后,许多国际组织和机构开始在各种报告和文件中屡屡使用这个词汇。1996年,在联合国开发计划署(UNDP)的年度报告《治理概念与人类可持续发展》中,还对治理的含义进一步做出了界定:治理是指"行使政治、经济和行政权力来管理管家事务";治理是由国家机构、私人部门和市民社会三个领域组成。② 与此同时,欧盟的一体化建设也为治理理论的

---

① 卢建平:《作为"治道"的刑事政策》,载《华东政法大学学报》2005年第4期。
② See UNDP,Concepts of Governance and Sustainable Human Development,1996,pp.9-10.

形成提出了迫切的需求。普遍认为,自1952年欧洲煤钢共同体成立、欧洲一体化进程成功启动以来,许多学者都力图对这一新的政治现象做出解释,由此产生了联邦主义、功能主义、新功能主义、现实主义、新现实主义、自由政府间主义等一体化理论。这些理论在解释欧洲一体化方面有一定的合理性,但又存在一定的片面性。2001年7月,欧盟委员会专门发表了《欧盟治理白皮书》(White Paper on European Governance),以此为基础展开欧盟治理的大讨论,取得了众多的理论成果,形成了治理理论的合理内核,也奠定了治理理论在公共事务领域的指导性地位。①

亦如前文所言,俞可平先生是国内较早对治理的含义展开专门研究的学者。在《治理与善治》(2000年)、《民主与陀螺》(2005年)、《敬畏民意——中国民主治理与政治改革》(2012年)、《国家底线:公平正义与依法治国》(2014年)、《论国家治理现代化》(2014年)、《中共的治理与适应:比较的视野》(2015年)等作品中,俞可平先生提出,有别于"统治""管理"等词汇,"治理一词的基本含义是指在一个既定的范围内运用权威维持秩序,满足公众的需要。治理的目的是在各种不同的制度关系中运用权力去引导、控制和规范公民的各种活动,以最大限度地增进公共利益。""它隐含着一个政治进程,即在众多不同利益共同发挥作用的领域建立一致或取得认同,以便实施某项计划。""它隐含着一个政治进程,即在众多不同利益共同发挥作用的领域建立一致或取得认同,以便实施某项计划。"②"政治学家把这种由民间组织独立从事的公共管理,以及民间组织与政府部门合作进行的公共管理活动,不再叫政府统治(government),而称作治理(governance)。"③在此基础上,有学者提出:作为一种治国理政的方略,善治包括民主治理、依法治理、社会共治、贤能治理、礼法合治5个方面的内容。④也有学者从政府的角度提出:善治政府应当是一个适度型、服务型、责任型、开放型的有限政府。⑤2010年,我们也曾撰文指

① 参见吴志成:《治理创新——欧洲治理的历史、理论与实践》,天津人民出版社2003年版,第1—2页;朱贵昌:《多层治理理论与欧洲一体化》,山东大学出版社2009年版,第19页。

② 俞可平:《治理与善治》,社会科学文献出版社2000年版,第16—17页。

③ 俞可平:《民主与陀螺》,北京大学出版社2006年版,第31页。

④ 参见王利明:《法治:良法与善治》,《中国人民大学学报》2015年第2期。

⑤ 参见肖金明:《社会管理创新:意义、特征与重心所在》,《山东大学学报》2012年第4期。

出:"治理是公共主体为实现多元利益而对共同事务采取的系统反应。区别于单方主导的控制和管理,治理强调多方主体的协调、共同事务的机理和多元利益的实现。因此,城中村的治理,多元利益是主导,多方主体的协调(尤其非国家主体的参与)是关键,包括公共决策和执行等环节,目的还是公共利益的实现。"①很显然,国内的政治学理论对"治理"(governance)一词提出了有别于统治、控制抑或管理的一些含义,使之具有了改造公共事务管理传统的可能性。

　　然而,学界也对"治理"是否具有区别于统治、管理的含义提出了不同的意见。例如,英国学者鲍勃·杰索普(Bob Jessop)指出:"长期以来,governance一词专用于与'国家公务'相关的宪法或法律的执行问题,或指管理利害关系不同的多种特定机构或行业。过去 15 年来,它在许多语境中大行其道,以至成为一个可以涉指任何事物或毫无意义的'时髦词语'。它得以复活的重要因素或许在于有必要区分'governance'与'government'。以 governance 指治理的方式、方法,以 government 指负有治理之责的机构,而 governing 则用来指治理行为本身。同样道理,德语的 steuerung(操纵、指导)一词在 70、80 年代风行一时。"②但是,更多的研究人员认为:"Lawrence Finkelstein 提出,我们启用'治理'(governance)这个词汇是因为真的不知道如何去形容正在发生的事情……治理这个概念历史悠久。此前,作为一个政治学概念,它仅限于国内事务的范畴。然而,它日渐应用于超越国家的政治事务……"③国内也普遍认为:"虽然治理理论目前还在讨论完善之中,但它打破了社会科学中长期存在的两分法传统思维方式,即市场与计划、公共部门与私人部门、政治国家与公民社会、民族国家与国际社会的两分,它把有效的管理看作是两者的合作过程;它力图发展起一套管理公共事务的全新技术;它强调管理就是合作;它认为政府不是管理权力的唯一来源,公民社会同样也是管理权力的来源;它把治理看作是当代民主的一种新的实现形式。这些对我们发育市场经济、发育社

---

①　卢建平、周建军:《城中村治理:撕开二元制度的面纱》,载《清风》2010 年第 12 期。
②　俞可平:《治理与善治》,社会科学文献出版社 2000 年版,第 55 页。
③　Klaus Dingwerth and Philipp Pattberg, *Global Governance as a Perspective on World Politics*, Global Governance 12,2006,pp.187–188.

区、推进政府机构改革都有一定的积极意义。"①不难看出,尽管"治理"这个概念有一段较长的历史,但它的含义和要求仍然处在发展、变化的阶段,并非完全确定的。尤其对我们来说,市民社会尚未建成,国家具有垄断权力、包办公共事务的传统。在这样的背景下,如何理解治理的含义,如何诠释治理的要求,如何将治理理论与犯罪抗制的事务结合起来,既要考虑到治理理论的渊源和本义,也要考虑到中国社会的实际情况。概言之,西方国家抑或外国学者认为理所当然的规则和要求,国内可能还不具备相关的背景条件。即便他们觉得治理和管理之间未必存在很大的差别,也不影响我们深入研究治理理论,尽快改善相关管理制度的迫切需要。

综合有关的研究,治理是指公共主体为增进社会福祉而对共同事务采取的系统反应。相应地,犯罪治理是指各社会力量为抗制犯罪、增进社会福祉而采取的系统性反应。

（二）治理的要求

治理理论的研究表明,治理行为具有以下几个方面的要求:

第一,多元主体的要求。区别于传统意义上的管理,多元主体是治理行为的基础。当然,管理主体也有可能是多元的。但是,传统意义上的管理也大量存在单一主体的情况。在治理模式下,鉴于多元利益的客观存在,多元主体的协调是治理行为的基本要求之一。但有一点需要指出来,多元主体并非治理与善治的区分标准。周安平教授指出:"根据俞先生的观点,治理指的是公共权威为实现公共利益而进行的管理活动和管理过程,治理的主体既可以是政府组织,也可以是非政府的其他组织。那什么是善治呢? 俞先生认为,'善治就是使公共利益最大化的社会管理过程和管理活动! 善治的本质特征,就在于它是政府与市民对公共生活的合作管理,是政治国家与市民社会的一种新型关系,是两者的最佳状态。'……将俞先生关于'善治'和'治理'的两个定义做比较,我们发现,治理与善治的区别只在于主体上有所不同,即:治理的主体有两种情形,一是单一主体,由政府作为治理主体,二是复合主体,由政府与其

---

① 郝铁川:《从"统治"到"治理"——一种新的社会管理理论评价》,载《文汇报》2002 年 6 月 7 日。

他组织共同作为主体;而善治的主体则只有一种复合主体的情形,那就是政府与公民共同作为主体! 由此,我们似乎可以推论,治理既包括单一主体的情形,也包括复合主体的情形,而善治则只有复合主体一种情形,善治从属于治理,治理包括了善治!"①在本书看来,从主体多元与否来区分治理与善治并非俞可平先生的本意。或者说,俞先生不可能有这个方面的意思。例如,论及"统治"和"治理"的区分,俞可平先生指出:治理是政治国家与市民社会的合作、政府与非政府的合作、公共机构与私人机构的合作、强制与自愿的合作。与此同时,俞可平先生还引用弗朗索瓦-格扎维尔·梅里安(Francois-Xavier Merrien)的话说:"治理的主要特征不再是监督,而是合同包工;不再是中央集权,而是权力分散;不再是由国家进行再分配,而是国家只负责管理;不再是行政部门的管理,而是根据市场原则的管理;不再是由国家'指导',而是由国家和私营部门合作。"②可见,在俞可平先生对治理的定义中,尽管没有强调政府与其他机构、个人之间的合作,而是以"公共权威"指称相关的治理主体,这并不代表俞可平先生放弃了治理主体必定多元的基本观点。系统分析俞可平先生对"治理"的论述,不可能出现单一治理主体的情况。进一步的研究表明,政治学中的"公共权威"是指对社会事务的影响力而言的力量存在,绝非只有国家或政府部门一种情况。另外,一个强调权力分散、自愿合作的机制,怎么可能出现单一主体的情况? 当然,俞可平先生以"公共权威"来指称相关的治理主体,存在不够清晰的地方,难免让人误会。

第二,权力制衡是关键性的要求。严格说来,多元主体只是治理行为的形式侧面。实质上,权力制衡才是多元主体的关键。如果相关治理主体之间缺乏有效的制约,过于强大的主体将会蚕食其他主体的合理利益,导致多元利益的协调流于形式,社会福利的增进也会落空。从当代中国的实际情况来看,与治理机制密切相关的因素,如社会权力的主张、国家权力及其利益的控制、管理思维的转变等,都与权力的制衡密切相关。因此,权力制衡算得上治理机制的关键性因素。在法治国家的基本方略下,权力制衡系统机制最突出的部分

①　周安平:《"善治"是个什么概念——与俞可平先生商榷》,载《浙江社会科学》2015 年第9 期。

②　俞可平:《治理与善治》,社会科学文献出版社 2000 年版,第5—6 页。

就是独立、权威的司法机制。但在相当长的时间内,人们讳言司法机关职权行使的独立性质。2012 年以后,事情有了较大的改观。不仅有关宪法适用、司法机关独立行使职权的研究、表述纷纷解禁,司法改革也朝着具有独立性质的方向迈开了一些实质性的步伐。这期间,巡回法庭的设立具有标志性的地位。本书认为,跨区域设立巡回法庭的做法有利于司法权力对地方国家权力的监督、制约。尽管如此,对中央国家权力的制约远未达到多元制衡的程度,离社会治理的要求相差依然很大。

第三,利益增进是目的性的要求。政治行为的利益本质决定了治理行为的利益要求。简言之,治理行为的利益诉求是指多元社会力量的利益主张。在公共事务的公共解决中,各社会力量的参与是以利益的驱动和实现为基本动力的。为充分调动各社会力量参与社会治理,他们的利益应当得到“更大可能的实现”。所谓利益的“更大可能的实现”,是指在公共事务的解决中,具有扩大利益主体、增进利益实现的可能性。利益主体的扩大是公共政策民主程度的要求;利益增进是目的性的要求。没有利益的增进,治理行为将出现动力不足抑或治理失效的问题。与此同时,根据系统理论的研究,系统反应具有大于各组成部分功能之和的作用。因此,在社会系统理论的指引下,社会治理具有增进利益的必要性和可能性。

第四,系统反应是进路性的要求。亦如前文所言,区别于单方主导的控制和管理,治理强调多方主体的协调、共同事务的机理和多元利益的实现。在多方主体的协调中,国家的地位和作用是重要的标志。在《刑事政策的主要体系》中,米海依尔·戴尔玛斯-马蒂(Mireille Delmas-Marty)院士在刑事政策反应四模式(即专制国家模式、自由社会模式、自由社会国家模式、社会医疗社会国家模式)的基础上,进一步提出:“国家模式的共同之处在于它们都以国家为核心,都以国家反应来对付全部或部分犯罪现象。与此不同,社会模式,如我们在此所界定的,排斥了一切国家,因而社会模式也更加复杂。”[1]“要么刑事政策的社会模式反映了社会整体对国家的取代。这

---

① [法]米海依尔·戴尔玛斯-马蒂:《刑事政策的主要体系》,卢建平译,法律出版社 2000 年版,第 169 页。

或者是因为国家不能起到社会团体寄希望于它的处理纠纷的作用,或者相反,是因为社会或者社会的某一部分(尤其是各职业界已充分组织起来时)想自行管理全部或部分偏离规范的行为,因而介入犯罪现象和国家之间。"①"国家的形象在国家模式中如日中天,在自主管理的社会模式中虽已降到了地平线,但始终是清晰可见的,而在最后一个自由社会模式中要自行消失了。在没有国家的社会当中,国家的形象自行消失。另外,在一些巨大的工业化城市的中心,虽然国家还在,但国家的形象也可以消失。不过这就像梦,是那些希望将国家忘却的人们做的梦。无论是过去的历史或是将来的梦想,国家的消亡表现为模式的'收缩性'。"②换句话说,尽管国家的存在可能会对社会自主治理产生不利的影响,但国家的存在依然是现实且必要的。因此,国家与其他社会力量的合作与协调将对社会治理的改善具有重要的地位和作用。这不仅是指国家权力的批判和限制,也包括国家权力的正当作用。毕竟它才是最强大的社会力量,没有它的参与,相关社会治理体系必将是不完整的。

此外,在刑事政治的系统反应进路中,整体思维和渐进治理的方式也具有重要的地位和作用。首先,在刑事政治的系统反应进路中,整体思维既可以避免传统刑事政策理论和实践"头痛医头,脚痛医脚"的系统不足。众所周知,"头痛医头,脚痛医脚"的习惯性做法存在原因、方法的片面性。这种片面看待事物的方法容易引起"治标不治本"等典型的问题,不符合共同事务的机理。其次,渐进治理的方式既是共同事务系统机理的要求,也是改善传统"政策"观念及其暴力革命、阶级斗争思维的重要内容。事实证明,那种暴风骤雨式的"政策"和妄图毕其功于一役的运动都将是徒劳无功的。概言之,在刑事政治抑或犯罪治理的系统反应中,多元主体的协调、合作及其整体、渐进反应的要求具有重要的地位和作用。

---

① [法]米海依尔·戴尔玛斯-马蒂:《刑事政策的主要体系》,卢建平译,法律出版社 2000 年版,第 173 页。

② [法]米海依尔·戴尔玛斯-马蒂:《刑事政策的主要体系》,卢建平译,法律出版社 2000 年版,第 187 页。

二、国家治理抑或社会治理

2013 年 11 月,中国共产党十八届三中全会提出了推进"国家治理体系和治理能力现代化"的政治愿景:"全面深化改革的总目标是完善和发展中国特色社会主义制度,推进国家治理体系和治理能力现代化。必须更加注重改革的系统性、整体性、协同性,加快发展社会主义市场经济、民主政治、先进文化、和谐社会、生态文明,让一切劳动、知识、技术、管理、资本的活力竞相迸发,让一切创造社会财富的源泉充分涌流,让发展成果更多更公平惠及全体人民。"2014 年 10 月,中国共产党第十八届四中全会再一次提出:"全面推进依法治国,总目标是建设中国特色社会主义法治体系,建设社会主义法治国家。这就是,在中国共产党领导下,坚持中国特色社会主义制度,贯彻中国特色社会主义法治理论,形成完备的法律规范体系、高效的法治实施体系、严密的法治监督体系、有力的法治保障体系,形成完善的党内法规体系,坚持依法治国、依法执政、依法行政共同推进,坚持法治国家、法治政府、法治社会一体建设,实现科学立法、严格执法、公正司法、全民守法,促进国家治理体系和治理能力现代化。"这两次会议都提到了"国家治理体系和治理能力现代化"的愿景和目标。从治理理论的提倡来讲,这一点无疑是令人鼓舞的。但从系统科学的角度来分析,"国家治理体系和治理能力现代化"的政治愿景依然存在治理主体、治理动力、治理方法、权力限制等方面的问题有待进一步澄清和说明。

(一) 国家治理的主体问题

从中国共产党的文件来看,国家治理涉及经济、政治、文化等方方面面的事项,在充分运用好法治这一基本方略的基础上,还要"让一切劳动、知识、技术、管理、资本的活力竞相迸发,让一切创造社会财富的源泉充分涌流,让发展成果更多更公平惠及全体人民"。也就是说,这个意义上的"国家治理"早已超越了"系统反应"的治理范畴,达到了"更好的生活"和"有效的治理"的善治要求。因此,这个意义上的"国家治理"就是中国共产党更早一点提出来的"善治"与"良法善治"思想的体现。

善治层面上的国家治理绝非国家的"国家治理"。在形形色色的国家学说中,国家的自我存在和自己利益是客观存在的。鉴于国家的自我存在和自己利益,它也会与其他社会力量发生利益冲突。一旦发生利益冲突,是按"公共问题公共解决"的方式还是按照国家强权的逻辑来处理,将成为判断国家合法性抑或治理行为是否存在的重要标志。考虑到国家的现实利益和强大逻辑,黑格尔所谓的"国家法"①抑或"国家无非就是自由的概念的组织""国家是达到特殊目的和福利的唯一条件"的观点是很危险的。毋庸讳言,黑格尔的"国家学说"或多或少也被希特勒组建法西斯国家利用过。从防范国家危险的角度来讲,善治层面上的国家治理应该是国家与个人、其他社会力量进行合作、协商的典范,不能再发展为国家包办、国家控制模式下的"国家治理"。此外,正如治理理论所反映出来的,多元主体是治理行为的基本要求之一。那么,国家治理也不是国家一人所能独立承担的共同事务。因此,国家治理的主体必然多元存在。多元存在的国家治理主体应当是涵括国家、个人、社会组织和其他社会力量的系统存在。在卢曼看来,作为系统存在的社会力量,它不仅是一个"以意义为取向的人之行动、人之操作的总体",更是一个自我生成、自我维持、自我改变、自我认知、自我观察、自我发展的自治系统。② 同国家的自我存在一样,其他社会力量的自我存在也是社会力量系统自治的基础。客观地说,任何国家都存在代表不同群体、阶层和个人的社会力量。只不过,根据国家管理模式和方法的不同,国家以外的社会力量能否成为与国家平等的存在,并在公共事务的处理中与国家形成共治共享的关系是有问题的。在社会力量系统自治的基础上,国家不是唯一的力量存在,共同事务的处理需要通过国家与其他社会力量的合作来完成。这个意义上的国家治理将在国家与其他社会力量合作的基础上,真正调动各社会力量的能动性,解决好相关治理系统的动力问题,更有利于针对共同事务采取系统性的反应。

---

① 论及"国家法",黑格尔指出:"在国家中,一切系于普遍性和特殊性的统一。在古代国家,主观目的同国家的意志是完全一致的。在现代则相反,我们要求自己的观点,自己的意志和良心。古人没有这些东西——就其现代意义而言;对他们说来,最终的东西是国家的意志。在亚洲君主专制的统治下,个人在自身中没有内心生活也没有权能,至于在现代国家中人要求他的内心生活受到尊敬。义务与权利的结合具有两个方面:国家所要求于个人的义务,也直接就是个人的权利,因为国家无非就是自由的概念的组织。个人意志的规定通过国家达到了客观定在,而且通过国家初次达到它的真理和现实化。国家是达到特殊目的和福利的唯一条件。"参见[德]黑格尔:《法哲学原理》,范扬、张企泰译,商务印书馆 2013 年版,第 263 页。

② 参见洪镰德:《法律社会学》,扬智文化事业有限公司 2004 年版,第 227、358 页。

更重要的是,社会力量的系统自治还将在妥善解决好国家治理主体问题的基础上丰富民主法治的内涵,推动民主法治进程。对此,俞可平先生也做出了说明:"民主是现代国家治理体系的本质特征,是区别于传统国家治理体系的根本所在。所以,政治学家也将现代国家治理称为民主治理。""经过 35 年的改革开放,中国特色的社会主义现代化进入到了一个新的发展阶段。社会中不同的利益群体已经形成,各种利益冲突日益明显,社会不公平现象突出,生态环境急剧恶化,不稳定因素急速增多……十八届三中全会强调要推进国家治理体系和治理能力的现代化,说明目前的治理体系和治理能力还相对落后,跟不上社会现代化的步伐,不能满足人民日益增长的政治经济需求。如果不采取突破性的改革举措解决国家治理中存在的紧迫问题,那么我们目前局部存在的治理危机有可能转变为执政危机。化解治理危机的根本途径,就是以巨大的政治勇气,沿着民主法治的道路,坚定地进行改革,推进国家治理体系的现代化。"[①]考虑到国家治理的系统进路,本书认为,将民主法治的道路贯彻到底,社会力量的存在和彰显不仅是必要的,而且是国家治理民主化、法治化的基本要求;将民主法治的道路贯彻到底,国家治理主体必然是多元的,国家以外的社会力量还要具备与国家平等合作的能力;将民主法治的道路贯彻到底,犯罪抗制事务的公共处理也必然存在自治、自主、多元的社会力量。反过来,犯罪抗制事务的民主法治化,也将推动国家治理民主化、现代化的进程。

(二) 国家治理的动力要求

中国共产党提出来的,国家治理体系和治理能力现代化的目标还包含"让一切劳动、知识、技术、管理、资本的活力竞相迸发"的动力要求。在知识资本理论的研究中,企业资本可以划分为物质资本和知识资本。物质资本的所有者是企业股东,而知识资本的所有者是企业员工。知识资本的所有者通过他们的劳动,将他们的知识、技能、员工忠诚转化为企业的核心能力。类似于企业治理,国家治理也需要一个"让一切劳动、知识、技术、管理、资本的活力竞相迸发"的利益机制。一旦这个利益机制发生问题,企业难以盈利,社会福祉也将失去发展的动力。与此同时,政治学的研究也表明,人们是为了更好

---

① 俞可平:《民主法治:国家治理的现代化之路》,载《团结》2014 年第 1 期。

的生活才组成了"城邦"（policy）。可见，"为了更好的生活"既是"城邦"抑或政治的本质，也是最基本的利益机制。国家治理也是如此，没有合理的利益机制，就不可能产生合理的治理机制。因此，国家治理亟须在合理的利益机制的基础上发动各社会力量广泛参与，以"更好的生活"抑或社会福祉的不断改善，形成良好的动力机制，推动公共事务的共治共享。

（三）国家治理的方法系统

善治层面的国家治理也存在一系列治理方法组成的体系。在此体系中，法治居于基本方略抑或最重要的地位。尽管如此，法律之外，也还有众多的社会治理方法，如纪律、道德、习惯、文化、经济等。这些方法或多或少也会对法治的基本方略产生影响，但未必都能以法律的方式吸纳进来。以纪律方法为例：尽管中国共产党越来越强调纪律法治的建设，但作为组织自治的方法，纪律方法既有自身的组织力量优势，也有组织自治方法难以逾越的组织利益边界。换句话说，在组织给予的利益范围内，纪律方法往往能取得立竿见影的效果。一旦超越了组织给予的利益范围，更应该依靠国家法制去施加影响。因此，纪律和法律的协作有助于治理力量治理效果的改善。其他的治理方法，如习惯、文化，它们的形成既是历史形成的结果，也是民生幸福的选择，具有天然的合理性。公共事务的处理，一旦涉及相关的习惯、文化因素，务必要给予必要的尊重，避免无谓、无效的国家反应。

在国家治理的方法中，各方法的适用主体不尽相同。习惯是由形成相关习惯的群体施行；纪律是相关的自治团体组织施行；道德和文化存在明显的主体差异，施行主体必然也有差异；经济方法的施用更是如此，且不说同一经济措施未必能引起不同社会力量的共同关注，即便是同一社会力量，经济手段所能引起的反响也不能完全确定。多样复杂的国家治理方法的存在不仅意味着国家治理的多元性质，也意味着相关社会力量的广泛程度。当然，如此多元、广泛的治理方法，也只有社会化的力量体系才能系统地承担起来。

（四）国家治理的权力问题

国家权力的控制始终都是现代国家制度的重中之重。尤其中国共产党提出的"国家治理体系和治理能力现代化"目标，往往更多地体现了执政力量的视角和利益，更值得提防。尽管中共中央的《全面深化改革若干重大问题的决定》明确提出,要改进社会治理方式,坚持系统治理,鼓励和支持社会各方面参与,实现政府治理和社会自我调节、居民自治良性互动,但对社会各方面参与、居民自治影响最大的依然是国家权力的不正当作用。也正因为如此,俞可平先生指出:"十八届三中全会强调要推进国家治理体系和治理能力的现代化,说明目前的治理体系和治理能力还相对落后,跟不上社会现代化的步伐,不能满足人民日益增长的政治经济需求。如果不采取突破性的改革举措解决国家治理中存在的紧迫问题,那么我们目前局部存在的治理危机有可能转变为执政危机。"①在这种情况下开展国家治理建设,更要注意国家权力的控制。

为更好地控制国家权力,实现国家治理体系和治理能力现代化的目标,应以社会权力的提倡满足治理力量的多元化和系统化。严格说来,国家也是全社会的国家,国家力量也是社会力量的组成部分。相应地,国家权力也是社会权力的一部分。但是,考虑到国家与市民社会的分化、对立,更多的时候,社会权力是指"社会主体拥有自己的社会资源和独立的经济、社会地位而形成对国家和社会的影响力、支配力"②。在国家权力过于强大的背景下,其他社会力量独自享有的资源、独立存在的利益相对有限,他们参与社会治理的积极性也不会太高。反其道而行之,倘若其他社会力量真能得到国家的鼓励和支持,在社会治理体系中占据更为重要的地位,分享更多的利益,那么他们与国家的合作,他们的力量和效用也会随之得到彰显。尽管如此,国家力量并不会随着社会权力的提倡而被削弱。恰好相反,国家力量是包括国家在内各社会主体的力量总和。随着其他社会力量的成长,国家与其他社会主体的力量总和也会随之增长。因此,国家治理机制的改善及其社会权力的提倡,既是国家力量不断增强,国家权力自然收缩的过程,也是社会权力日渐扩张,民生福祉不断改善的过程。

三、国家治理的社会治理本质

中国共产党提出的国家治理体系和治理能力现代化的目标属于治道的范

---

① 俞可平:《民主法治:国家治理的现代化之路》,载《团结》2014 年第 1 期。
② 郭道晖:《论社会权力的存在形态》,载《河南省政法管理干部学院学报》2009 年第 4 期。

畴,它的性质还要结合执政力量的社会属性和国家治理的系统要求来理解。从中国共产党的角度来讲,改革开放以来的工作都可以归入以民生福祉抑或经济的改善来化解、巩固执政危机的努力。尽管如此,俞可平先生以为我们的国家治理体系和机制仍然存在比较严重的问题,中国共产党仍然需要审慎推进治理改革,并不失时机地施行政治改革,将民主法治的道路贯彻到底,达到良法善治的最终目的。因此,中国共产党推行的治理改革契合当代中国社会发展的需要,符合社会利益、社会力量和社会权力发展的需求,具有突出的社会性质。从国家治理的系统要求来看,治理行为所要求的多元主体,协商、合作,权力制衡,利益增进和系统反应无不对国家治理的力量和方法提出了社会化、系统化的要求。换句话说,倘若不能从社会系统的层面诠释相关的力量和方法,将无法满足国家治理体系和治理能力现代化的要求。

一旦将国家治理纳入社会治理的范畴,中国共产党及其国家力量都是系统存在的社会力量的一部分。根据卢曼的社会系统理论,系统存在的社会力量应当是一个能够自我生成、自我维持、自我改变、自我认知、自我观察、自我描述、自我发展的自治系统,它们之间的力量平衡、渐进演化也都是这个自治系统的应有之义。尽管哈贝马斯批评卢曼的社会系统理论过分关注系统的持存,对现代社会中的贫富分化、分配不公、司法腐败等缺乏应有的关怀①,但社会系统理论对持存的社会系统的分析依然具有指导意义。实际上,在公共政策系统理论的研究中,系统存在并非完全自我维持的存在,它需要根据环境抑或系统外的变化做出调整,也存在"输入—输出"的功能变化。从这个意义上讲,哈贝马斯的批判从动态、发展的层面指出了社会系统的人文关怀和系统回应,具有重要的启示作用。但从社会系统的基本存在而非动态发展的角度来讲,社会力量之间相对意义上的自治存在和自我维持依然符合系统理论的属性和规律,对社会治理理论的形成和发展具有重要的指导作用。

需要说明的是,力量平衡、渐进演化的社会力量系统并不是要求国家和其他社会力量占有完全相同的资源,分享完全相同的利益,而是指相关社会力量

---

① See Habermas J., *The Theory of Communication Action:A Critique of Functionalist Reason*, Boston:Beacon Press,1981,p.82.

的存在和发展符合利益攸关、共治共享的要求。在系统存在的社会力量中,任何社会力量都要受到系统的制约和控制,但又都是独立的存在,拥有独立的资源,分享独立的利益。任何一方都不能将自己的利益建立在完全压制对方利益的基础之上,而只能从系统发展的利益增量中扩大自己的份额。否则,就会破坏正当存在的利益结构和动力基础。可见,尽管中国共产党提出了国家治理体系和治理能力现代化的目标,但考虑到执政力量的社会属性和国家治理的系统性要求,将国家治理纳入社会治理的范畴更有利于国家权力的控制,更有利于国家与其他社会主体的协商、合作,更有利于社会力量的积极参与,从而真正改善共同事务的系统反应,促进民生福祉抑或"更好的生活"的实现。一言以蔽之,这个意义上的国家治理和治理反应也就是社会力量的共同治理和系统反应。

第二节　刑事政治的渐进治理

中国民间流传着一个"抱牛跳沟"的故事:有个农夫,清晨抱着家里的牛犊跳过前往田地必须经过的小沟,傍晚又抱着牛犊跳过小沟回家,日复一日,未尝间断。小牛渐渐长大了,一年以后,甚至都快长成大牛了,但农夫依然能够抱着他的"牛犊"跳过来,跳过去……实际上,小到劳作的习惯、人的一生,大到造物主的智慧、人世间的治理,渐进才是常态。

一、为什么是渐进治理

法学界经常批评政府这不对,那不对,为此容易给人尖锐、激进的印象。然而,国家治理不外乎两种范式——改良抑或革命。基于对稳定和连续的追求,法学不仅反对革命,而且重视现实,主张改良。这也是为什么,在保守的英国革命中法官是正义的守护神,而在激进的法国革命中,法官就成了革命的对象。相对来说,其他职业阶层对秩序的认识远不如以规范为核心的法学界,他们更倾向于在沉默与爆发之间做出选择。

较之暴风骤雨一般的革命,改良是一种渐进治理。何谓渐进治理?本书认为,治理是公共主体为实现多元利益而对共同事务采取的系统反应。基于利益实现(妥协)的协商性和系统反应的整体性,治理既是一种整体的方略,也是一个严谨的过程,非但不能冒进,而且要以尽可能周全、系统、渐进的方式来推行。

受传统政策观念的影响,国内将犯罪抗制的思想长期捆绑在革命斗争的逻辑中,在犯罪的存在性、原因、功能以及犯罪抗制的目的、方法等方面存在一些激进、绝对,甚至妄图一劳永逸的观点。以犯罪的存在性为例:长期以为犯罪是"个人反对统治关系的斗争",为此一旦统治或者国家不复存在,犯罪也被消灭了。实际上,犯罪是社会有机体的病变,既不存在没有任何病变的有机体,也不存在没有任何犯罪的社会,任何妄图一劳永逸消灭犯罪的观点都是不切实际的。因此,刑事政策在提倡整体治理的同时,还要将激进、绝对或者妄图一劳永逸消灭犯罪的指导思想的改造作为当代中国犯罪治理的重要内容。

二、渐进治理的维度与属性

作为犯罪抗制的艺术或战略,刑事政策的整体治理具有横、纵两个方面的维度。从横向来说,整体治理主张调动尽可能多的社会力量和方法系统地构筑起犯罪抗制的堤坝。从纵向来说,一方面,由于犯罪存在于任何人类社会形态及其阶段,不可能被彻底消灭,因此犯罪治理系统的研究、改善也是人类社会的永恒主题。另一方面,任何变革抑或改良或多或少都会引起社会关系的紧张,当紧张来得过于猛烈的时候,不仅破坏多元社会力量、方法连续发挥作用所需要的环境和条件,还容易将社会拖向崩溃的边缘。因此,犯罪治理系统的改善抑或犯罪抗制堤坝的构筑,不仅需要调动尽可能多的社会力量和方法,各种力量、方法的连续应用也要按照适当的顺序采取"一揽子"的行动。以青少年犯罪的系统治理为例:众所周知,青少年犯罪的治理不仅需要调动家庭、学校、单位、国家等各种力量,采用家庭教育、学校教育、心理辅导、非刑罚、刑罚等各种方法,而且需要科学安排各种力量、方法发挥作用的顺序和机制。通常情况下,家庭和学校是青少年犯罪治理的主要阵地,所采用的也是教育的方法。一旦越轨,往往都是家庭教育和学校教育失败的结果。这个时候,国家抑或社会力量的介入,心理辅导等非刑罚方法的应用往往就会取代家庭(学校)教育成为主要的力量和方法。当然,越轨的青少年也像是生病的孩子,单一药物或者方法无法治愈的疾病,综合治疗往往能取得更好的效果;一旦病情严重,假设出现了并发症,先治疗什么,再治疗什么,或者先用什么药,再用什么药,包括用药的剂量,都得按计划来,分阶段进行,依次展开,逐渐加强。

刑事政策的渐进治理,承载着社会防卫抑或系统治理的责任,兼有观察科学和行为艺术的属性。

一方面,作为观察的科学,渐进治理要以现行刑事政策的观察、研究为基础。反观现行的刑事政策,尤其国内的指导思想,以为犯罪只是一种恶,而且只存在于人类社会的某些阶段,因此从重、从严打击犯罪或者消灭犯罪就成了再正常不过的选择。实际上,作为一种社会病,犯罪存在于人类社会的任何形态和阶段,功能也很复杂,不仅消灭不了,一味地打击、控制也不科学。

另一方面,作为行为的艺术,渐进治理要求犯罪抗制的决策、应用不仅要多头并举,而且要依序进行。就决策层面而言,渐进的决策不仅包括建议的提出、决策的执行等环节,而且是一个多元主体、多元利益达成的多元目的体系。作为公共政策的一个分支,犯罪治理决策的合法形成要依一定的程序进行,切忌拍脑袋决策,并以程序的公开、透明进一步争取民众的信任。作为多元利益的妥协,逐步、分阶段的渐进治理要比激进的方式更容易甄别是非、分解阻力。尤其现今的中国,社会矛盾突出,犯罪抗制决策利益单一的问题原本就很突出,激进的决策往往就是强势利益的肆虐,根本谈不上科学的治理。从决策执行的层面来说,科学的执行不仅涉及执行主体的多元化、执行目标的层次化、合理化,而且需要执行主体根据具体的情况做出执行、中止、再执行、再中止,甚至终止的决策。因此,刑事政策的执行也是一个理解既有决策并根据实际情况做出再决策的过程,渐进治理抑或依次推行也是应有之义。

三、渐进治理的中国特色

我们说中国的犯罪治理是一头牛犊,这和中国社会是一只"沉睡的雄狮"的说法相映成趣。当然,雄狮的"醒来"要比牛犊的"成长"更加复杂。这好比刑事政策,无论是作为社会政策还是公共政策的一个分支,都有治道的性质,但又不是社会治理的全部。即便如此,中国社会的治理,在基本原理之外,也还有很多特殊的情况。

　　首先,中国刑事政策的系统治理要以刑事政策载体的改善为肇始。长期以来,狭义的刑事政策理论仅将中国共产党的会议文件、领导人的指示作为刑事政策的根源,过于随意。这种随意,不仅破坏了刑事政策的科学基础,还导致政策与法律的冲突愈演愈烈,使得以刑事政策为指南(guideline)的犯罪治理支离破碎,难以奏效。相形之下,广义的刑事政策理论以求善的政治为载体,主张刑事政策"上不能超越法律的界限,下不至于被禁绝适用",较好地解决了刑事政策运行的范式,与治恶的法治共同形成了犯罪抗制的系统力量。

　　其次,刑事政策系统治理的根本任务在于中国犯罪治理实践的改善。尤其当代中国的犯罪治理,最突出的问题就是有效制度供给的不足。区别汗牛充栋的法律文件,有效制度的供给是符合权力限制、系统治理需要的制度供给。为此,一方面,刑事政策要以拉德布鲁赫定律为指导,通过"法律的不法"剔除不可容忍的法律,必要的时候,还要以"非法律的法"为依据适当增加有效制度的供给。另一方面,刑法的危机,说到底就是一个有效制度供给不足的问题,尤其重刑有余而轻刑不足,刑罚有余而非刑罚不足,制度僵化、拖沓而灵活多样的程序、非监禁制度严重不足的问题,日益成为改善治理方法、提升治理效率的"瓶颈"。因此,刑事政策的渐进治理要以刑法危机的解决抑或有效制度的供给为根本,以刑事政策的正当作用为原则,剔除严重违背正义要求的法律,逐步改善制度形成、作用的机制,提高刑事制度的正当性和有效性。

　　最后,刑事政策的渐进治理也是中国经济发展和法治建设的必然要求。常说市场经济也是一种法治经济,本书认为,市场经济奉为圭臬的主体平等和充分竞争也是法治建设的灵魂。因此,前面的那句话,反过来也是对的:法治经济也必须是市场经济。然而,中国的市场经济,不仅存在公、私主体地位的显著差别,而且存在突出的涉黑、贿赂犯罪,相关的治理绝难一蹴而就。从法治的角度来讲,中国的法治化,最大的难题就是各种社会控制力量的碰撞。除非革命发生,否则这种力量的碰撞,既是一个利益不断妥协,也是一个法律权威逐步树立的过程。因此,一旦我们选择了法治的进路,就要根据渐进治理的根本要求来推进我们的各项事业。

第三节　刑事政治的系统治理

"笨媳妇和面"是我们耳熟能详的一个故事,大概是说有一家人,娶了一个很笨的媳妇,和面的时候,水多了加面,面多了加水。结果呢,面粉用完了,面还没有和好。反观当代中国犯罪治理的局面,说不好听了,也像"笨媳妇和面":"因为无法可依,所以就立法;而有了法以后,需要的法越来越多,于是就不断地立法,立法始终处在一种供不应求的状况。"①类似于犯罪立法的这种手忙脚乱、供不应求的状态,一方面,显得我们的领导总是很忙;另一方面,忙而无效,制度不足的情形始终都很严重,犯罪治理的局面也乏善可陈。

一、为什么是个"笨媳妇"

基于犯罪原因、功能的复杂性,犯罪治理是一个系统工程。为此,头痛医头,脚痛医脚抑或抓耳挠腮、手忙脚乱类型的惩罚是犯罪治理的大忌。然而,受各种因素的影响,我国治理犯罪的指导思想长期偏离系统治理的根本要求。突出的情况主要有两种:一个是"以政干法"的情形。该情形下,政策压倒法律,令从口出,相当随意。一个是基于彻底消灭犯罪的理念,妄图以运动式的方法寻求犯罪治理态势的根本好转。该两类情形,不仅长期影响我们的犯罪治理决策,而且至今还在发挥"重要的"指导作用。

严格说来,政策(政治)以善治为本义,并以求善为目的。它和治恶的法治,犹如硬币的两面,本质相通,不可分离。但是,二者求善的路径不完全相同。法治抑或通过法律的统治,在理性、恒定和可预期方面所具有的功能,更有利于权力的限制。与之相反,政策是社会力量的利益主张,具有利益最大化的本能,本身就需要借助外在力量(包括其他社会力量的利益主张)的制约才能实现妥协(公共的善)。因此,政策不能成为社会治理的最终力量,尤其单方面的利益主张,自身的约束就是一个严重的问题,如何还能系统地承载起制约权力的职责?申言之,政策的反应往往是感性的,零散的,一旦失去法律的

---

① 卢建平:《刑事政策研究的中国特色》,载《河北法学》2008 年第 11 期。

制约,很容易受到强势力量甚至个人的支配,弄出些"群众审判"一般的"大跃进"也不足为奇。相对来说,法律则更有可能组织起系统的反应,更好地达到制约权力的目的。

至于以运动方式寻求犯罪治理态势根本好转的愿望,一方面,违背了犯罪作为一种社会病,必然存在于人类社会各种形态及其阶段,既不可能被根除,也不存在一劳永逸的治理方法。另一方面,犯罪作为人类社会这个有机体所制造的"废物",不仅源自有机体本身各方面的因素,而且具有正、负两个方面的价值抑或功能,该不该一概加以清除抑或惩罚都是一个问题,更何况一律从严打击。以政治犯罪为例:所谓政治犯罪,往往是先知先觉领先于时代抑或常规(normality)的行为。在当时的法律看来,先知先觉的行为或许就是违法、犯罪的,但这些违法抑或犯罪的行为不仅产生于现行统治的弊端,孕育着未来社会的发展形态,还是促进社会发展的重大力量,是不加区分地"从重、从快"还是基于系统治理的需要加以引导、吸收,这是抗制犯罪的艺术问题。

概言之,"以政干法"与运动式惩治犯罪的方法都存在犯罪原因、功能和治理方法的片面性。除此以外,有关的片面性还反映在立法文件汗牛充栋,有效制度严重不足,司法机关人满为患、手忙脚乱但又人浮于事等问题上。说到底,我们的犯罪治理不仅需要认识到犯罪原因、功能的系统性,还要根据整体治理的需要,从治理的目的、方法、进路等方面着手做出系统的安排。否则,既像是只知道反复加面、加水的笨媳妇,也像是只知道挥舞着大棒的莽汉,糜费了司法资源不说,还会耽误犯罪治理的大好时机。

二、刑事政策的系统反应

我们知道,"笨媳妇"的笨不在于手脚应用的障碍,而在于大脑协调或者说把握全局根据情势作出整体判断的不足。犯罪治理系统的大脑就是刑事政策,马克·安塞尔先生所谓"作为组织艺术的刑事政策",我们称刑事政策是行动的"指南"(guideline)也包含这个意思。

马克·安塞尔先生指出,刑事政策学不仅仅是一门科学(研究科学),它同时又是组织反犯罪斗争的艺术或战略(应用科学或者组织、行为艺术)。作为组织抑或行为艺术的刑事政策学,分为决策和应用两个阶段,目的就是使刑事政策学更趋合理、协调、有效,便于付诸实践。对此,我们的看法是,相对于刑法方法注重事后的惩罚和打击,刑事政策要更多地从道德、伦理、宗教、经济、政治等各方面考察犯罪,系统地、理性地看待、解决犯罪问题,注重的是对公众的教育和对犯罪的预防及综合治理。① 从这个意义上讲,就像断臂的维纳斯,法律绝不是一门完整的艺术。

细说起来,刑事政策的系统反应首先是基于整体抑或一体化思维的考虑。为此,刑事政策学既是社会整体(国家、社会和个人)据以组织对犯罪现象的反应的方法的总和,也是一个以"治恶"为中心任务组织起来的多层次、多部类的堤坝(也称刑事政策的体系)。在这个大坝体系中,为了真正起到治理犯罪水流的作用,高位拦截洪水的刑罚资源必不可少,道德、党纪、行规以及非刑事法律共同组成的底层防御体系也不可或缺。否则,刑罚再重也无异于抽刀断水。

争议较大的是刑事政策反应的主体。考虑到犯罪这一事务的公共性,国家和社会从来都是犯罪治理的主要力量。在个人能否成为犯罪治理的主体方面,基于权力运行的公共性质,存在一些否定的观点——个人既不是政治系统的主体,也不是犯罪治理系统的主体。但是,随着市民社会的兴起,一方面,借助市民社会制约国家权力的呼声越来越强烈,为此还提出了社会权力的主张;另一方面,个人力量在政治系统、犯罪治理系统中也日益显示出不同于以往的作用和地位。政治系统中,独立候选人的影响力越来越大;犯罪治理系统中,随着个人财富、地位的增加,为弥补国家和社会在社会防卫力量方面的不足,加强私人领域的治理,聘请私人防卫力量的情形也越来越多。因此,承认个人在犯罪治理系统中的主体地位,既是对社会现实的承认,符合市民社会发展的要求,也有利于犯罪治理系统主体的多元化,更有利于犯罪治理力量的扩大。

根据犯罪学的研究,引发犯罪的原因相当复杂,不仅一国经济、社会发展的形势可以造成犯罪态势的骤变,即便默默无闻的路灯以及受光照影响的气温也能引起犯罪率的变化。尽管不是路灯抑或太阳惹的祸,但是系统治理的

① 卢建平:《刑事政策基本问题研究》,载《法学》2004 年第 2 期。

方法必须考虑到这些,通过包括改善城市的照明系统,并随季节变化调整对性犯罪的防控力度在内的各种方法来应对。相关的方法主要包括经济、宗教、道德、政策、刑罚等。仅政策层面,作为社会政策抑或公共政策的刑事政策还只是以抗制犯罪为直接目的的治理艺术或战略,经济政策和社会政策的重要意义更不可小觑。不仅如此,刑法的干预还应当符合谦抑性的原则,有发动的必要性和最后性。

刑事政策系统的反应过程包括观察、决策、执行(应用)、评估等阶段。作为观察的艺术,刑事政策的系统反应率先要对现行刑事政策进行观察、研究,并将其作为合理组织反犯罪战略的必要条件。作为行为的艺术,刑事政策主要研究刑事政策的决策和执行。决策阶段,尤其要注意决策力量的多元化,不仅要研究立法者、法官、检察官以及政府负责人抗制犯罪的意愿,而且要重视被害人、犯罪人以及普通民众的利益反应。执行阶段,也称应用阶段,是指决策付诸实现的过程。需要强调的是,政策的执行具有突出的相对性。一方面,执行也是一个理解决策、重新作出决策的过程;另一方面,政策的执行既是前一轮政策制定的后果,也是后一轮政策制定的前提,不是绝对的刑事政策反应系统的最后阶段。

三、进路:惩罚抑或治理

将刑事政策的系统反应理论应用于当代中国的犯罪治理,还要解决一个如何切入的问题。立足现实,我们的犯罪治理,最大的问题还是指导思想的缺陷——惩罚有余,治理不足。因此,刑事政策的系统反应要将指导思想的调整作为最重要的进路。

惩罚犯罪既是报应情感的表达,也是犯罪控制思想的根源。我们知道,在人类的情感体系中,报应属于最基本的情感需求之一。但刑事政策是一门科学,相关的反应既要遵循人类的基本情感,也要超越基本的需求,否则容易因为太感性而走向极端。以消灭犯罪的意愿为例:基于报应抑或恶害的基本情感,抑或控制犯罪的做法具有一定的合理性。但从超越基本情感的角度来讲,上述做法存在需求层次、整体思维抑或系统理论的不足。然而,控制犯罪的提法也有很大的迷惑性。其中的道理是一样的,犯罪未必全是恶,即便具有恶的属性,也有阳光、雨露以及整个社会的错,焉能一控了之? 因此,犯罪是一种病,不能讳疾忌医,一概切掉,而要基于犯罪原因、功能的复杂性,研究犯罪抗制的多元目的,改善犯罪治理的系统方法,提升犯罪抗制的整体水平。

第四节　社会失范的伦理救治

维纳斯是爱神与美神的合二为一。尤其米洛斯岛上的维纳斯雕像,不仅柔和起伏的曲线蕴含着无穷无尽的活力,残断的芳臂还焕发着健康与自然的信息。实际上,法律也是断臂的维纳斯,是一门残缺的艺术,具有不可能完整的特性,从来都需要政策、道德、习惯等制度的辅佐。认识不到这一点,社会失范的伦理救治就无从谈起。

一、现象:失范若此情何以堪

通常认为,"失范"(anomie)一词是法国著名学者迪尔凯姆(Émile Durkheim)创造的,是规范(norm)的对称,即规范的缺无。在拉丁语中,规范就是norma,原本是指木匠手中的直角规。联想到老祖宗"没有规矩不成方圆"的讲话,不难看出古今中外的规范何其相似。① 从这个意义上讲,我们所谓培养教师的"师范大学"(normal university),意即培养规矩、范式的学校,真正是"政法大学"。这样一来,中国的"政法大学"就相当多了。

尽管中国有很多"政法大学",但失范的问题非常突出。

首先,权力失范的危害最大。权力的失范,主要是指权力的来源和运行违背了权力的公共本质,因此合法性遭到削弱、否定的现象。权力失范的突出表现就是权力的寻租。当代中国,一方面,市场经济制度初步建成,国家权力不仅具有偏爱国有企业等违背市场经济规律的习惯,还长期通过公共资源的出卖来维护庞大的财政体系(如愈演愈烈的土地财政现象)。另一方面,正如道格拉斯·瓦克斯勒所说:"政府是一个有感染力的以身示教的老师,不论是教

---

① 参见卢建平:《为了刑事法律事业的发达——代发刊词》,《京师刑事法学》2017年第1期。

好还是教坏,它总在以自己的行为教育整个民族。"①可见,权力的失范不仅破坏了市场经济的根本要求,而且直接影响权力的合法性和规范的公正性,对民众的规范心理抑或素质也造成了不良的示范作用。

其次,市场失范的毒害最深。市场失范的主要表现就是市场经济规律抑或市场秩序的极大破坏。一般认为,中国市场经济规律抑或秩序的极大破坏主要表现在经济自由度的持续降低。市场失范不仅毒害国家的经济自由,破坏经济的制度基础,而且直接毒害民众的生命和健康。前者显而易见,后者,诸如"瘦肉精""人造蛋""地沟油""皮革奶"之类的严重影响基本民生的食品安全问题。市场失范的毒害之深,可见一斑。

最后,伦理失范的情形最严重。伦理,也称道德,是基于社会发展或者共同生活的需要而对个人和团体提出的基本要求。论及国人的伦理水准,照鲁迅的说法,算得上"民族的劣根性"。问题是,先生去世也有七八十个年头了,为何伦理失范的问题还是如此突出? 以职业伦理的缺失为例:演艺圈子的"潜规则";做教师的居然也有抄袭现象……职业伦理抑或伦理缺失的严重程度一目了然。

二、治理:法至深时无善治

法至深时无善治,不仅是说法律要尽可能承载大众的价值、观念,不必太超前,也是说法律不要管得太多、太细,否则就不符合系统治理的思想,也不符合法治的要求。应用到社会失范的系统治理,我们知道,规范的来源主要有法律、政策、道德、习惯等。社会失范的治理,也要以上述社会规范的整体恢复为原则,不能只依靠法律规范抑或国家制度的治理,伦理的救治也非常重要。

首先,法律规范不足以解决社会失范的全部问题。尽管在法律、政策、道德、习惯组成的社会规范体系中,法律规范是国家权力运作的结果,具有国家强制力,地位最高、影响最大。但是,正如前文所言,法律是断臂的维纳斯,是一门残缺的艺术,具有不可能完整的特性。基于不可能完整的特性,一方面,

---

① [美]道格拉斯·瓦克斯勒:《越轨社会学概论》,张宁、朱欣民译,河北人民出版社1987年版,第388页。

法不关微事。就是说法律对社会生活的介入是有限的,尤其一些细微的生活层面,法律未必介入得了,即便介入了,效果也不一定好。相对来说,伦理规范调整的范围要比法律规范的作用空间宽泛得多,调整的效果也要深入、持久得多。另一方面,法律与伦理互为表里,儒家主张"出礼入法",现今注重法律的伦理建设,都是这个道理。

其次,伦理是制度的基础,决定制度的品质。近些年,政治伦理、制度伦理、职业伦理、法律伦理的研究如火如荼,归根结底还是伦理失范的现象太严重。实际上,伦理是制度的基础,恪守伦理要求的制度才是正当的制度,才能最大限度获取民众的支持,并得到较好的承认、执行。否则,立法文件汗牛充栋,社会现实我行我素。以刑法制度为例,相当长的时间内,贪污犯罪的法定刑比盗窃罪还低,等到许霆盗窃银行(取款机)资金被判无期的案件一发生,民众立即咆哮起来了:"贪污上亿的大有人在,判刑也不过如此,银行孬蛋,许霆无罪。"反思这个案件,症结在于维护垄断的银行制度和"贪不如盗"的刑罚配置都违反了社会伦理"加强公共服务""从严治吏"的基本要求。法学界将严重违反伦理要求的法律称为"恶法"。恶法是普遍存在的,任何国家都有,只不过违反伦理的程度有重有轻,恶的程度不尽相同而已。因此,伦理制度的研究和贯彻不仅对于伦理规范的恢复具有重要意义,对法律规范的改善和应用也有重要意义。

最后,社会失范的救治要以职业伦理的建设为切入。根据主体不同,伦理分为一般伦理、国家伦理和职业伦理。一般伦理是社会民众的伦理要求,不仅面太广,而且容易受不良国家制度的影响,改造的难度最大。国家伦理,主要是国家制度及其工作人员的伦理要求,根本在于国家权力配置、运行的合法性,相关的改造牵一发而动全身,稍有不慎就会破坏经济发展、社会稳定的大好局面,需要慎之又慎。但职业伦理就不同了,职业伦理是基于社会发展或者共同生活的需要而对从事某种职业的群体和个人提出的基本要求。上有相关职业团体(属于社会团体的范畴)的引导,下有职业利益的客观存在,改造起来比较容易。当然,由于国家权力的过度延伸,现今的职业团体普遍存在"官不像官,民不像民"的情况。这样一来,职业团体就变成国家机关了,靠他们来改造职业伦理,等同于依靠国家机关去改造国家伦理,那就太难了。因此,职业伦理的改善要以相关职业团体的改造为前提。第一,剥离附加在相关职业团体身上的国家权力,将相关职业团体改造成真正的社会团体,塑造成相关职业力量的独立代表抑或社会权力,上可以抵制国家权力的非正当干预,下可以凝聚多元的职业利益。第二,在相关职业团体的引导下,从相关职业群体、个人的根本利益出发,抑制急功近利、投机取巧等有损职业伦理规范的做法,倡导正当的职业伦理观念,培养深厚的职业伦理素质。

三、进路:也是断臂的艺术

社会失范的伦理救治是一个公共问题,核心还是伦理利益的正当配置。伦理利益的正当配置,不仅要克服法律抑或制度万能的思维,还要确立以伦理促法治,以法治保伦理的进路。亦如前文所言,就像维纳斯的断臂,法律是残缺的,具有不可能完整的特性,难免会出现失败的情形。这个时候,抛弃法律还是救治法律,既是一种决策的进路,也是一门选择的艺术。根据社会治理的艺术,社会失范的治理是一个广泛涉及经济基础、社会结构、司法制度、政府示范等层面的系统工程,既不能眉毛胡子一把抓,也不能避重就轻、一味回避,而要从失范现象开始,研究失范的机理,选择规范重建的进路,以职业伦理的救治为切入,以职业伦理的改善促进国家伦理的建设,引导一般伦理的方向,实现社会规范(包括法律规范)的重塑。因此,从法律之外去寻求社会失范的伦理救治,暂时的离开,好似维纳斯的断臂,实则是为了更好的回来。

第五章　刑事政治批判及其理论进路

　　源于公共政策的多元利益和批判理性,刑事政治理论具有突出的批判特性。与此同时,作为批判犯罪学的刑事政治研究有助于犯罪原因和功能的全面揭示;作为批判刑法学的刑事政治理论也将在维护统治利益的目标(保守性)中保持必要的张力(进步性),以满足合法化的要求。考虑中国社会的实际,刑事政治理论还要结合刑法修正、司法改革、社会治理等现实途径展开理性的批判研究,改善犯罪治理的体系和能力。

第一节　刑事批判的理性与方法

　　刑事批判是培养犯罪治理理性、改善刑事政治品质的关键。尤其在政府的过度管制下,市场经济与法治国家所要求的主体多元、平等,利益的冲突—妥协,犯罪的自然存在与系统抗制,都需要在自生自发的秩序中梳理犯罪治理的架构和知识,完成刑事政治理论的启蒙工作。

一、批判的含义

　　尽管国人对那种暴风骤雨、非理性的运动式“批判”仍然心有余悸,但对公共问题的公共解决来说,批判的范式和方法依然具有重要的地位和作用。考察批判(criticize)的词义,包含以下几个方面的含义:评论、评价;批评、批判;找错、指责、非难。一方面,在古汉语中,“批”不仅是指“反手击也”(《说文解字》),还有“刮”和“削”(《杜甫·房兵曹马诗》:“竹批双耳峻”)的意思。相对于“击打”来说,“刮”和“削”兼有制造、修理抑或去粗存精的含义。另外,在古汉语中,"判"主要是"区分、分辨、评析"的意思,如《庄子·天下篇》记载:"判天地之美,析万物之理。"自古以来,批判就不是无原则的谩骂和指斥。

然而,国人误判、误用"批判"一词久矣。加之民主、科学范式及其程度的不足,导致诸如"顺我者昌,逆我者亡"的封建思想蔚为流行。学术领域亦如此,政治学不寻"善治"本义,罔顾政治学科与系统科学的法学学科也越发独断专行。现实生活与学术、文化,都陷入了一种阿谀、服从、沉默便能谋利,批评便会举步维艰的境界。因此,对当代中国来说,批判不仅意味着各自主张、各自让步、各自实现的哲学范式,也意味着公共精神的培育。

二、批判的理性

当代中国的批判思维(critical thinking)还受到了来自德、美等国相关哲学思想的影响。首先,批判理论的非完整哲学形态奠定了批判理论的理性与基础。亦如前文,在康德的批判哲学中,科学被理解为一种可能知识的范畴;理论理性处于包括了实践理性、反思判断和批判反思自身的综合框架之中。康德认为,真理出自理性,而经验只承认感觉,否认理性的推演作用,无法说明知识的普遍性和必然性。为此,康德的批判哲学在对经验知识的批判中奠定了自我反思的认识论基础,且具有突出的理性批判的性质。在康德看来,"自己施加于自己的不成熟状态"需要借助别人的引导来恢复运用自己的理智的能力。① 为此,在《纯粹理性批判》中,康德开篇明义地提出:"我们的一切只是都从经验开始,这是没有任何怀疑的……但尽管我们的一切知识都是以经验开始的,它们却并不因此就都是从经验中发源的。因为很可能,甚至我们的经验知识,也是由我们通过印象所接受的东西和我们固有的知识能力(感官印象只是诱因)从自己本身中拿来的东西的一个复合物……我们在下面将把先天的知识理解为并非不依赖于这个那个经验,而是完全不依赖于任何经验所发生的知识。与这些知识相反的是经验性的知识,或是那些只是后天地、即通过经验才可能的知识。但先天知识中那些完全没有掺杂任何经验性的东西的

---

① 参见[德]康德:《历史理性批判文集》,何兆武译,商务印书馆1990年版,第22页。

知识则称为纯粹的。"①在《实践理性批判》中,康德进一步提出:"一般实践理性批判就有责任去防范以经验为条件的理性想要单独给出意志决定根据的狂妄要求。只有纯粹理性的应用,倘若这种理性的存在得到证明的话,才是内在的;相反,自封为王的以经验为条件的理性应用则是超验的,并且表现在完全逾越自己领域以外的种种无理要求和号令之中。"②在《纯粹理性批判》中,康德还明确提出了理性批判的地位和作用:"理性的批判最终必然导致科学;相反,理性的无批判的独断运用则会引向那些无根据的、可以同样似是而非的主张与之对立的主张,因而导致怀疑论。"③尽管康德对理性和批判的阐述达到了相当的高度,但在哈贝马斯看来,那种影响康德批判的"第一哲学"的意图是一种幻觉;先验反思并不是一个绝对的开端,它依赖某种先验的、既定的东西。④ 可见,哈贝马斯以劳动和交往的二元理论为基础形成了他的交往理性和批判理论。亦如前文所言,交往理性的存在进一步丰富了理性的内涵,对程序理性和政治参与(民主化)的改善也有促进作用。然而,亦如本书在《哈贝马斯:沟通与批判的理性》一文中阐明的,哈贝马斯的交往理性能否成为独立的一元,或者说在交往理性之上是否存在更高层面的事务,这是一个问题。事实上,亚里士多德的古典政治学、康德的批判哲学、马克思的唯物论,都揭示出事物所具有的改善生活的效用具有超越时空条件的属性。从这个角度来看,亚里士多德的古典政治学、康德的批判哲学、马克思的唯物论只不过是批判理论的不完整形态,哈贝马斯的批判理论也不过是补足了工具理性的部分问题。考虑到政治学和社会学所要考虑到的条件性和多变性,交往理性所能解决的政治参与技术也不是绝对确定的存在,它也是一个非完整的理论存在。可见,批判理论的非完整形态不仅奠定了批判的理性和基础,还意味着批判方法的广泛运用乃科学探明抑或知识积累的必然存在。其次,批判理性的哲学反思为公共事务属性和规律的探明、批判方法的发展奠定了基础。亦如前文所言,

---

① [德]康德:《三大批判合集》(上),邓晓芒译,人民出版社 2009 年版,第1—2页。
② [德]康德:《实践理性批判》,韩水法译,商务印书馆 1999 年版,第 14 页。
③ [德]康德:《三大批判合集》,邓晓芒译,人民出版社 2009 年版,第 14 页。
④ 参见[美]托马斯·麦卡锡:《哈贝马斯的批判理论》,王江涛译,华东师范大学出版社 2010 年版,第 69 页。

康德的批判哲学将认识论的自我反思看作问题的原型,为此成为哈贝马斯的认识论的基础,也因此成为黑格尔的"精神现象学"的批判对象。据此,哈贝马斯认为,黑格尔引发了这一种致命的误解:"当哲学宣传自身是真正科学的时候,科学和哲学的关系就从讨论中消失了。正是黑格尔引发了这样一种致命的误解:哲学理性(Philosophical Reason)反对纯粹理解的抽象思想之理念,等同于宣称保留了其普遍科学知识地位的哲学篡夺了个体之自然科学(Individual Science)的合法性。但是,自然科学的成就使我们不得不明白这样一种主张——无论引起怎样的误解——都只是一种幻想。"①也就是说,哈贝马斯赞同黑格尔认知主体必须在其历史发展中得到理解而不是先验的幻觉的批判观点,但他又不同意黑格尔将认识论归结为一种绝对精神的哲学。因为,在绝对精神那里,认识论没有得到激进化,而是被取消了。针对唯物主义,哈贝马斯认为唯物主义错过了对认识论的方案进行激进化的机会。例如,在《认识与兴趣》一书中,哈贝马斯指出:"按照他的意图,人的科学应该同自然科学构成一个统一体:'自然科学往后将包括关于人的科学,正像关于人的科学包括自然科学一样:这将是一门科学。'……唯物主义的唯科学论(der Szientismus)只是再次证实绝对的唯心主义已经完成的东西:扬弃认识论,以有益于从认识论的束缚下解放出来的包罗万象的科学,这里当然不是有益于绝对知识,而是有益于科学的唯物论。"②关于历史唯物主义,哈贝马斯也指出:"历史唯物主义大大地促进了黑格尔的自我反思进程;(但由于)混淆了黑格尔的独特概念,因此也就肢解了认识论。这样,实证主义就可以忘掉科学的方法论同人类的客观形成过程的错综复杂的联系,并在抛弃和排斥这种联系的基础上建立起纯粹的方法论的绝对主义。"③简言之,在哈贝马斯的批判理性中,不管是作为当代中国主流意识形态哲学基础的唯物主义、历史唯物主义,还是作为相关上层建筑核心内容的政治经济学,都存在哲学反思不够彻底的问题。事实上,

① Thomas McCarthy, *The Critical Theory of Jürgen Habermas*, The MIT press, 1978, p.54.

② [德]哈贝马斯:《认识与兴趣》,郭官义、李黎译,学林出版社 1999 年版,第 40—41、56 页。

③ Jürgen Habermas, *Knowledge and Human Interests*, trans. by Jeremy J. Shapiro, Beacon Press, 1972, p.5.

将人的科学等同于自然科学,的确存在唯物抑或物化的思想基础。一言以蔽之,以唯物主义为基础发展起来的哲学理论或多或少也存在泛化的工具理性问题。

尽管哈贝马斯对唯物主义和政治经济学提出了一系列的批判,但这一切并不改变哈贝马斯对马克思主义思想的认同和亲近。例如,哈贝马斯明确提出:"马克思主义仍然有它的当代意义,社会主义在 21 世纪有着光明的前景。"①在马克思所处的时代,马克思等人对资本主义的批判无疑是尖锐、深刻而理性的。他们所提出来的,"羊吃人"的故事,无产者只能自由地选择被剥削的权利,凡此种种,无不反映早期资本主义对无产阶级生存境遇、参与社会治理的忽视的确是很严重的。但随着资本主义的发展,尤其在社会民主运动、福利资本主义的提倡和改良中,当代资本主义国家对相关批判的借鉴、吸收也是有目共睹的。话说回来,严格意义上的资本主义,或者说马克思等人所批判的完全私有、唯利是图的资本主义亦如马克思所言,早被它的"掘墓者"清扫出去了。与之相似的是,社会主义理论也在资本主义的批判和发展之中得到了长足的发展。尤其我们的市场经济基础、法治国家思想和社会治理理论,无不受到资本主义国家及其制度的影响。概言之,源于马克思等人对资本主义社会及其制度的尖锐批判,当代资本主义才取得了日渐繁荣的局面;源于资本主义国家及其制度的现实批判,社会主义也获得了更多的知识积累。

因此,区别一般意义上的反对、否定与驳斥,哲学理论与社会实践的研究都表明,批判乃系统、理性的审问。

三、刑事批判的理性与方法

刑事批判,是对犯罪治理事务属性、规律及其实践的理性审问。根据启蒙理论的研究,理性就是从事务的客观属性抑或本性出发,尊重事务发展的客观规律和普遍联系的知性。亦如前文所言,当代中国,传统、工具意义层面的刑事政策理论具有突出的非理性因素。因此,我们提出了理性的刑事政策理论的重塑,在尊重犯罪这一公共事务的客观属性(尤其恒久存在,功能多元的属

---

① 任岳鹏:《哈贝马斯:协商对话的法律》,黑龙江大学出版社 2009 年版,第 32—33 页。

性)及其普遍联系的基础上,倡导理性、系统的犯罪治理艺术。更何况,在康德看来,"自己施加于自己的不成熟状态"需要借助别人的引导来恢复运用自己的理智的能力。① 因此,批判方法的应用对事务客观属性及其规律的查明,对相关实践的改善非常重要。批判抑或理性审问存在两个方面的特征:其一,尊重事务属性与规律;其二,要从系统论的视角寻求事务的整体改善。事务的属性和规律,亦可谓事务的自然存在。在康德的批判理论中,他明确提出:"理性必须在其一切活动中都把自己置于批判之下,而且理性不能在不损害自身和不引起一种不利于它的嫌疑的情况下通过任何禁令破坏这种批判的自由。"②关于事务的自然存在,他进一步指出:"凡是自然本身所安排的,都对某个意图来说是好的。甚至毒药也可用来克服在我们自身体液中所产生的其他毒素⋯⋯"③可见,区别一般意义上的反对、否定与驳斥,批判乃理性、系统的审问。因此,理性乃批判的合理内核,批判也是理论理性的基本要求,批判理性建立在尊重事务属性及其规律的基础之上。

刑事批判理性尤其需要注意到犯罪存在的自然属性和犯罪治理的系统规律。一方面,从犯罪存在的自然属性出发,犯罪的客观存在乃一切刑事政策的基础。为此,我们不仅要对消灭犯罪的理想展开批判,也要认识到犯罪控制的片面性质。当然,源于犯罪存在自然属性的批判也要注意到自然存在之罪。④自然存在之罪不仅意味着"每一滴水都参与了犯罪",也提出了批判理性的整体性质——在理性批判之中,相关的主体与对象只具有相对的意义。唯其如此,刑事批判才符合公共批判的精神。另一方面,从犯罪治理的系统规律出发,犯罪治理的方法不仅要充分汲取相关学科的知识,还要综合运用各种方法形成科学的犯罪抗制体系。区别于综合治理的提法,科学的犯罪抗制体系亦可概括为一种"各归其位、各尽其能"的方法体系。概言之,刑事批判的理性和方法,一忌悖言乱辞,妄图消灭犯罪,不过徒劳无功;二忌遁天妄行,不尊法理,终无裨益。

---

① [德]康德:《历史理性批判文集》,何兆武译,商务印书馆 1990 年版,第 22 页。
② [德]康德:《三大批判合集》,人民出版社 2009 年版,第 496—497 页。
③ [德]康德:《三大批判合集》,人民出版社 2009 年版,第 499 页。
④ 严格说来,犯罪的自然存在与自然存在之罪并没有直接关联,不过是理性与自然的批判性思考。

第二节 刑事政治:生活在别处的法律

《生活在别处》在中国获得了不同凡响的认同。这种认同不仅源于我们和雅罗米尔一样,曾经都有一个追求"绝对现代化",实现真实价值并创造全新历史的革命理想;而且,我们和该书的作者米兰·昆德拉(Milan Kundera)一样,也存在一个反思革命的现实。尤其后者,受传统革命理论的影响,学术界普遍存在怀疑革命、否定一切政治理论的习惯,甚至祸及池鱼,以至于倡导良法善治、系统治理的刑事政治理论也难以幸免。

于是,别处的生活也有我们的法律梦想。

一、刑事政治:别处的生活

克里斯蒂娜·拉塞杰在她所著的《刑事政策学》中提出:"政策,一般地说,就是对城邦事务的认识与管理。刑事政策一方面是对犯罪这一城邦内部的特殊事务的认识与分析,另一方面是用来解决犯罪行为或越轨行为所带来的一系列问题的战略。"几乎同一时期,马蒂教授提出:"刑事政策就是社会整体据以组织对犯罪现象的反应的方法的总和,因而是不同社会控制形式的理论和实践。"更重要的是,在费尔巴哈提出"刑事政策是立法国家的智慧"之后,安塞尔先生进一步提出:刑事政策是"观察的科学"与"组织反犯罪斗争的艺术与战略"。①

从城邦、科学、艺术、战略等核心词汇的介入就可以看出,西方的刑事政策理论早非工具、策略层面上的吴下阿蒙,相关理论所蕴含的多元利益、整体抗制、系统治理思想远不是国内狭义刑事政策理论所奉行的"控制、预防犯罪的策略"所能比拟的。仅以犯罪控制(消灭)的目标为例:鉴于犯罪原因、功能的复杂性,犯罪行为(如政治犯罪、制度犯罪)也具有推动社会发展的可能性,焉能一控了之,更不用说消灭了。

然而,国内的政策(政治)理论和实践长期停留在"阶级统治""政治挂

---

① 参见卢建平:《刑事政策与刑法》,中国人民公安大学出版社 2004 年版,第 3—5 页。

帅"抑或"政治压倒一切"的意识形态中,政策主体封闭、单一,政策目标过于绝对、非妥协,凡此种种。于是,在政策的名义下,犯罪控制的运动得以存续,立法粗疏甚至无法可依的情形比比皆是……久而久之,学术与政治日渐疏远,以至于陈兴良教授明确指出:"刑法知识的政治化以及意识形态化,实际上是政治对刑法学的一种侵蚀,有损于学术的独立性和知识的纯粹性。"①按说,陈教授所言,学生向来膜拜得很。但是,亦如《鸠说》所云:"杀人者,人也。犹人持兵而杀人也,兵罪乎,人罪乎",传统刑事政策理论的不足抑或恶行,不仅不能归咎于刑事政策理论,更不能因此否定刑事政策政治理论的探索与发展。否则,只能慨叹斯世非吾世,生活在别处了。

二、存在之思:所谓的政治

哲学家马丁·海德格尔(Martin Heidegger)穷其一生研究"存在"问题。起初,他发现"存在总是某种存在者的存在"。在其哲学体系中,存在者也被称为"此在",抑或"在此……之中"。"在此……之中",不仅表明"此在"必然居于某处,而且暗含某种普适的本质建构。在《存在与时间》一书中,海德格尔明确指出:"此在的任何一种存在样式都是由此在在世这种基本建构一道规定了的。"因此,"此在"也具有"在世"的意味。关于"在世",海德格尔认为应该从"平均的日常状态"(即"日常在世")来追索现存于我们周围的世界(包括上手性的器具和他人)。用海德格尔的话说:"此在首先与通常消散在常人之中,为常人所宰治……"②既是"常人",必然普遍存在。相应地,海德格尔的存在主义理论必然指征某种普遍性的价值,具有规定人生抑或引导存在的规范作用。

然而,作为哲学家的海德格尔并不高看"常人"所具有的这种普遍性的价值。他将这种普遍性的价值比作从众的心理:"常人怎样享乐,我们就怎样享乐;常人对文学艺术怎样阅读怎样判断,我们就怎样阅读怎样判断;竟至于常人怎样从'大众'抽身,我们也就怎样抽身;常人对什么东西愤怒,我们就对什

---

① 陈兴良:《刑法知识论》,中国人民大学出版社 2007 年版,第 III 页。

② [德]马丁·海德格尔:《存在与时间》,陈嘉映、王庆节译,三联书店 2014 年版,第 194 页。

么东西'愤怒'……"①这种"常人"心理抑或普遍价值(即"常人"存在),用海德格尔的话说,它是一种存在的独裁,抹杀了个体的特殊性质,总是"庸庸碌碌"的;同时,它还是一种可以压住任何优越状态的"平均状态",迫使"常人"失去其独立的、具有个性的本真,沉沦为非本真的状态。

在政治学的理论中,庸庸碌碌的"常人"可谓城邦(即政治抑或求善的本义)社会的基础。在《政治学》中,亚里士多德指出:"人类自然地应该是趋向于城市生活的动物","人在本性上应该是一个政治动物"②。每个人都是天生的政治动物,也难怪孙中山先生认为政治乃众人之事。既是众人之事,必然受到常人心理、普遍价值和平均状态的制约。否则,再怎么阳春白雪,不过是现实层面的水月镜花。至于哲学家所倡导的真我、自我抑或不受他人(常人)约束的本真状态,也不过是另一种实现真实价值并创造全新历史的革命理想,很超凡脱俗,很理想。由此可以看出,虽然政治(善治)和城邦也有一定的理想色彩,但与众人之事抑或公共问题的解决相辅相成,政治本身的现实需求远甚于超凡脱俗的绝对理想。

概言之,政治既非哲学家的广告时间,也不是"革命家"的喋喋噪噪,而是公共问题的公共解决。因此,不必以为政治有多么玄妙,神乎其神抑或玄而又玄的,大抵属于巫师、哲学家的事务,臆测即可,难以身体力行。同时,求善抑或公共精神的存在也意味着政治绝非王败寇式的弱肉强食、指鹿为马,公共问题的公共解决务必要注意到多元社会力量的利益反应、妥协和实现。唯其如此,政治才能引导众人的人生,规定众人的事务。相应地,犯罪这等恒久、难缠的事务,是人类社会永远绕不开的现实注脚,必然属于公共事务的范畴,受到政治理论的指导当属应有之义。这种情况,套用仓央嘉措的话,也可以说:"喜欢,或者不喜欢,政治就在那里"。

三、良法善治:批判的批判

据说神要降临的时候,虔诚的人们总要禁食祈求,昼夜侍奉。很显然,刑

---

① [德]马丁·海德格尔:《存在与时间》,陈嘉映、王庆节译,三联书店 2014 年版,第147 页。

② [古希腊]亚里士多德:《政治学》,吴寿彭译,商务印书馆 1965 年版,第 7 页。

事政治理论所肩负的重大责任必然意味着它的诞生也不会一帆风顺。

　　反对刑事政治理论的各种学说,大致可以分为两类:一类是基于刑法知识的专门性、纯粹性提出来的,反对将刑法知识完全混同于政治常识、意识形态的主张;另一类是基于传统政治知识及其逻辑的危险性提出来的,以为刑事政治理论是一种很危险的理论。考虑到长期影响学术研究的泛政治化问题,前者具有一定程度的合理性。与之相反,后者大抵属于"因为不了解性爱而描写性爱,因为生命体验的微不足道而格外热衷地描写死亡、悲哀、无限……"①的情况,不仅忽视了解决"犯罪这一公共问题"所需知识的交叉性和系统性,而且有违知识的开放性质,超越了理性批判的界限。

　　说到底,公共问题的公共解决不仅是指公共事务的处理,而且包含了"更好地"处理公共事务的要求。需要说明的是,"更好地"处理公共事务的要求源自政治(即城邦)的本义。在《政治学》中,亚里士多德指出:"既然一切社会团体都以善业为目的,那么我们也可说社会团体中最高而包含最广的一种,它所求的善业也一定是最高而最广的:这种至高而广涵的社会团体就是'城邦'……"②"我们也可以这样说:城邦的长成出于人类'生活'的发展,而其实际的存在却是为了'优良的生活'。"③由此可以看出,城邦(政治)乃一项寻求至善的事业。然而,考虑到人性("天然的政治动物")的自然发展、城邦的长成和"优良生活"的渐进发展,至善的事业也是一个渐进的过程。本书认为,这种渐进达到至善的过程就是善治。据此,本书认为政治就是善治,法治就是良法善治。

　　类似于社会契约理论对国家制度的影响,亚里士多德的善治理想早已内化为当代公共政策理论的基本要求。然而,1949年以后,国内长期存在言必谈党的政策,甚至以个别领导人的讲话、意见取代全部政治理论的误区。殊不知,中国共产党的政策也是一项渐进寻求至善的事业,绝非尽善尽美的事物,必须坚持"批判—完善"抑或"否定之否定"的进路,才有可能逐渐成为更好的

---

①　艾晓明:《昆德拉对存在疑问的深思》,李凤亮、李艳编:《对话的灵光——米兰·昆德拉研究资料辑要》,中国友谊出版公司1998年版,第279页。
②　[古希腊]亚里士多德:《政治学》,吴寿彭译,商务印书馆1965年版,第3页。
③　[古希腊]亚里士多德:《政治学》,吴寿彭译,商务印书馆1965年版,第7页。

善治主张,继续指导公共事务的处理。因此,在当代中国的背景下,基于刑法知识的专门性、纯粹性,反对将刑法知识完全混同于主流政治常识和传统意识形态的主张具有一定程度的合理性。受此启发,基于犯罪治理这一公共事务所形成的刑事政治理论,也要坚持刑事批判的进路,纠正传统意识形态抑或泛政治化的偏差,寻求犯罪治理理论及其实践的改善。

结语:外境犹吾境,他乡即故乡

在米兰·昆德拉的笔下,诗人雅罗米尔的现实与梦想发生了严重的悖反。既然发生了悖反,根据悖反的逻辑,梦想与现实也必然具有重合的属性。这种属性,用《生活在别处》的话说:梦想是现实,大学生在墙上写道,但仿佛事实正相反:这所谓的现实(路障、砍断的树木、红旗),才是梦想。我们知道,雅罗米尔"生活在别处"的梦想又不是一般的梦想,是青年学生追求"绝对现代化",实现真实价值并创造全新历史的革命实践。然而,刑事政治理论并非绝对正确、现代化的理论,更不想创造全新的历史实践。历史的逻辑和经验无不表明,作为舶来品的刑事政治理论所期待的犯罪治理梦想及其政治理论冲突既是源于古代抑或西方的生活,是当下中国亟待突破的现实难题,更是形式法治难以触及的法律指南(guideline)。因此,它也只能生活在别处。

从现实的层面来讲,支撑刑事政治理论的善治原理关联着中国社会的纵深发展。根据善治原理的指导,政治不仅具有求善(公共处理的改善)的本质,刑法与政治的结合也不是危险的事物。实际上,阶级统治绝非政治的本义,"政治挂帅"抑或"政治压倒一切"的意识形态不过是滥用了政治的别名,并非真正的政治生活。因此,危险属于泛政治化的传统及其单一、没有制约的利益机制,去政治化只能是泛政治化的纠偏,绝不能因噎废食,曲解了刑事政治理论阐明善治含义,改善公共事务机理的本真。

第三节　立法批判:刑法立法的缺陷与改善

在犯罪治理的系统反应中,刑事立法反应具有关键性地位。尤其对善治层面的社会治理体系而言,良法是前提,更离不开刑法(广义,即刑事法)制度的改善。然而,从理性的角度来讲,法律原本也是自然的存在,立法兼有探寻、复原法律的属性。然而,国人素重刑罚。严刑峻罚之下,以人为器,我为刀俎,人为鱼肉,不重自然,以至违背人性、公共事务属性和规律的刑事立法比比皆是,至今积重难返。

一、刑法制度不可承受之轻

传统法家极其重视刑事手段的运用。据《商君书·靳令》记载:"行刑,重其轻者,轻者不至,重者不来,此之谓以刑去刑,刑去事成。"然而,考虑到犯罪治理的社会因素,重其轻者,重者接踵而来,轻者未必不至。反倒是米兰·昆德拉在《不能承受的生命之轻》中引用古希腊哲学家巴门尼德提(Parmenides of Elea)出来的问题,值得我们深思:"到底选择什么? 是重还是轻?"笔者以为,犯罪乃必然、恒久的存在,"以刑去刑"终归是法家的臆想。考虑到我国的刑法制度向来重刑有余,轻刑不足,窃以为轻罪、轻刑的系统构建更有意义。

(一) 劳教制度的废改问题

此前,司法改革运动断然废除了饱受诟病的劳动教养制度,开启了系统构建轻罪、轻刑的窗口时期。当然,从法治的角度来讲,劳教制度的废除也大快人心。考察劳教制度的历史,它是特定历史时期的产物。但是,一项长达三四年的行政处分,严厉程度与刑罚无异,严重超越了行政权力的范畴,形成了行政权力侵犯国家立法权力的怪现象。加之部分地方政府的恶为利用,劳教制度严重背离了合理、合法处置轻微犯罪行为的轨道,成为过街的老鼠,出现了人人喊打的局面。更严重的是,这个制度的废改还是我国刑事立法体系完善的关键所在。在劳教制度被废除之前,治安管理处罚、劳教制度和刑罚组成了我国社会治安的三级制裁(处分)体系,即刑法规制构成犯罪的行为,劳动教养规制违法严重但又不构成犯罪的行为,治安管理处罚规制一般违法行为。但是,三级制裁体系建立在"重罪重罚"的刑罚观念的基础之上,为了达到削减犯罪数量、减少犯罪标签的目的,不仅采用了犯罪概念的定量因素,还将相当一部分轻微罪行纳入劳教制度。然而,犯罪学的研究表明,犯罪是一种系统、连续的存在,人为地缩小犯罪存在的数量,不仅割裂了犯罪存在的连续性,与犯罪存在的实际数量也毫无关系。因此,犯罪概念的定量因素只不过将原本属于"犯罪—刑罚"体系的轻微犯罪行为归入了劳教或者其他的范畴,使之脱离了"罪刑法定"原则的视野,带来了更多的麻烦。

相对于保安处分的对象,劳教制度的对象范围更宽。早期,国务院制定的《关于劳动教养问题的决定》规定了四类对象。后来,通过一些文件又将其扩充到六类对象。最多的时候,劳动教养制度适用的对象多达十几种。概括起来,截至劳教制度被废除之前,其对象主要分为三类:第一类是有轻微违法行为但不构成犯罪的人;第二类是常习性违法的行为人;第三类是吸毒、卖淫嫖娼的人员。

根据社会防卫的原理,吸毒、卖淫嫖娼的人员和常习性违法的行为人都属于具有某种癖性,需要通过强迫劳动来治疗的病人。因此,后两类劳教对象都属于保安处分的范畴。唯独第一类劳教对象——"有轻微违法行为但不构成犯罪的人",他们之所以被劳教,不是因为他们的某种癖性抑或社会防卫的需要,而是他们的违法(犯罪)行为应该被惩罚。既然不是因为某种癖性需要治疗,劳教制度对"有轻微违法行为但不构成犯罪的人"的惩罚不是治疗、防卫性质的保安处分,而是报应、惩罚性质的刑罚(实质意义上的刑罚)。因此,保安处分不足以涵括劳教制度的全部对象。废除劳教制度以后,原本属于劳教制度合理规制的对象应当通过轻微罪体系的构建、完善和保安处分制度的专门立法共同来实现。

(二) 轻微罪系统的完善

刑法立法具有突出的二次性、非绝对性的特征。为此,在刑法立法中务必要注意刑法与其他法律的系统衔接,也要注意刑法内部构造的系统性改善。废除劳教制度之后,如何完善轻微罪的成立体系,需要在犯罪治理目的体系下针对"有轻微违法行为但不构成犯罪的人"的规制做出特别的说明。本书认为,对"有轻微违法行为但不构成犯罪的人"的处理,不仅关系轻微罪体系的构建和完善,而且关系到犯罪门槛的降低和刑罚目的的调整、完善。

1.降低犯罪门槛实现犯罪成立的系统化。前文提到,施加于"有轻微违法行为但不构成犯罪的人"身上的刑罚,这并不是说没有犯罪却要施加刑罚,而是犯罪概念的定量因素在作祟。说到底,犯罪概念的定量因素就是一个"……都是犯罪,但是……不认为是犯罪"抑或"是又不是"的问题。很显然,这种表述存在严重的逻辑问题。深究起来,说它是犯罪,那是存在抑或客观意义上的界定。"不认为是犯罪",那是立法者的意愿抑或立法的选择。换句话说,犯罪的存在是客观的、绝对的,它和立法者的意愿抑或他们承认与否之间并没有太多的关系。立法者认可所有的犯罪,有利于犯罪的系统规制。否则,就有掩耳盗铃的嫌疑。

基于系统规制犯罪问题的需要,应当废除犯罪概念中的定量因素,降低犯罪门槛,实现犯罪成立的连续化、系统化。现行刑法体系中,对犯罪采取的是定性加定量的入罪模式。因此,刑法典中,诸如"情节恶劣""情节严重"之类的措辞比比皆是。然而,犯罪成立的定量因素不仅有违立法明确的要求,而且割裂了犯罪成立的连续性质,助长了重罪重刑的习气,不利于犯罪问题的系统规制。

2. 建立正式、系统的保安处分制度。保安处分与刑罚制度关系密切,相辅相成,但又存在目的、方法等方面的根本差异。在劳教制度尚未废除以前,很多不构成犯罪又很危险的情况,往往能够通过劳教的方式去消除。废除劳教制度之后,不仅出现了处分体系的断裂,还直接产生了无法有效应对前述危险的后果。从这个意义上讲,构建正式、系统的保安处分制度的紧迫性进一步显示出来了。

在保安处分制度的构建中,应当采取专门立法和附属立法共同推进的方式,尽快完善犯罪治理的法制体系。一方面,正式的保安处分制度应该界定为以消除危险为主要目的的特殊预防方式,可以纳入刑法、行政法的范畴,不失时机地推动相关附属保安处分规范的设立。1997 年修订刑法的时候,有学者提出应当采取"刑法—保安处分"双轨治理模式,2011 年的《刑法修正案(八)》和随后的《刑事诉讼法》修正案增加了具有保安处分性质刑罚禁令,这些都属于依附其他法律法规推动保安处分立法的重要方式。另一方面,专门的保安处分立法也很重要。由于缺乏专门、正式的保安处分法律,附属保安处分措施的性质存在很大的争议,适用的程序、标准也不是很清楚,出于不越雷池的心理,相关措施极少适用。因此,专门的立法不仅可以明确保安处分制度的定义、性质和目的,还可以对决定、执行保安处分的主体及其权利救济的问题做出系统的安排。

3.以法益恢复为主改善刑罚目的体系。在轻微罪体系的完善中,还需要考虑到刑罚目的的调整。如果仅从报应、预防的角度来说,轻微罪体系的建构不足以适应轻微罪处分目的的要求,不足以承载轻微罪相关主体的主要利益。区别于重罪体系严重影响个人生命、财产,社会安全等重大法益的特点,相关的反应方式应当突出其报应、预防的功能和目的。但是,轻微犯罪行为并不具有直接形成重大法益的特点,应当将相关主体的利益恢复摆放在主要的目的地位。

根据利益恢复的刑罚目的,轻微罪的完善应当考虑到以下两个方面的要求:第一,轻微罪的处置要以受害人利益的恢复为主要目的。然而,包括治安管理处罚、劳教在内的制度,注重对行为人的惩罚和治疗,都不重视受害人利益的恢复。第二,应当为轻微罪体系配置灵活多样的反应方式。由于轻微罪的处置要以受害法益的恢复为主要目的,因此,法律对于轻微罪的反应要充分考虑到受害人的利益需求。然而,从现实的情况来看,轻微犯罪受害人的利益需求是很复杂的。一般说来,在他们想要讨得的说法当中,赔礼道歉、获得赔偿的重要性远比犯罪人受到的惩罚(如短期自由刑、罚金)重要。但是,法益被侵犯的情况非常复杂,考虑到法益恢复的要求,需要配置有相对灵活多样的反应方式。从这个角度来讲,曾经的"栽树判决"具有良好的示范作用。如果说,老太太上坟失火烧掉的不是森林,而是草地抑或其他的财产,相应地,法院应当判决老太太种草,抑或根据具体情况以其他可能的方式尽量恢复受害的法益。因此,应当为轻微罪体系配置相对灵活多样的反应方式,在公序良俗的范围之内,从程序的发动到判决的内容,都要充分考虑到案件的具体情况和当事人的利益诉求,使受损的法益得到最大限度的恢复。

(三) 刑法不可承受之轻

回到米兰·昆德拉的问题:"到底选择什么? 是重还是轻?"对此,亦如《诗经》所云:"予怀明德,不大声以色。"中国刑法制度的改善,不能只纠缠于死刑的废除、生刑的加重。从民众的角度来讲,轻微犯罪行为,不仅数量巨大,而且关系到他们的切身利益。处理得不好,不胜其扰不说,还会加剧民众的迷茫以致原本就很脆弱的法律信仰进一步流失殆尽。

废除劳教制度以后,表面上看起来,疾言厉色的批评戛然而止。实际上,轻微罪体系的缺位当即凸显出来了。如果说谋杀(故意杀人)、抢劫、强奸等重罪的处置,无一例外会被各国纳入刑法的视野,所配置的刑罚(除死刑以外)也大同小异。说到底,国际上关于重罪处置的经验大抵也是有用的。那么,轻罪的处理呢? 不仅各国的风土人情、人文底蕴都可以影响到轻罪的设置、种类和期限,还要根据受害法益的具体情况配以相对灵活多样的刑法反应,以满足多元刑法目的的需要。唯其如此,才能实现巴门尼德所说的"轻者为正,重者为负"的哲理。一言以蔽之,轻微犯罪体系的构建、完善要比基于恶害的报应、预防复杂得多。为此,不仅需要废除犯罪概念的定量因素,恢复犯罪的连续存在,以灵活多样的刑法反应满足多元刑法目的的需要,还要根据刑事政策的研究,加强轻微罪体系的专门立法,鼓励司法改革,以判决抑或判例的形式弥补实定法的不足。然而,既有法律依据,效果也很好的"栽树判决"并未得到广泛的推广适用。与之相反,本以为一定会步履维艰的废除、限制死刑的运动却在前一段时间取得了极大的进展。由此可见,轻微犯罪乃现行刑法不可承受之轻。

二、不急于修改刑法的政策

找到了现行刑事立法的关键问题,如何改善也非易事。尤其当代中国的刑事立法,旋风式的修正案早就扰乱了立法完善的理性思考。众所周知,在所有的部门法中,《刑法》的修订是最快的。1997 年修订刑法典以来,19 年出台了 9 个修正案,年均 0.5 个修正案的速度甚至让我们来不及批判和思考。果不其然,法律修订如此之快,貌似解决不了太多的问题。以食品安全为例:随着《刑法》的一再扩容,骇人听闻的"胶面条""镉大米""瘦肉精""甲醇酒""人造蛋""三鹿粉""地沟油""纸腐竹""皮革奶"等,接连不断涌现在国人及其刑法面前,一次又一次打破民生福祉的安全底线。

（一）**问题:非系统的刑法立法**

在立法完善的过程中,国内存在舍本逐末的问题。问题越是严重,越要从刑法开始,为此还形成了有问题直接修改刑法的习惯。既然如此,我们也从食品安全的刑法规制开始,看看问题能不能在这个层面得到真正的解决。

1. 直接规制食品安全的罪名

规制食品安全的罪名主要在《刑法》第三章第一节,即破坏社会主义市场经济秩序罪中的生产、销售伪劣商品罪。罪名主要有:生产、销售伪劣产品罪,生产、销售不符合卫生标准的食品罪,生产、销售有毒、有害食品罪,食品安全监督管理滥用职权罪和食品安全监督管理玩忽职守罪。上述罪名,除生产、销售伪劣产品罪外,其他都在《刑法修正案(八)》中进行了修改、增订。

首先,《刑法修正案(八)》对生产、销售不符合卫生标准的食品罪和生产、销售有毒、有害食品罪进行了较大的修改。第一,用"食品安全标准"替代了"卫生标准";第二,取消了罚金刑的比例限制;第三,增加了部分加重情节,如"或者有其他严重情节的""或者有其他特别严重情节的";第四,取消生产、销售有毒、有害食品罪的拘役刑,将起刑点提高到有期徒刑。

其次,新增两个专门规制食品安全管理的罪名,即食品安全监督管理滥用职权罪和食品安全监督管理玩忽职守罪。《刑法修正案(八)》第四十九条规定:在刑法第四百零八条后增加一条,作为第四百零八条之一:"负有食品安全监督管理职责的国家机关工作人员,滥用职权或者玩忽职守,导致发生重大食品安全事故或者造成其他严重后果的,处五年以下有期徒刑或者拘役;造成特别严重后果的,处五年以上十年以下有期徒刑。徇私舞弊犯前款罪的,从重处罚。"

综合有关修订的情形,不仅食品安全标准直接列入明文正典,极大提高了食品安全法益的地位,而且在维持死刑配置的前提下,增加加重事由、提高起刑点并取消罚金的比例限制,食品安全法益的重要地位显而易见。尤其两个专门罪名的增订,不仅明确了有关责任,改变了食品安全的刑法规范对民不对官的传统,而且严密了刑事法网,具有重要的刑事政策意义。

2. 间接规制食品安全的罪名

除上述三个直接规制食品安全的罪名外,还有一些间接规制食品安全的罪名,如以危险方法危害公共安全罪、非法经营罪等。

(1)以危险方法危害公共安全罪。根据《刑法》第一百一十四条、一百一十五条的规定,本罪是指行为人故意以放火、决水、爆炸、投放毒害性、放射性、传染病病原体等物质以外的其他危险方法危害公共安全,足以危害不特定多数人的生命、健康或者重大公私财产安全的行为。该罪原本是《刑法》第二章"危害公共安全罪"的罪名,带着死刑,将其应用于市场经济秩序范畴的食品安全的规制,跨度也不小。2009年1月,三鹿奶粉事件中生产、销售含有三聚氰胺混合物的被告人张玉军、耿金平等人就是以该罪名被判处死刑的。

（2）非法经营罪。立法的时候,该罪的出发点主要是专营、专卖、许可证等制度的保护。后来,根据入罪的需要,大量与上述制度无关的情形陆陆续续加入其中。例如"使用销售点终端机具（POS机）等方法,以虚构交易、虚开价格、现金退货等方式向信用卡持卡人直接支付现金"的行为,与专卖、专营、许可证制度原本毫无瓜葛,司法解释硬是认为该类行为可以构成非法经营罪。难怪有学者质疑,非法经营罪成了一个新的口袋罪。批评归批评,从现有的情形来看,以该罪规制食品经营的可能性是现实存在的。

3. 食品安全刑法规制的不足

综上所述,食品安全的刑法规制,一方面,罪名原本就不少,加上最新的修订,刑法介入的角度更加周全,可谓刑事法网严密;另一方面,该类经济犯罪,原本带有死刑不说,最新的修订还取消了罚金的比例限制,可谓刑罚用尽。问题是,我们对食品安全放心了吗?

本书认为,相关刑法规定的根本目的是食品安全法益的保护。离开食品安全法益保护水平的重大提升,相关刑法规定的效应就无从谈起。事实上,在一部保留几十个死刑罪名的刑法典中,一味地提升刑罚,意义非常有限。正如我们知道盗窃罪死刑的废除不会引起盗窃犯罪的激增,增加食品安全刑法规制的用刑也不会为食品安全生产的局面带来太大的改观,犹如硬币的两面。因此,在食品安全刑法规制法网严密,用刑有余的情况下,食品安全刑法规制的不足已经不在刑法规定之中,而在刑法规定之外了。

（二）反思:刑法之外的政策

广义的刑事政策理论认为,刑事政策是抗制犯罪的系统反应。既然是系统的反应,自然包括刑事之内、之外、之前、之后、之上、之下的反应。这一点,与储槐植先生的刑事一体化理论有不谋而合之处。但是,单就反应方法而言,"刑事政策就是社会整体据以组织对犯罪现象的反应的方法的总和,是不同社会控制形式的理论与实践……在刑事政策领域里,刑法实践并不是一枝独秀,而是被其他的社会控制的实践所包围着。这些实践有非刑事的(如行政制裁),有惩罚性的(如预防、赔偿和调解),甚至也有非国家的(私人民兵的惩罚活动,国际大赦组织的抗议性行动,或作为某些行业管理的纪律措施)。"①从这个意义上讲,刑法反应虽则身处最高之处,作为社会反应系统的一支,刑法反应的效应还取决于刑法之前、之外的社会反应。

具体到食品安全法益的保护:首先,食品安全法益的刑法保护主要属于经济犯罪的范畴,具有突出的从属特性。经济犯罪的从属性,是指经济刑法规范要以相关行政法律、法规的规制为前提,是行政违法的惩罚。换句话说,没有行政违法,就没有经济犯罪。食品安全的刑法保护也是如此,原则上要以相关行政法律、法规的保护作为前提。没有行政法律、法规的前置保护,刑罚的启动无从谈起,更不用说有效了。其次,最好的刑事政策就是最好的社会政策,食品安全法益的保护归根结底要靠食品安全秩序的治理,严刑峻罚只是增加了社会的暴戾习气,对问题的解决未必有多少好处。

从刑法之外来看,食品安全法益的保护最先取决于市场秩序的水平。没有市场秩序的根本好转,食品安全生产抑或法益将是无源之水。众所周知,市场经济条件下,政府原则上不参与微观的经营,但要负责市场秩序的维护,尤其要在加强社会治理、净化社会环境的同时,严格制止欺诈、造假、垄断等不正当竞争行为。事实上,"皮革奶"就是不良企业对奶粉含量国家标准的欺诈。因此,"皮革奶"的防范,政府要从反欺诈的市场秩序入手,而不是一味依靠刑法的反应。刑法之外的刑事政策,本书认为,食品安全的有效保护,需要以市场秩序的好转为根本,在反欺诈、反垄断和反不正当竞争的过程中,建立一个全方位和系统化的保护体系。刑法,只是这个体系的保障,要么作为最后一道关口,要么作为修复有关体系的利器。

(三) 不急于修改刑法也是一种政策

回头看,"皮革奶"的传言与食品安全的刑法规制殊途同归。一方面,"皮革奶"的复出,据说只是一种传闻,但这个传闻,老百姓宁信其有。当

---

① [法]米海依尔·戴尔玛斯-马蒂:《刑事政策的主要体系》,卢建平译,法律出版社2000年版,第1页。

然,民众的怀疑也是法治社会的基础。另一方面,刑法的大肆进攻貌似将食品安全包裹得凶神恶煞、严严实实,事实上呢,什么变化也没有。君不见,从大米、面条、食用油到普通的果蔬,哪一样不是随着刑法的频繁修改越来越不安全,更不用说香港抢购奶粉的队伍少了多少。两相对照,前者,无就是有,后者,有还是无,二者殊途同归。《刑法》的修改也是如此,急急忙忙抬出刑罚,解决不了根本问题。"三鹿"的刑罚不可谓不重,才过了多久,"皮革奶"又要复出了,挺快的,甚至有点让人目不暇接。说到底,刑法反应只是社会治理系统的众多反应之一。我们此前还说过,治理(governance)是公共主体为实现多元利益而对共同事务采取的系统反应。区别于单方主导的控制和管理,治理强调多方主体的协调、共同事务的机理和多元利益的实现。① 不仅如此,考虑到刑法反应的保障性,不从事物的机理出发,不尊重系统治理的规律,白白浪费了刑法资源不说,反而会伤及自身。不过,"皮革奶"还只是一个方面,欠薪入罪、危险驾驶亦是如此。从这个意义上讲,不急于修改《刑法》也是一种政策。

三、毒品犯罪死刑立法的批判与治理

尽管国人特别重视重罪、重刑的处置,但我们在一些常见重罪的处理中也存在一系列非理性、不科学的问题。众所周知,作为一种具有突出营利关切的犯罪,毒品犯罪既非国际公约规定的最严重罪行,也存在相当复杂的毒品病理和社会因素,并非严刑峻罚所能消灭、控制的。因此,毒品犯罪死刑立法的批判和治理也是刑事政治理论的重要注脚。

(一) 毒品犯罪非最严重的罪行

公开的文件显示,中国已经确立了渐进废除死刑的政策。实际上,我们也在渐进废除死刑的努力取得了一系列的重大进步。继 2011 年 2 月出台的《刑法修正案(八)》取消 13 个适用死刑的罪名以后,2015 年 8 月出台的《刑法修正案(九)》又取消了集资诈骗罪、组织卖淫罪等 9 个死刑罪名。至

---

① 参见卢建平、周建军:《城中村治理——撕破二元制度的面纱》,载《清风》2010 年第12 期。

此,中国一共取消了 22 个死刑罪名,占 1997 年《刑法》68 个死刑罪名的 32.3%。尽管如此,受传统刑事政策的影响,毒品犯罪的死刑立法和适用依然存在较为严重的问题。在现有 46 个死刑罪名中,涉及毒品犯罪的,仅有《刑法》第三百四十七条规定的走私、贩卖、运输、制造毒品罪。但是,因这个罪名被判处的死刑占据了死刑案件的相当比重。据媒体的公开报道:2013 年,北京法院共判处毒品犯罪分子 1587 人,被判处无期徒刑至死刑的 61 人①;2015 年,截至 6 月 24 日,中国广东省深圳市公安机关共破获毒品案件 2431 宗,判决被告 2370 人,其中无期徒刑直至死刑 51 人。② 可见,毒品犯罪死刑的废除将对中国渐进废除死刑的努力和最终废除死刑的目标起到根本性的促进作用。

然而,毒品犯罪并非国际公约所确定的"最严重的罪行"。根据 1966 年通过的《公民权利和政治权利国际公约》(以下简称《权利国际公约》)第六条第二款的规定:"在未废除死刑的国家,判处死刑只能是作为对最严重的罪行的惩罚,判处应按照犯罪时有效并且不违反本公约规定和防止及惩治灭绝种族罪公约的法律。这种刑罚,非经合格法庭最后判决,不得执行。"1984 年 5 月 25 日,根据联合国犯罪预防和控制委员会第八届会议的建议,联合国经社理事会第 1984/50 号决议进一步通过了《保护死刑犯权利的保障措施》(以下简称《保障措施》)。《保障措施》第 1 条(a)项规定:"在没有废除死刑的国家,只有最严重的罪行可判处死刑,应理解为死刑的范围只限于对蓄意而结果为害命或其他极端严重的罪刑。"2005 年 4 月,联合国通过第 2005/59 号督促世界上仍然保留死刑的国家在适用死刑时,必须"确保死刑不被适用于如金融犯罪、宗教活动、意识形态的表达以及成年人间经合意的性行为"③。1998 年,中国签署了《权利国际公约》,至今尚未获得全国人大的批准。尽管如此,但中国学者普遍认为:"由联合国制定、通过的国际公约,它对缔约国有法律上的约束力。其中,以《权利国际公约》为代表,它的有关规定构成联合国刑事司法根本性准则,是迄今为止最为全面、集中地规定国际公约的刑事司法人

---

① 骆倩雯:《61 毒贩去年被判无期至死刑》,载《北京日报》2014 年 6 月 26 日。
② 参见卞德龙:《51 人涉毒被判无期至死刑》,载《深圳特区报》2015 年 6 月 26 日。
③ See chap.XVII, E/CN.4/2005/L.10/Add.17.

权准则的联合国文书。"①在此基础上,学界普遍认为,中国应当以《权利公约》的要求渐进推行死刑制度的改革。例如,卢建平教授明确提出:"在与国际人权公约相协调的各制度中,死刑制度具有其特殊性,需要我们引起重视。本书认为,我国刑法中关于死刑的规定应该在以下几个方面作出完善努力。1.将《刑法》第48条中'死刑只适用于罪行极其严重的犯罪分子'的规定修改为'死刑只适用于最严重的罪行';2.逐渐取消对非暴力犯罪的死刑规定;3.对于仍然保留死刑的罪名,明确规定只有故意杀害他人或者造成其他极端严重后果的才可以判处死刑……"②按说,毒品犯罪既不属于"致命的"故意犯罪,原则上也不属于暴力犯罪,其死刑应当优先被废除。但是,中国社会普遍存在"毒品犯罪危害极大"的观念。受此影响,毒品犯罪是否属于"最严重的罪行"存在较大的争议。因此,在《刑法》近三分之一的死刑罪名被废除的情况下,依然没有触及毒品犯罪死刑的废除问题。

　　国际层面,毒品犯罪是否属于"最严重的罪行"的观点也不尽一致。以新加坡为例:该国对于达到一定数额的毒品犯罪,新加坡法律规定必须判处死刑。当地的民权组织"思考中心"(the Think Centre)指出,新加坡70%的绞刑是适用于毒品犯罪人的。③ 国际组织对此提出了严厉的批评,称其为"残酷、不人道的"。为此,新加坡政府曾在联合国人权委员会辩称:"我们很不赞同对毒品犯罪限制适用死刑。死刑有效阻止了毒品犯罪组织在新加坡的建立和发展,相对于毒品犯罪组织在其他地方日益严峻的有组织犯罪活动,目前没有毒品犯罪组织在新加坡进行有组织犯罪活动。而根据联合国毒品犯罪问题办公室2008年的报告,新加坡是世界上毒品滥用率最低的国家。"④很显然,新加坡政府只不过阐明了死刑对他们控制毒品犯罪所起的作用。此外,中国台湾地区的"刑法典"、《泰国1979年毒品法》等也对毒品犯罪设置了死刑。对此,国际条约

---

　　① 卞建林、杨宇冠:《联合国刑事司法准则撮要》,中国政法大学出版社2003年版,第10页。

　　② 卢建平:《国际人权公约视角下的中国刑法改革建议》,载《华东政法学院学报》2006年第5期。

　　③ Amy Tan, *Singapore death penalty shrouded in silence*, Reuters, Singapore, April 12, 2002.

　　④ Patrick Gallahue and Rick Lines: *The death penalty for drug offences*, Global Overview 2010, London: The International Harm Reduction Association, 2010, p.28.

机构和人权监督部门发表了一系列的报告和释义,反复强调:毒品犯罪不属于最严重的罪行,对毒品犯罪人处以死刑违反了人的生存权。例如,联合国经济与社会理事会秘书长在其五年一度的报告——《死刑和关于保护死刑犯权利的保障措施的执行情况》中多次明确指出:最严重罪行的定义可能因涉黑、文化、宗教和政治背景的不同而有所不同。然而,蓄意犯罪和致命的或其他极其严重的后果意在指犯罪应是危及生命的,即危及生命是犯罪行为的一种非常可能发生的后果。① 不难看出,尽管各国对"最严重的罪行"的理解存在一定的分歧,但联合国的文件反复表明,"最严重的罪行"是指以生命为对象的犯罪行为。若以是否危及生命为标志,毒品犯罪绝不属于"最严重的罪行"。

(二) 毒品犯罪主观明知推定非确定性

毒品犯罪的主观明知具有不易被认知、把握、证明的特点。一方面,与致命性犯罪不同的是,涉毒犯罪行为具有突出的隐蔽性质。尤其占据毒品犯罪数量最多的走私、运输毒品犯罪行为,大多通过邮寄、夹带的方式来实现,犯罪人的主观明知很难显示出来。另一方面,作为一种营利犯罪,却要被判处重刑或极刑,涉毒犯罪人更会穷尽各种可能为自己辩护。据赵秉志教授介绍:"在毒品犯罪适用死刑的司法实务中,最具争议的莫过于主观明知要件的认定。"②实践中,毒品犯罪人的主观明知主要依靠推定的方式来证明。然而,推定毕竟属于"将一种事实在评价的意味上等同于另外的一件事实",这样的做法存在是否合理的问题。③ 出于平衡的需要,刑事立法、司法通常要对推定的故意犯罪予以从轻处罚。如《英国海关法》规定,对于走私 A 类毒品,行为人认识到是违禁品,而事实上是毒品,就推定其具有走私毒品的故意,但刑罚比走私 A 类毒品犯罪较轻。④ 因此,探明毒品犯罪主观明知推定的究竟,也有助

① 联合国经济及社会理事会在其 1973 年 5 月 16 日第 1745(LIV)号决议中,请秘书长自 1975 年起每隔五年向理事会提出一份关于死刑的定期最新分析报告。关于"最严重的罪行"的争议,参见第五、六次报告。
② 赵秉志、李运才:《论毒品犯罪的死刑限制——基于主观明知要件认定的视角》,载《中南大学学报(人文社科版)》2010 年第 5 期。
③ 参见李立丰:《美国刑法犯意研究》,中国政法大学出版社 2009 年版,第 233 页。
④ ARD,CROSS,JONES:*Criminal Law*(seventeenth edition),Oxford:Oxford University Press,2006,pp.109-110.

于毒品犯罪死刑的废除。

严格说来,推定是一种允许或者要求事实发现者基于某些事实的证据假定其他事实存在的演绎方式。为此,也有人将其理解为未经调查或没有相反的证据之前,认定相关事实为真或可信。资料显示①,在中国毒品犯罪最多的省份——云南省,司法机关主要根据以下三个规则推定嫌疑人具有相关的毒品犯罪主观明知:

第一,经验规则。毒品犯罪主观明知推定的经验法则源于司法工作人员实践和经验的积累。据统计,常见的推定毒品犯罪主观明知的基础事实主要有以下 12 种,如表 1 所示。需要说明的是,这 12 种基础事实具有高度的盖然性,仅凭相关基础事实不能推定行为人具有相关毒品犯罪主观明知的事实。

表 1　推定毒品犯罪主观明知的基础事实

序号	基础性事实的类型	排除合理怀疑
1	将毒品藏在非正常的地方,如体内、内裤、鞋底等	否
2	获得了过高的待遇或报酬	否
3	走常人一般不愿意行走的路径	否
4	采取非正常的交接方式交接毒品	否
5	在临检的时候,抛弃所携带的毒品,逃跑等	否
6	毒品包装物上提取到了行为人的指纹	否
7	行为人有毒品犯罪前科,或涉毒犯罪在逃	否
8	使用虚假身份证件邮寄、领取毒品	否
9	交易中出现了巨额资金,制造、贩卖毒品的工具	否
10	行为人出现在涉毒地区,且没有合理的解释	否
11	行为人吸毒成瘾	否
12	其他严重不合逻辑、违背常识的事实	否

第二,逻辑规则。逻辑规则,即逻辑证明的规则。云南省检察系统的研究资料提出,司法实践中常常运用正向的演绎逻辑和反向的演绎逻辑来推定毒

---

① 云南省司法系统推定毒品犯罪主观明知的资料参考了沈曙昆检察长主持的课题《毒品犯罪主观明知推定研究》(2010 年度云南省检察机关检察理论研究课题)的成果,对此表示感谢。

品犯罪的主观明知。

　　第三,风险控制的规则。上述资料还指出:"毒品犯罪主观明知推定是蕴含潜在风险的制度,我们应该在实践中采取相应的风险控制措施,以杜绝潜在风险的发生。"为此,在毒品犯罪主观明知推定的司法实践中,尤其需要注意到如表 2 所示的 6 个方面的风险控制规则。

表 2　推定毒品犯罪主观明知的风险控制规则

序号	风险控制规则	排除合理怀疑
1	对未成年人应慎用毒品犯罪主观明知推定	否
2	司法人员应告知被推定人具有反驳的权利	否
3	公诉人必须就推定被告人具有毒品犯罪主观明知的基础事实进行举证、质证和辩论	否
4	法官应阐明推定被告人具有毒品犯罪主观明知的论证理由	否
5	如果证据仅能推定被告人明知可能是毒品,因其主观恶性小,人身危险性低,量刑时应当酌情从轻处罚	否
6	推定被告人主观上是毒品的,一般不应判处死刑立即执行	否

　　2012 年修订的《刑事诉讼法》第五十三条明确规定:"对一切案件的判处都要重证据,重调查研究,不轻信口供……综合全案证据,对所认定事实已排除合理怀疑。"也就是说《刑事诉讼法》已经确立了"排除合理怀疑"的证明标准。然而,亦如表 1 和表 2 所显示出来的,上述毒品犯罪主观明知的推定规则全部没有达到"排除合理怀疑"的证明标准。因此,决不能仅凭上述规则中列明的基础事实推定出毒品犯罪的主观明知。但在司法实践中,上述推定规则起到了毒品犯罪主观明知推定的指导作用。为进一步说明有关问题的严重性,我们引用三个毒品犯罪主观明知推定的案例来说明有关的问题:

　　案例一:2007 年 1 月 31 日,被告人朱某某乘坐南伞开往保山的客车途经永德县某检查站的时候被警察抓获。警察当场从其所坐的 3 号座位坐垫夹层内查获 3 块海洛因 337 克。朱某某辩称:2007 年 1 月 25 日,我一个人从家里来到南伞玩了 4 天,31 日在车站刚买好车票,在车站大厅有个不知名的男人问我要到哪里,我说要到大理下关。他就说让我帮他带东西到大理下关,并从他身上衣袋内拿出 3 块东西。一开始,我说不带。他提出,东西带到下关后给我 200 块钱。我问他是什么东西,他要我别多问。我当时因为想着 200 元钱就没有多问了。他叫我把东西放在我座位的下夹层内,他还说等我到下关后会安排人来接东西。我不知道东西是毒品,也没怎么多想。地方法院的判决书认为,本案被告人朱某某一直辩称不知道那包东西是毒品,但"物品"藏在其所坐座位夹层内,藏匿方式非常隐秘,明显反常。作为一个具有健全理智和基本生活经验的成年人,朱某某不可能对"物品"的性质没有认识的,其至少会知道"物品"可能是毒品。据此,(2009)临中刑初字第 369 号判决:被告人朱某某犯运输毒品罪,判处有期徒刑 15 年。

案例二:2007 年 9 月 24 日,被告人孟某在芒市机场乘飞机前往昆明时被警察抓获。从他随身携带的联想牌笔记本电脑、鼠标、电源适配器夹层内查获甲基苯丙胺净重 609 克。孟某辩称:"我在缅甸赌场里赌钱时认识一个缅甸籍男子。9 月 22 日,该男子在瑞丽永昌宾馆旁边交给我一个笔记本电脑,让我帮他带到宁波。交给谁没有说,只说带到宁波后他会联系我的。被抓后我才知道电脑里有毒品。"后经侦查人员查明,瑞丽施明电脑工作室员工陈某、张某辨认证实:孟某于 2007 年 9 月 4 日购买了一台联想天逸 F50 笔记本电脑,编号与孟某携带的完全一样。本案中,电脑为被告人孟某在瑞丽一商店购买,但其面对侦查人员讯问时却编造谎言,说电脑是缅甸籍男子托他带到宁波的。这足以反证出他知道电脑里藏有毒品。据此,(2008)德中刑初字第 32 号判决:被告人孟某犯运输毒品罪,判处无期徒刑。

案例三:2009 年 2 月 8 日,被告人周某驾车途经昆洛公路勐板村附近时被抓。警方从副驾驶位置上一蓝色拉链包内查获甲基苯丙胺 10 块 9725 克。周某辩称:帮平哥运药材,给 10 万元报酬。平哥说药材是象牙、熊胆、虎骨之类的东西。300 元一天租了一辆车。尿检证实周某为吸毒者。三名同案犯杨某、张某、杜某证实:2008 年 8 月中下旬,周某与上述三人将 1309 克毒品从景洪带到昆明。但是,周某拒不承认该事实。据此,(2009)西刑初字第 337 号刑事判决书判决:被告人周某犯运输毒品罪,判处死刑,立即执行。

以上三个案例,均为毒品犯罪的典型案例。案例一中,朱某某将毒品藏在非正常的地方;案例二中,孟某不仅将毒品藏在非正常的地方,而且谎称电脑系缅甸籍男子托他带到宁波的;案例三中,周某为吸毒者,而且拒不承认其他三名同案被告已经供述的其他犯罪行为。对照表1,三个案例都存在推定毒品犯罪主观明知的基础性事实。此时,运用经验法则、逻辑规则和常识,不难得出被告人具有运输毒品主观明知的可能性。但是,亦如表1所显示的,相关基础事实都没有达到"排除合理怀疑"的证明标准,不能仅凭相关基础事实推定被告人具有毒品犯罪的主观明知。综合全案的情况,如果风险规则运用得当,在相关基础事实的基础上,有达到"排除合理怀疑"、推定出犯罪人具有毒品犯罪主观明知的可能性。换句话说,表1所列各类事实未完全达到直接推定毒品犯罪主观明知事实的标准,需要结合其他案件事实才有推定出犯罪人具有毒品犯罪主观明知的可能性。因此,严格说来,表1所列明的各类事实都只是毒品犯罪主观明知推定的基础性事实,仅具有引导毒品犯罪主观明知推定的性质,决不能仅凭相关基础性事实直接推定出毒品犯罪主观明知的事实。需要特别指出的是案例三,即便在现有的立法条件下,在推定认定毒品犯罪主观明知的基础上判处行为人死刑的做法一定要慎之又慎。更何况,该案中的基础性事实,是否足以达到"排除合理怀疑"的标准,仅从案件列明的事实来看,仍然是有疑问的。至于法官如何形成他内心的确信,尚且不得而知。

司法实践中,基础事实与基础性事实的区分严重依赖于司法工作人员的经验、常识和推理能力。当然,这也是云南地方司法机关强调风险控制规则的重要原因。即便如此,误以为行为人具有毒品犯罪主观明知的风险依然不容小觑。为此,云南省《毒品犯罪主观明知推定研究》项目的负责人沈曙昆检察长意味深长地指出:"对毒品犯罪中主观故意的认定,现今并没有行之有效的办法。该问题的解决一方面在于加强研究,总结规律;另一方面则在于充分发挥司法人员的主观能动性和司法智慧,在追求公平、正义的价值指引下,寻求法律多种价值目标的平衡,具体案件具体分析,最终作出能够得到公众认同的案件处理结果。"[1]本书认为,上述意见是客观、审慎的。此外,客观存在于毒品犯罪主观明知推定中的不确定性应当成为废除毒品犯罪死刑的重要依据。

---

[1]　沈曙昆:《毒品犯罪中主观故意认定的困境》,载《人民检察》2007年第21期。

根据最高人民法院、最高人民检察院等五部门发布,2010 年 7 月 1 日施行的《关于办理死刑案件审查判断证据若干问题的规定》第一条、第五条和第三十二条的规定,办理死刑案件,相关证据之间不仅要"具有内在的联系,共同指向同一待证事实,且能合理排除矛盾",而且要"根据证据认定案件事实的过程符合逻辑和经验规则,由证据得出的结论为唯一结论"。然而,在现有的条件下,毒品犯罪主观明知的推定还没有找到行之有效的办法。可见,毒品犯罪主观明知推定的理论和实践也表明,从刑事推定的技术上讲,毒品犯罪死刑的适用也是有问题的。因此,综合毒品犯罪主观明知推定的技术难题和死刑案件的证明标准,本书认为废除毒品犯罪的死刑也是毒品犯罪认知理论、证明技术的合理要求。

（三）毒品犯罪治理的刑事政策

当代中国,长期视毒品和毒品犯罪为"事关国家安危和民族兴衰"①的大事。为此,中国相继提出过"消灭毒品"抑或"禁绝毒品""严厉打击毒品犯罪"的刑事政策。之所以将毒品犯罪提到"国家安危和民族兴衰"的高度,有学者指出:"自从鸦片战争以来,我国对于毒品的政策或方针一直带有情绪化的特征,把鸦片战争的罪魁祸首视为毒品,并以此为基础论证毒品对于中国社会和人民所带来的沉重苦痛。正因为如此,我国在制定禁毒政策时往往呈现出不够理性的特征,对于毒品及其相关行为附加了太多道德和情绪色彩。"②受这种非理性禁毒政策的影响,毒品犯罪治理的刑事政策长期存在感性有余、理性不足,惩罚有余、治理不足的特征。据上海政法学院的严励教授介绍:"1953 年,中国政府向世界庄严宣告:中华人民共和国为无毒国……自 1953年到 20 世纪 70 年代末的近 30 年时间,中国国内再也没有成为社会问题的种制吸贩毒品现象,在同期世界范围内猖獗的毒品问题也没有波及到国内,因而有关毒品的问题再也没有成为人们关注的事物。但是在这一时期,国内并不是完全没有毒品的踪迹。在 1960 年代初期,边境地区和历史上烟毒盛行的地方,私种罂粟和贩毒的问题时断时续地出现……"③也就是说,即便在 20 世纪

---

① 《2004 年中国禁毒报告》。
② 高巍:《禁毒政策的西方经验与中国实践》,载《思想战线》2007 年第 4 期。
③ 严励、卫磊:《毒品犯罪刑事政策探析》,载《学术交流》2010 年第 7 期。

50 年代——那个宣称禁绝了毒品的计划经济年代,实际上,毒品犯罪或多或少还是存在的。更不用说现在,在市场经济快速发展的背景下,利益诉求日渐多元、社会心理越发复杂,毒品问题日益突出。在这种背景下,不仅禁绝毒品更无可能,"严厉打击毒品犯罪"的作用也受到了越来越多的质疑。

对"严厉打击毒品犯罪"刑事政策的反思,最重要的就是要思考毒品犯罪死刑的有效性。亦如前文所言,毒品犯罪的死刑既不符合国际公约的要求,对人权保障的负面影响也很突出。在这种情况下,如果死刑对毒品犯罪并不存在明显的抑制作用,就该尽快废除毒品犯罪的死刑。毫无疑问,死刑是文明社会施加于犯罪人最严酷的刑罚。早在十八世纪,孟德斯鸠就指出了严酷的刑罚的无效性质:"人们对严酷的刑罚也慢慢地习以为常,再严酷的刑罚也变得不那么严酷了,人们对严酷的刑罚的畏惧大大降低……"[1]"残暴的惩罚比长期的惩罚更能激起反抗,长期的惩罚只会令人灰心丧气,而不会令人义愤填膺;这种惩罚看起来好像不难承受,实际上却是更难承受。"[2]依现代的刑事政策理论看来,毒品犯罪的营利关切、病理和社会因素都很复杂,绝非刑罚能够单独解决的问题,更不用说死刑了。

从国际社会来看,毒品犯罪引发的营利关切日渐突出。2001 年前后,澳大利亚的研究人员指出:"早先的研究表明,海洛因的使用与营利性犯罪之间存在确凿的联系。因为相当比例的瘾君子们犯罪是为了给他们的毒瘾埋单,这种联系时而被归结为经济方面的原因;有时,源于社会网络必然具有的犯罪特征,而毒品滥用也在其中,它们又被归结为社会方面的原因。当然,也有研究表明,两个方面的因素都有可能。"[3]普遍以为,巨额的营利为毒品犯罪注入了异常强大的推力。而且,这个推力符合供给—需求的原理,合乎市场经济的逻辑。只要存在毒品消费,必然存在毒品供给、买卖的市场。因此,不尊重市场规律的国家干预只能是螳臂当车,必然失败。

---

[1] [法]孟德斯鸠:《论法的精神》(下),许明龙译,商务印书馆 2014 年版,第 103 页。

[2] [法]孟德斯鸠:《论法的精神》(下),许明龙译,商务印书馆 2014 年版,第 556 页。

[3] Louisa Degenhardt, Elizabeth Conroy, Stuart Gilmour and Linette Collins: *The Effect of A Reduction in Heroin Supply in Australia upon Drug Distribution and Acquisitive Crime*, The British Journal of Criminology, Vol.45, No.1, 2005, p.3.

　　越来越多的人意识到毒品犯罪是一种社会病。刑事政策的研究表明,没有不生病的人,也没有不生病的社会。由此观之,中国社会"禁绝毒品""严厉打击毒品犯罪"的刑事政策就像是讳疾忌医的方法,非但不能毕其功于一役,彻底消灭毒品犯罪,还会带来刑事资源的巨大浪费和严重侵犯人权的危险。申言之,意图禁绝毒品的管制活动不仅低估了毒品市场的力量,而且忽视了吸毒成瘾人员维持最低限度正常生活①的毒品需求。既是病人最低限度的需求,就有基于人性抑或体面生存的合理性。这一点也是检验各国刑事政策理论及其毒品犯罪治理政策人道水平的标志之一。实际上,在一味地严厉管制、打击之外,包括荷兰在内的部分国家"批准咖啡馆合法地出售允许个人使用的哈希什和大麻",以此满足吸毒成瘾者维持正常生活的需要,据此还形成了以公共卫生导向为主要特征的荷兰模式。② 不难看出,意图禁绝毒品的管制不仅高估了国家的力量,同时也忽视了市场的力量和吸毒成瘾人员维护最低限度的正常生活的需要,迫使吸毒成瘾人员通过非法的毒品交易购买危害更大、价格昂贵的毒品,也将毒品的营利推高到足以让人罔顾生命刑罚的地步,与毒品犯罪治理的目的相背而驰。

　　因此,毒品犯罪治理应当形成一个系统的社会反应体系。亦如前文所言,毒品犯罪既有经济方面的原因,也有社会方面的原因。从经济犯罪的因素来看,尤其需要根据预防先于发现的原则③,紧扣毒品供需市场及其营利关系,逐渐对毒品市场施加包括但不限于向吸毒成瘾人员供应维持最低限度正常生活所需毒品的影响。从社会治理的角度来看,要从毒品成瘾的系统机制入手,形成系统的社会反应体系。一般以为,毒品成瘾主要是个人生理、心理的问题。但也有论者指出:"只有通过制定有效的社会规则,毒品问题才能最终解

---

　　①　在毒瘾未能完全戒除之前,有关人员需要一定数量的毒品或者药品来维持其瘾癖的需要,否则就会陷入非常痛苦的状态。当然,毒品的来源,要么通过合法的治疗得到法律允许的,肯定是最低数量的毒品;要么通过非法的途径获得。

　　②　See Ineke Haen Marshall and Henk van de Bunt, *Exporting the Drug War to the Netherlands and Dutch Alternatives*, in Jurg Gerber and Eric L. Jensen eds., Drug War, *American Style*: *The Internationalization of Failed Policy and Its Alternatives*, pp.199-200; Gabriel Nahas and Colette Latour eds., *Cannabis*: *Physiopathology*, *Epidemiology*, *Detection*, CRC Press, 1993, pp.250-251.

　　③　See Brian Harrison: *Breaking Free From Insanity*: *A White-Collar Crime Approach to Drug War Policy*, 15 UDCDCSL L.Rev.129, 2011, p.131.

决……根据社会控制理论,吸毒者和贩毒者都是没有很好地建立起应有的'社会纽带',导致了他们缺乏社会责任感,违反了传统规范,从而走上了违法犯罪的道路。"①尽管本书不认为毒品犯罪会出现一个"最终解决"的局面,但是,我们赞同社会控制理论所指出来的,社会责任感抑或社会纽带的维护将有助于毒品犯罪的系统治理的结论。需要特别说明的是,具有突出经济因素的毒品犯罪治理的社会反应体系,应以各种社会力量、各种社会反应方法的合作形成系统的社会反应体系,预防毒品犯罪的发生。其中,既包括吸毒成瘾者与国家的合作治疗,也包括各种社会力量合作参与毒品犯罪治理的范式。基于合作的本义,国家需要为毒品成瘾者供应最低数量的毒品,以满足治疗抑或维系正常生活的需要。

研究毒品犯罪的营利关切、病理和社会因素,不难发现,毒品犯罪的发生绝非刑罚能根本解决的问题。更何况,重刑主义的危害也很突出。从犯罪治理的刑事政策抑或系统理论的角度来看,只要毒品需求、毒品市场仍然存在,毒品犯罪治理就需要尊重市场供给的规律,以最低限度的国家供给保障毒品成瘾者的人道底线,以人道、民主、系统的毒品犯罪治理思想改善国家、社会组织、个人(包括毒品成瘾者、贩毒者等)合作抗制毒品犯罪问题的社会反应体系。一旦毒品犯罪抗制上升到合作治理的层面,它甚至会对刑事政策理论起到重要的促进作用。为此,瑞典的 Henrik Tham 教授明确指出:"毒品犯罪治理的研究对刑事政策的一般理论具有重要的影响力。"②一言以蔽之,毒品犯罪治理刑事政策的阐释不仅否定了毒品犯罪死刑的有效性,还为刑事政策理论提供了一种人道、民主、系统的犯罪治理思想。

(四) 废除毒品死刑立法的进路

反思毒品犯罪的死刑,一种具有突出营利关切的犯罪,却被判处数量最多的死刑,肯定是不合理的。然而,鉴于毒品犯罪的严重性,贸然废除毒品犯罪的死刑可能会引发民众的强烈不满,并影响到渐进废除死刑目标的实现。实际上,中国社会也一直在努力说服民众,妥善安排废除毒品犯罪死刑的进路。

---

① 杨玲、李明军等:《毒品吸戒问题研究》,科学出版社 2010 年版,第 38、41 页。

② Henrik Tham, *The Influence of the Drug Issue on Criminal Policy*, Journal of Scandinavian Studies in Criminology and Crime Prevention Vol.13,2012,p.12.

时至今日,《刑法修正案(九)》再一次大刀阔斧地取消了9个经济性非暴力犯罪的死刑,因此,结合国际公约的规定,阐明毒品犯罪的营利关切和市场机理,将其归入经济性非暴力犯罪的范畴,将有助于毒品犯罪死刑的废除尽早取得突破。

将毒品犯罪纳入经济性非暴力犯罪,也有一个问题。《刑法》第三百四十七条规定的走私、贩卖、运输、制造毒品罪的行为方式并不排除暴力行为的存在。因此,在废除非致命性暴力犯罪的死刑之前,不妨以是否存在暴力行为为标准,将毒品犯罪行为分为两类,暴力性毒品犯罪和非暴力性毒品犯罪。暴力性毒品犯罪,主要是指在走私、贩卖、运输、制造毒品的过程中,暴力的使用达到了比较严重的程度。例如,以武装力量掩护制造、贩卖、运输毒品的犯罪行为,或者在相关犯罪行为中造成他人重伤、死亡的。本书认为,传统的刑事政策理论夸大了毒品犯罪的危害性。从犯罪治理的角度,毒品犯罪既是现行社会条件的必然产物,严刑峻罚并不会起到太多的作用。因此,建议直接取消非暴力毒品犯罪的死刑;待时机成熟,再取消全部毒品犯罪的死刑。

当然,以上建议也是广义刑事政策理论抑或毒品犯罪治理刑事政策的必然要求。受亚里士多德"城邦"(policy)理论的影响,当代中国的刑事政策(即广义刑事政策理论)越来越倾向于以"善治"的思想抑或对"更好的生活"的实际追求改善重刑的传统和严厉打击、控制犯罪的范式。[1] 基于对"更好的生活"的追求,不妨将国际公约的规定理解为毒品犯罪治理的常识,将毒品成瘾者最低限度的毒品需求理解为毒品犯罪治理的底线,将毒品犯罪主观明知推定的技术理解为毒品犯罪治理的技能。那么,毒品犯罪死刑的废除、毒品成瘾者人格尊严所需的最低限度的毒品供应与毒品犯罪主观明知推定技术的改善将成为以毒品犯罪治理理论及其实践的改善提升社会福利的重要内容。说到底,废除毒品犯罪的死刑不仅有利于重刑观念的改善,还将在相关生存底线和技能的改善中,逐步实现刑事政策理论的人道化、民主化和系统化。概言之,从犯罪治理的刑事政策抑或系统理论的角度来看,只要毒品需求、毒品市场仍然存在,毒品犯罪治理就要尊重市场供给的规律,以最低限度的国家供给保障

---

[1]　参见周建军:《刑事政治:生活在别处的法律》,载《法学家茶座》2015年第1期。

毒品成瘾者的人道底线,以各种社会力量的合作形成系统的社会反应体系,预防毒品犯罪的发生;同时,废除毒品犯罪的死刑不仅有利于重刑观念的改善,还将在相关生存底线和技能的改善中,逐步实现刑事政策理论的人道化、民主化和系统化。因此,基于对"更好的生活"的追求,建议尽快修改立法,取消《刑法》中非暴力毒品犯罪的死刑;待时机成熟,再取消全部毒品犯罪的死刑。

第四节　司法批判:司法改革的那些人与事

尽管改革还在进行,但当下的这场以检察官、法官员额制和审判独立为主要内容的改革依然只能算作司法行政改革,归根结底还是一场行政性质的改革运动。然而,马克思也说:"人类始终只提出自己能够解决的任务,因为只要仔细考察就可以发现,任务本身,只有在解决它的物质条件已经存在或者至少在形成过程中的时候,才会产生。"[1]受此启发,犯罪治理目标的确立和实现,不仅离不开主要人物和典型案例的撬动,也离不开这场严格意义上的司法行政改革。更何况,在民生福祉改善的层面,这一次的司法改革算得上启动"更好的司法生活"的现实条件。因此,相关批判研究的意义也是不言而喻的。

一、司法改革的娜拉问题

1923 年 12 月,鲁迅先生在北平女子师范大学做演讲时提出了一个颇具警醒意义的问题——"娜拉出走之后怎么办?"先生所提到的"娜拉",是挪威戏剧家易卜生在《玩偶之家》中创作的一个女性人物:出身中产阶级家庭,打小就是父亲的玩偶,结婚以后又成了丈夫的玩偶。在经历了一场家庭变故之后,娜拉毅然摔门出走……而今,我们的司法改革也存在"苦难"与"出走"的问题。

(一) 娜拉的出走

从先生的讲话到现在,93 载,鲐背之年。按说"娜拉"早该水到渠成、瓜熟

---

① 马克思:《〈政治经济学批判〉序言》,载《马克思恩格斯选集》,人民出版社 1972 年版,第 83 页。

蒂落了。然而,思量之下,今昔的情况何其相似。据最高人民法院2012年11月5日出台的《关于执行〈刑事诉讼法〉若干问题的解释(征求意见稿)》(以下简称"《意见稿》")。《意见稿》第二百五十条第二款规定:"辩护人、诉讼代理人严重违反法庭秩序,被强行带出法庭或者被处以罚款、拘留的,人民法院可以禁止其在六个月以上一年以内以辩护人、诉讼代理人身份出席法庭参与诉讼;辩护人、诉讼代理人是律师的,还可以建议司法行政部门依法给予停止执业、吊销律师执业证书等处罚。"一时间,风声鹤唳。带着这个问题,咀嚼娜拉出走的故事。在先生所处的时代,娜拉的出走意味着旧制度、旧秩序和旧文化的抛弃。这和我们的法院及其法官迫切希望改变自身地位、形象的努力何其相似:20世纪八九十年代,最高人民法院前院长肖扬教授(现任中国人民大学法学院教授)发起了旨在改善司法效果、提高法院地位、增强抗干扰能力,尤其要增强抵抗其他国家权力的能力的司法改革。正如大家所知道的,改革遇到了较大的阻力……而后,法院转而开展了一系列类似于下乡、去专业化的运动。正应了"翻手为云覆手为雨"的老话,法院、法官及其承载的法治建设,究竟要何去何从,他们迷茫,我们也迷茫——一个个都是年轻的娜拉。

鲁迅在演讲中还说:由于缺乏独立的经济地位,娜拉出走以后,"或者也实在只有两条路:不是堕落,就是回来"。从现行的体制来看,法院地位难以中立,改革之所以难以为继,也有经济抑或财政不独立的因素。考虑到这一点,娜拉的出走抑或法院的地位及其主导的改革,在出走之后,都存在堕落抑或回来的可能性。

(二)是不是堕落

在司法改革步履维艰的时候,法官抑或法院的地位像极了淋了雨的小公鸡,非但没有雄起,反落得步履蹒跚,惹人可怜。不过,中国的老话说得很好:此一时,彼一时。仅从《意见稿》的措辞来看,诸如"强行""禁止""还可以"之类的措辞,法院的强势地位显而易见,我们长期为之疾呼的司法权力貌似已经坐上了王座,果真如此,善莫大焉。然而,前述措辞的对象只是较之更加势弱的律师,难得一见的强势也就毫无意义了。类似于"我的地盘,我做主",从维护法庭秩序、加强司法权威的角度来讲,对真正违反法庭秩序的律师略施惩戒,原本也无可厚非。在国外,普遍存在蔑视法庭之类罪名,即使总统也不敢轻易触犯。问题是,法院的权威或者说司法改革的关键取决于法院制约其他国家权力的能力,要想真正维护法庭秩序、加强司法权威,法院最该做的是抵制其他国家权力的干扰。现在呢,法院对其他国家权力的滥用,即便影响到自身的改革,也一筹莫展,无可奈何。一旦对象是对更为弱势的律师,就抡起大棒,不免让人怀疑《意见稿》处罚律师的规定举足失措抑或南辕北辙。

在权力分立、制衡的体系之中,作为正义化身、最后保障的司法权力乃监督、制衡其他国家权力的达摩克利斯之剑。因此,法院应当塑造成为中立的监督力量,最重要的任务就是对其他国家权力的制约。

(三) 还回得来吗

之后一段时间,媒体纷纷反映,最高人民法院不仅删除了《意见稿》中处罚律师的规定,而且明确表态:"最高法的司法解释对保障律师辩护权利,只会进步,不会退步。"①很显然,批评收到了一些成效。不过,这个表态也有顺势而为的意味。根据稍早一点公布的党的十八大的报告:"法治是治国理政的基本方式。"为此,需要"进一步深化司法体制改革,确保审判机关、检察机关依法独立公正行使审判权、检察权。"既然承认了法治作为治国理政的基本方式的地位,那么法院应该能够重拾改革的道路,回归权力制约、独立审判的正路。

细说起来,上一次的改革,在宽严相济刑事政策的指导下,不仅诞生了一些著名的判决,如老汉栽树的判决,还试行了一批行之有效的制度,如刑事和解、社区矫正、对未成年人少捕慎诉的制度等。改革的艰难程度,正如王安石所言"天命不足畏、祖宗不足法、人言不足恤"。然而,回归权力制约的本位抑或任其自流,法院的地位、功能,不仅取决于法院自身的努力,也取决于民众的支持,党和政府"深化司法体制改革,确保审判机关、检察机关依法独立公正行使审判权、检察权"的实际行动。

话说回来,法院地位及其司法改革的道路,也有和娜拉的出走不尽一致的地方。亦如前文所言,娜拉的出走,不仅意味着旧制度、旧秩序、旧文化的抛

---

① 参见《删除"处罚律师"条款 赞一个》,载凤凰网:http://news.ifeng.com/gundong/detail _2012_12/11/20049483_0.shtml,访问日期:2017 年 8 月 10 日;胡云腾:《法院处罚律师条款已被删除》,载《南方都市报》2012 年 12 月 3 日。

弃,而且代表着新制度抑或新青年的反叛抑或觉醒。然而,在法院地位及其司法改革的制度方面,法治的原理以及制度文明的成果早就表明,如果法院不独立,只有上帝才能充当辩护人。因此,改善法院地位的努力及其司法改革的方向既不是要否定一切制度文明,也不是非得走出一条截然不同的道路,以此标榜所谓的全新的性质,而是要在法治原理的基础上,以权力制衡为根本,重拾改革的道路,寻求司法效果的改善、法院地位的提高,进而真正实现独立的审判。就此而言,古人有云"苟利家国生死以,岂因祸福趋避之"。

二、司法改革的那些事

所谓"蜀道难,难于上青天",不过是按图索骥,知易行难。相形之下,中国的司法改革,知难,行亦难,地地道道的"硬骨头"。一旦涉及司法权力的独立行使的性质,便似重峦叠嶂一般的困境,不仅水源山脉难寻,最终也是输赢难料之局。足见司法改革的那些事,事事难能,而又事事关己,焉能忘却?

(一) 巡回法庭:毫末用功成一水

巡回法庭(circuit court)制度是西方司法制度的重要组成部分,对司法机关独立行使职权具有重要的保障作用。几年之前,宪法适用、司法机关独立行使职权还是学术表达的禁区。有一个著名的宪法案例——齐玉苓受教育权被侵犯的案件:1999 年 1 月,山东邹城的齐玉苓以侵害姓名权和受教育权为由,将陈晓琪等告上法庭,要求停止侵害、赔礼道歉并赔偿经济损失。2001 年 8 月 13 日,最高人民法院就此作出《关于以侵犯姓名权的手段侵犯宪法保护的公民受教育的基本权利是否应承担民事责任的批复》(以下简称"《批复》"),认定"陈晓琪等以侵犯姓名权的手段,侵犯了齐玉苓依据宪法规定所享有的受教育的基本权利,并造成了具体的损害后果,应承担相应的民事责任"。同年 8 月 24 日,山东高院根据《批复》作出二审判决:陈晓琪停止对齐玉苓姓名权的侵害;齐玉苓因受教育权被侵犯而获得经济损失赔偿 48045 元及精神损害赔偿 5 万元。

2012 年以后,忽如一夜春风来,不仅关于宪法适用、司法机关独立行使职权的研究、表述纷纷解禁,饱受诟病的劳教制度断然被废止,针对被指具有侵犯人权嫌疑的计划生育政策、户籍制度的改革也都取得了重大的进展。众所周知,劳教制度、计划生育政策长期具有某种"神圣"性质。在过去,谁要是批评得太狠,便会因此遭受不利。因此,劳教制度的废除、计划生育政策的放松抑或改革表明中国共产党推行法治国家建设和相关改革工作的决心相当之大。当然,所有这些也为以"审判独立"为宗旨的改革工作做出了背书。在司法改革的各类措施中,巡回法庭制度的推进具有标志性地位。根据党的《十八届四中全会公报》,最高院设立巡回法庭,探索设立跨行政区划的法院是推进以审判为中心的诉讼制度改革的重要举措。说到底,推进以审判为中心的诉讼制度改革就是要根据党中央的统一部署,加强法院的独立地位,从根本上改变司法权力严重依附于地方党委和行政的问题,部分实现审判独立抑或司法机关独立行使职权的要求,逐步改善司法严重不公的局面。

中国共产党推进司法改革的魄力甚至超过了多数学者的期望。如今,改革已向法治国家、权力制衡等纵深方向发展,仅有如临深渊的态度还不够,最难啃的骨头甚至需要主政者具有思接千载的心智、壮士断腕的勇气。在司法改革中,尤其巡回法庭的建立,中国共产党将改革的矛头指向了自己,率先触及地方权力,颇有些凤凰经火的意气。从本质上说,司法以公正为根,独立以制度为本,司法机关独立行使职权的根本在于公正的判决和制衡其他国家权力的司法制度。由此观之,巡回法庭的建立虽则毫末用功,却也成了一水。

(二)判决栽树:水源山脉固难寻

栽树判决算得上司法改革的陈年往事。2006 年 7 月,时年 58 岁的温州老太季某上坟失火,由于没有经济赔偿能力,温州鹿城区人民法院一审判处季某有期徒刑 6 个月,缓刑一年,同时在两年内植树 13620 株。在司法不过是阶级统治工具的年代,此等判决无异于石破天惊,因此被冠以"栽树判决"的美名。同年 8 月,四川省泸县法院以失火罪判处被告人邓道芬有期徒刑 1 年 6 个月,并于刑满释放后 3 年内在失火林地内补种树木 20734 株;同年 12 月,重庆二中院改判犯失火罪的邱某、周某缓刑,并责令两人回家后在过火的山头种树,将功补过……一时间,全国法院的判决,四处失火,人人栽树。众所周知,2006 年前后,时任最高院院长的肖扬教授以宽严相济刑事政策为主旨推行以刑事和解、程序简易化、多元化纠纷解决机制等司法试验为主要内容的改革运动。除栽树判决外,其他试验事项多在 2012 年的《刑事诉讼法》中修成正果。

现在看来,即便号称司法改革"硬骨头"的审判独立制度(包括相关的财政、人事保障制度),在当时也形成了相对成熟的方案。此情此景,正好回应了方干"水源山脉固难寻"的诗词老话。

究其本质,栽树判决属于从宽政策下的"非刑罚处罚措施"的制度创新。虽是创新,但栽树判决属于《刑法》第三十六条、三十七条规定的赔偿经济损失抑或赔偿损失的范畴,符合罪刑法定的规定。与之相反,在2012年修订《刑事诉讼法》之前,全国法院系统推行的很多改革措施,如刑事和解、程序简易化的改革试验,并没有法律依据。说白了,就是改革抑或政策冲破法制底线的问题。问题是,改革究竟能不能冲破法制底线?通常情况下,基于法的安定性和权威性,改革应在法制的轨道内进行。这也是法治精神的应有之义。然而,2006年前后的中国,基于经济发展和政治改革的脱节,出现了旺盛的制度需求与立法极度保守之间的矛盾。这种矛盾,不妨称之为变革社会情形下的制度短缺问题。从制度经济的角度来讲,制度短缺的问题越发严重,增加制度供给的必要性随之增加。因此,在立法严重受阻的情况下,基于司法(正义)的本义,司法机关应该承担起将制度需求(实质理性)与判决合法(形式理性)结合起来,增加有效法律制度供给的责任。当然,这是要求极高的司法艺术。为此,德国法哲学家古斯塔夫·拉德布鲁赫专门提出了著名的"拉德布鲁赫公式"——凡是正义根本不被承认的地方,法律不仅仅是不正确的法,甚至根本就缺乏法的性质。根据这个公式,不仅"法律的不法"是客观存在的,有时还会非常严重;此时,通过"非法律的法"(拉德布鲁赫称之为"超法律的法")增加法律供给的合理性也才凸显出来。

有人说,这里判决栽树,那里判决种草……更重要的是,司法权力的地位因此可能获得难以料及的提升。在有条件的情况下,判决栽树、种草,甚至看门、做保洁,为有效恢复被害法益而要求犯罪人承担的这些非刑罚处罚措施,不仅于法有据,而且改善了我国向来重刑有余、轻刑不足(非刑罚处罚措施尤其不足)的刑罚结构。于公于私,何乐而不为?至于司法权力的提升,在积贫积弱的司法背景下,何必杞人忧天。然而,栽树判决还是引起了某些人的不满,被按了暂停。随之被暂停的,还有前文中提到的宪法适用问题。现在,宪法适用的研究已经满血复活了。不仅如此,习近平总书记还说:"任何组织或者个人,都不得有超越宪法和法律的特权。一切违反宪法和法律的行为,都必须予以追究。"①"一切"的一切都发生了变化,以栽树判决为代表的刑罚制度改革理应成为司法改革事业的水源山脉。说到底,法官判决栽树的努力,不仅一扫此前司法制度慵懒冗长、保守过度的印象,还将在正义的探寻与民众的支持中获得权力的复活。称其为水源山脉,也是说该类问题关系到司法权力的根本。唯其如此,也才算得上啃到了骨头。

(三) 司法权力:有无明月在潭心

司法改革有难度。依现在的情形,不过爬山爬到半山腰的样子。古人云,非知之艰,行之维艰。可是,中国的司法改革,知难、行亦难。和绝大多数国家不同,正在推行的司法改革是一党执政条件下的改革运动。无论原理的认知,还是实际的执行,都有相当的难度。按说一党执政与司法机关独立行使职权并不矛盾,新加坡等高水平的法治国家也是一党长期执政的,没有人怀疑他们的司法水平。与其他国家权力相比,司法权是一项讲究独立思考、理性判断的权力。司法不理性,公正和责任无从谈起,改革的措施也绝难取得根本上的收效。从新加坡的经验来看,党的领导和司法机关独立行使职权完全可以并行不悖。更重要的是,中国共产党是这场司法改革运动的领导者、组织者和发起者,他们的政治决心和创新意识已经得到了彰显,还用得着王顾左右吗?

相当长的时间里,我们更习惯了摸着石头过河的改革方式。好比孩提时代,乡下的孩子光着屁股学游泳,不得已抱着石头慢慢熟悉水性。但如今的中国社会,早就不属于光着脚走路抑或光着腚游泳的孩提时代,再坚持摸着石头过河就有点贻笑大方了。从顶层设计的层面来讲,党的《十八届三中全会公报》等文件明确提出:"全面深化改革的总目标是完善和发展中国特色社会主义制度,推进国家治理体系和治理能力的现代化。"在现代国家的治理体系中,法治是治国理政的基本方式。根据法理学的研究,这句话至少包含以下两个方面的含义:第一,法律是国王,拥有至高无上的地位;第二,没有任何其他一种治理方式可以超越法治的地位。在法治的框架下,道德、纪律、习惯、乡规

① 习近平:《在首都各界纪念现行宪法公布施行30周年大会上的讲话》,人民出版社2012年12月版,第6页。

民约等治理方式都居于重要但不是最高的地位,与法律共同组成社会治理的堤坝体系。因此,从顶层设计的层面来讲,司法改革的确具有牵一发而动全身的地位和作用,既不能因噎废食、半途而废,也不能囫囵吞枣、不讲原则。前者不必多言,不能囫囵吞枣、不讲原则主要是指司法改革务必要遵循法治国家的基本原理,决不能违背司法的理性和规律来开展司法改革。

基于司法工作的理性,以"就地审判,不拘形式,深入调查研究,联系群众,解决问题"为核心内容的马锡五审判方式只是革命战争时期边区政权的临时措施。在缺乏基本司法条件的年代,马锡五审判方式不失为践行群众路线,满足民众的公平正义需求的好方法。但是,作为边区政府任命的陇东专署专员(行政负责人)兼任边区高等法院陇东分庭庭长,有违司法职业的专业化;"就地审批、不拘形式"的审判方式,明显不符合司法程序、仪式的基本要求;深入调查研究,甚至达到不计成本的地步,也只有行政一把手兼任法官的时候才有可能做到。更有意思的是,马锡五的时代,制定法极少,无法可依,大量采用调解的方式结案也就罢了。现在呢,立法汗牛充栋,还提倡调解结案,岂非南辕北辙?司法常识表明,在事实清楚、法律明确的情况下,当判则判,否则还会影响到司法的权威和形象。对我们的司法改革来说,马锡五审判方式并非毫无意义。如果马锡五还要去田间地头审判,那么法官、法袍、法槌也不必再要了。

参考文献

一、中外著作

（一）中文著作

1. 卢建平:《中国犯罪治理研究报告》,清华大学出版社 2015 年版。

2. 卢建平:《刑事政策与刑法》,中国人民公安大学出版社 2004 年版。

3. 卢建平:《中国刑事政策研究综述》,中国检察出版社 2009 年版。

4. 俞可平:《民主与陀螺》,北京大学出版社 2006 年版。

5. 俞可平:《治理与善治》,社会科学文献出版社 2000 年版。

6. 俞可平:《增量民主与善治》,社会科学文献出版社 2003 年版。

7. 陈兴良:《刑法知识论》,人民大学出版社 2007 年版。

8. 陈兴良:《刑法的启蒙》,法律出版社 1998 年版。

9. 陈兴良:《刑法哲学》,中国政法大学出版社 2005 年版。

10. 陈兴良:《教义刑法学》,中国人民大学出版社 2010 年版。

11. 储槐植:《刑法契约化》,载《中外法学》2009 年第 6 期。

12. 储槐植:《刑事一体化论要》,北京大学出版社 2007 年版。

13. 苏力:《法治及其本土资源》,中国政法大学出版社 1996 年版。

14. 苏力:《法律与文学》,三联书店 2006 年版。

15. 张明楷:《犯罪构成体系与构成要件要素》,北京大学出版社 2010 年版。

16. 张明楷:《刑法的基本立场》,中国法制出版社 2002 年版。

17. 马克昌:《中国刑事政策学》,武汉大学出版社 1992 年版。

18. 马克昌:《近代西方刑法学说史》,中国人民公安大学出版社 2008 年版。

19. 马克昌:《近代西方刑法学说史略》,中国检察出版社 1996 年版。

20. 黄风:《贝卡利亚传略》,载《犯罪与刑罚》,中国民主法制出版社 2005 年版。

21. 周建军:《刑事司法政策原理》,清华大学出版社 2011 年版。

22. 张甘妹:《刑事政策》,三民书局 1979 年版。

23. 金观涛:《系统的哲学》,新星出版社 2005 年版。

24. 丁道源:《刑事政策学》,三民书局 2012 年版。

25. 何秉松:《刑事政策学》,群众出版社 2002 年版。

26. 谢瑞智:《犯罪学与刑事政策》,文笙书局 2002 年版。

27. 严励等:《中国刑事政策原理》,法律出版社 2011 年版。

28. 施雪华:《政治科学原理》,中山大学出版社 2001 年版。

29. 吴宗宪:《中国刑罚改革论》,北京师范大学出版社 2011 年版。

30. 吴宗宪:《西方犯罪学史》,中国人民公安大学出版社 2010 年版。

31. 潘维和等:《中西法律思想论集》,汉林出版社 1984 年版。

32. 刘艳红:《实质刑法观》,中国人民大学出版社 2009 年版。

33. 邓子滨:《中国实质刑法观批判》,法律出版社 2009 年版。

34. 毛泽东:《毛泽东选集》第一卷,人民出版社 1991 年版。

35. 毛泽东:《毛泽东选集》第四卷,人民出版社 1991 年版。

36. 许玉秀:《当代刑法思潮》,中国民主法制出版社 2005 年版。

37. 洪镰德:《法律社会学》,扬智文化事业有限公司 2004 年版。

38. 翁滕环:《世界刑法保安处分比较学》,商务印书馆 2014 年版。

39. 陈忠林:《意大利刑法纲要》,中国人民大学出版社 1999 年版。

40. 江平、米健:《罗马法基础》,中国政法大学出版社 1991 年版。

41. 刘远:《刑事政策哲学解读》,中国人民公安大学出版社 2005 年版。

42. 翁腾环:《世界刑法保安处分比较学》,商务印书馆 2014 年版。

43. 欧力同:《哈贝马斯的"批判理论"》,重庆大学出版社 1997 年版。

44. 李立丰:《美国刑法犯意研究》,中国政法大学出版社 2009 年版。

45. 杨玲、李明军等:《毒品吸戒问题研究》,科学出版社 2010 年版。

46. 朱贵昌:《多层治理理论与欧洲一体化》,山东大学出版社 2009 年版。

47. 任岳鹏:《哈贝马斯:协商对话的法律》,黑龙江大学出版社 2009 年版。

48. 许皆清:《台湾地区有组织犯罪与对策研究》,中国检察出版社 2006 年版。

49. 申柳华:《德国刑法被害人信条学研究》,中国人民公安大学出版社 2011 年版。

50. 闫健编:《民主是个好东西:俞可平访谈录》,社会科学文献出版社 2006 年版。

51. 卞建林、杨宇冠:《联合国刑事司法准则撮要》,中国政法大学出版社 2003 年版。

52. 杜俊海:《新公司法的制度创新:立法争点与解释难点》,法律出版社 2006 年版。

53. 张军:《非公有制经济:刑法规制与保护论纲》,中国人民公安大学出版社 2006 年版。

54. 吴志成:《治理创新——欧洲治理的历史、理论与实践》,天津人民出版社 2003 年版。

55. 黄辉:《现代公司法比较研究——国际经验及对中国的启示》,清华大学出版社 2011 年版。

56. 王晓升:《商谈道德与商议民主——哈贝马斯政治伦理思想研究》,社会科学文献出版社 2009 年版。

57. 艾晓明:《昆德拉对存在疑问的深思》,李凤亮、李艳编:《对话的灵光——米兰·昆德拉研究资料辑要》,中国友谊出版公司 1998 年版。

58. 张五常:《经济解释》,中信出版社 2014 年版。

59. 张五常:《企业的契约性质》,载盛洪主编:《现代制度经济学(上卷)》,中国发展出版社 2009 年版。

60. 胡适:《多研究些问题,少谈些"主义"!》,载《胡适文存》第 1 卷,华文出版社 2013 年版。

61. 鲁迅:《鲁迅全集》,人民出版社 2012 年版。

62. 陈潭:《转轨秩序的阅读:一个学者的公共生活观察笔记》,东方出版社 2009 年版。

63.《钱江晚报》:《三十年,思想这样松绑——中国改革开放民间叙事》,浙江文艺出版社 2008 年版。

64. 北京大学法律系刑法教研室:《刑事政策讲义》,1976 年 12 月版。

65. 刘再复、林岗:《罪与文学》,中信出版社 2011 年版。

66. 费孝通:《乡土中国》,人民出版社 2008 年版。

(二) 外文译著

1. [古希腊]柏拉图:《理想国》,顾寿观译,岳麓出版社 2010 年版。

2. [古希腊]索福克勒斯:《俄狄浦斯王》,罗念生译,人民文学出版社 1979 年版。

3. [古希腊]亚里士多德:《政治学》,吴寿彭译,商务印书馆 2008 年版。

4. [古希腊]亚里士多德:《形而上学》,吴寿彭译,商务印书馆 1959 年版。。

5. [德]G·拉德布鲁赫:《法哲学》,王朴译,法律出版社 2005 年版。

6. [德]G·拉德布鲁赫:《法律智慧警句集》,舒国滢译,中国法制出版社 2001 年版。

7. [德]康德:《实践理性批判》,韩水法译,商务印书馆 2003 年版。

8. [德]康德:《康德著作全集》,李秋零等译,中国人民大学出版社 2013 年版。。

9. [德]康德:《法的形而上学原理——权利的科学》,沈叔平译,商务印书馆 1991 年版。

10. [德]康德:《三大批判合集》(上、下),邓晓芒译,人民出版社 2009 年版。

11. [德]康德:《历史理性批判文集》,何兆武译,商务印书馆 1990 年版。

12. [德]康德:《法的形而上学原理》,沈叔平译,商务印书馆 1991 年版。

13. [德]哈贝马斯:《在事实与规范之间:关于法律和民主法治国的商谈理论》,童世骏译,三联书店 2003 年版。

14. [德]哈贝马斯:《合法化危机》,刘北成、曹卫东译,上海世纪出版社、上海人民出版社 2009 年版。

15. [德]哈贝马斯:《认识与兴趣》,郭官义、李黎译,学林出版社 1999 年版。

16. [德]哈贝马斯:《哈贝马斯精粹》,曹卫东译,南京大学出版社 2004 年版。

17. [德]黑格尔:《法哲学原理》,范扬、张企泰译,商务印书馆 2013 年版。

18. [德]克劳斯·罗克辛:《刑事政策与刑法体系》(第 2 版),蔡桂生译,中国人民大学出版社 2011 年版。

19. [德]克劳斯·罗克辛:《德国刑法总论:犯罪原理的基础构造》(第 1 卷),王世洲译,法律出版社 2005 年版。

20. [德]克劳斯·罗克辛:《刑事政策与刑法体系》(第 2 版),蔡桂生译,中国人民大学出版社 2011 年版。

21. [德]G.拉德布鲁赫:《法学导论》,米健、朱林译,中国大百科全书出版社 1997 年版。

22. [德]尤尔根·哈贝马斯:《理论与实践》,郭官义、李黎译,社会科学文献出版社 2010 年版。

23. [德]弗兰兹·冯·李斯特:《德国刑法教科书》,徐久生译,法律出版社 2000 年版。

24. [德]马克思·韦伯:《经济与社会》(上、下卷),林荣远译,商务印书馆 1997

年版。

25.［德］马丁·海德格尔:《存在与时间》,陈家映、王庆节译,三联书店 2014 年版。

26.［德］约翰内斯·韦塞尔斯:《德国刑法总论》,李昌珂译,法律出版社 2008 年版。

27.［德］安塞姆里特·冯·费尔巴哈:《德国刑法教科书》第 14 版,徐久生译,中国方正出版社 2010 年版。

28.［德］汉斯·海因里希·耶赛克、托马斯·魏特根:《德国刑法教科书》,徐久生译,中国法制出版社 2001 年版。

29.［意］杜里奥·帕多瓦尼:《意大利刑法原理》,陈忠林译,法律出版社 1998 年版。

30.［意］贝卡利亚:《论犯罪与刑罚》,黄风译,中国民主法制出版社 2005 年版。

31.［意］切萨雷·龙勃罗梭:《犯罪及其原因和矫治》,吴宗宪等译,中国人民公安大学出版社 2009 年版。

32.［意］桑德罗·斯奇巴尼选编:《司法管辖权·审判·诉讼》,黄风译,中国政法大学出版社 1992 年版。

33.［法］孟德斯鸠:《波斯人信札》,罗大冈译,人民文学出版社 1958 年版。

34.［法］孟德斯鸠:《法意》,严复译,北京时代华文书局 2014 年版。

35.［法］孟德斯鸠:《论法的精神》(上、下),许明龙译,商务印书馆 2014 年版。

36.［法］孟德斯鸠:《罗马盛衰原因论》,许明龙译,商务印书馆 2016 年版。

37.［法］卢梭:《卢梭全集》,李平沤译,商务印书馆 2012 年版。

38.［法］卢梭:《社会契约论》,李何兆武译,商务印书馆 2012 年版。

39.［法］米海依尔·戴尔玛斯-马蒂:《刑事政策的主要体系》,卢建平译,法律出版社 2000 年版。

40.［法］马克·安塞尔:《新刑法理论》,卢建平译,香港天地图书有限公司 1990 年版。

41.［美］乔治·霍兰·萨拜因:《政治学说史》,盛奎阳、崔妙音译,商务印书馆 1986 年版。

42.［美］詹姆斯·利文斯顿、弗兰西斯·费奥伦差等:《现代基督教思想》,何光沪等译,译林出版社 2014 年版。

43.［冰岛］恩拉恩·艾格特森:《经济行为与制度》,吴经邦等译,商务印书馆 2004 年版。

44.［美］乔治·B.沃尔德、托马斯·J.伯纳德等:《理论犯罪学》,方鹏译,中国政法大学出版社 2005 年版。

45.［美］道格拉斯·瓦克斯勒:《越轨社会学概论》,张宁、朱欣民译,河北人民出版社 1987 年版。

46.［美］道格拉斯·C.诺思:《制度、制度变迁与经济绩效》,杭行译,格致出版社、上海三联书店、上海人民出版社 2008 年版。

47.［美］理查德·霍金斯、杰弗里·阿尔珀特:《美国监狱制度——刑罚与正义》,孙晓雳等译,中国人民公安大学出版社 1991 年版。

48.［美］理查德·A.波斯纳:《法律的经济分析》(上),蒋兆康译,中国大百科全书出版社 1997 年版。

49.［美］E·博登海默:《法理学:法律哲学与法律方法》,邓正来译,中国政法大学出版社 1999 年版。

50.［美］E.H.萨瑟兰:《白领犯罪》,赵宝成等译,中国大百科全书出版社 2008 年版。

51.［美］约翰·罗尔斯:《正义论》,何怀宏、何包钢、廖申白译,中国社会科学出版社 1988 年版。

52.［美］托马斯·麦卡锡:《哈贝马斯的批判理论》,王江涛译,华东师范大学出版社 2010 年版。

53.［美］艾伦·德肖维茨:《你的权利从哪里来?》,黄煜文译,北京大学出版社 2014 年版。

54.［美］格雷钠:《古希腊政治理论——修昔底德和柏拉图笔下的人的形象》,戴智恒译,华夏出版社 2012 年版。

55.［美］迈克尔·戈特弗里德森、特拉维斯·赫希:《犯罪的一般理论》,吴宗宪等译,中国人民公安大学出版社 2009 年版。

56.［美］罗纳德·H.科斯:《企业的性质(1937)》,载［美］奥利弗·E.威廉姆森、西奥尼·G.温温特、威廉姆森:《企业的性质——起源、演变和发展》,姚海鑫、邢媛媛译,商务印书馆 2008 年版。

57.［美］大卫·索思韦尔:《有组织犯罪的历史:黑帮的真实故事》,邱颖萍译,文汇出版社 2012 年版。

58.［英］L.T.霍布豪斯:《形而上学的国家论》,汪淑钧译,商务印书馆 2012 年版。

59.［英］洛克:《政府论》,叶启芳、翟菊农译,商务印书馆 2012 年版。

60.［英］霍布斯：《利维坦》，黎思复、黎廷弼译，商务印书馆1986年版。

61.［英］亚当·斯密：《道德情操论》，谢宗林译，中央编译出版社2011年版。

62.［英］约翰·穆勒：《功利主义》，徐大建译，上海世纪出版集团2008年版。

63.［英］边沁：《道德与立法原理导论》，商务印书馆2012年版。

64.［英］戴维·米勒·韦农·波格丹诺主编：《布莱克维尔政治学百科全书》，邓正来等译，中国问题研究所等译，中国政法大学出版社1992年版。

65.［英］罗素：《西方哲学史》，何兆武、李约瑟译，商务印书馆2010年版。

66.［英］安德鲁·海伍德：《政治学》，张立鹏译，中国人民大学出版社2006年版。

67.［荷］斯宾诺莎：《伦理学》，李健译，陕西人民出版社2007年版。

68.［日］大谷实：《刑事政策学》，黎宏译，法律出版社2000年版。

69.［日］山口邦夫：《19世纪德国刑法学研究》，八千代出版股份公司1979年版。

70.［苏］A.H.特拉伊宁：《犯罪构成的一般学说》，薛秉忠、王作富等译，中国人民大学出版社1958年版。

二、中文论文

1.卢建平：《为了刑事法律事业的发达——代发刊词》，载《京师刑事法学》第1期。

2.卢建平：《国际人权公约视角下的中国刑法改革建议》，载《华东政法学院学报》2006年第5期。

3.卢建平：《刑事政策研究的中国特色》，载《河北法学》2008年第11期。

4.卢建平：《刑事政策基本问题研究》，载《法学》2004年第2期。

5.卢建平：《作为"治道"的刑事政策》，载《法学》2005年第4期。

6.卢建平：《死刑适用与"民意"》，载《郑州大学学报》2005年第5期。

7.卢建平、周建军：《"笨媳妇和面"与刑事政策的系统治理》，载《清风》2011年第10期。

8.卢建平、周建军：《城中村治理：撕开二元制度的面纱》，载《清风》2010年第2期。

9.周建军：《司法改革的那些事》，载《检察风云》2015年第3期。

10.周建军：《犯罪治理的斯芬克斯之谜》，载《检察风云》2016年第5期。

11.周建军：《分子抑或分母：犯罪主体的提倡》，载《法学家茶座》2014年第1辑。

12.周建军：《刑事政治：生活在别处的法律》，载《法学家茶座》2015年第1辑。

13. 周建军:《中国民营企业犯罪治理的刑事政策研究》,载《政治与法律》2012 年第 7 期。

14. 周建军:《满树梨花绝难结出苹果——兼论苏力教授的本土资源论》,载《法治研究》2013 年第 9 期。

15. 周建军:《变革社会中的刑事政治问题》,载《法律科学》2009 年第 6 期。

16. 俞可平:《民主是个好东西》,载《民主》2007 年第 1 期。

17. 俞可平:《治理与善治引论》,载《马克思主义与现实》1999 年第 5 期。

18. 俞可平:《民主法治:国家治理的现代化之路》,载《团结》2014 年第 1 期。

19. 储槐植:《刑法契约化》,载《中外法学》2009 年第 6 期。

20. 储槐植:《我国刑法中犯罪概念的定量因素》,载《法学研究》1988 年第 2 期。

21. 储槐植、张永红:《刑法第 13 条但书与刑法结构——以系统论为视角》,载《法学家》2002 年第 6 期。

22. 高铭暄:《论四要件犯罪构成理论的合理性暨对中国刑法学体系的坚持》,载《中国法学》2009 年第 2 期。

23. 赵秉志:《关于死刑存废及其发展趋势的思考》,载《法律科学》1991 年第 1 期。

24. 赵秉志:《中国死刑制度改革前景展望》,载《中国法学·中英文版》2012 年第 1 期。

25. 赵秉志、李运才:《论毒品犯罪的死刑限制——基于主观明知要件认定的视角》,载《中南大学学报(人文社科版)》2010 年第 5 期。

26. 陈兴良:《科学性与人文性——刑法学研究的价值目标》,载《政治与法律》1995 年第 1 期。

27. 陈兴良:《刑法教义学与刑事政策的关系:从李斯特鸿沟到罗克辛贯通中国语境下的展开》,载《中外法学》2013 年第 5 期。

28. 肖金明:《构建善治型政府》,载《理论参考》2014 年第 2 期。

29. 肖金明:《社会管理创新:意义、特征与重心所在》,《山东大学学报》2012 年第 4 期。

30. 严励:《刑事政策的概念分析》,载《江苏警官学院学报》2003 年第 3 期。

31. 严励、卫磊:《毒品犯罪刑事政策探析》,载《学术交流》2010 年第 7 期。

32. 张慜:《试论 1952 年司法改革运动》,载《法律适用》2004 年第 8 期。

33. 王牧:《犯罪现象研究》,载《当代法学》1992 年第 2 期。

34. 王利明:《法治:良法与善治》,《中国人民大学学报》2015 年第 2 期。

35. 何勤华：《论新中国法和法学的起步》，载《中国法学》2009 年第 4 期。

36. 吴晓波：《企业发展历程解读》，《中国民营科技与经济》2007 年第 1 期。

37. 高巍：《禁毒政策的西方经验与中国实践》，载《思想战线》2007 年第 4 期。

38. 邹兵建：《跨越李斯特鸿沟：一场误会》，载《环球法律评论》2014 年第 2 期。

39. 沈曙昆：《毒品犯罪中主观故意认定的困境》，载《人民检察》2007 年第 21 期。

40. 陈柳钦：《城市化进程中的"城中村问题"探讨》，载《中国国情国力》2010 年第 5 期。

41. 郭道晖：《论社会权力的存在形态》，载《河南省政法管理干部学院学报》2009 年第 4 期。

42. 骆倩雯：《61 毒贩去年被判无期至死刑》，载《北京日报》2014 年 6 月 26 日，第 008 版。

43. 卞德龙：《51 人涉毒被判无期至死刑》，载《深圳特区报》2015 年 6 月 26 日，第 A07 版。

44. 王昭振：《刑法知识转型与实质刑法解释的反形式主义》，载《法学评论》2013 年第 5 期。

45. 黄钲堤：《卢曼的风险社会学与政策的制定》，《政治科学论丛》（总第 28 期）2006 年 6 月。

46. 邱兴隆：《报应刑的价值悖论——以社会秩序、正义与个人自由为视角》，载《政法论坛》2001 年第 2 期。

47. 张明楷：《实质解释论的再提倡》，载《中国法学》2010 年第 4 期。

48. 周安平：《"善治"是个什么概念——与俞可平先生商榷》，载《浙江社会科学》2015 年第 9 期。

49. 焦瑶光、吕寿伟：《复杂性与社会分化——卢曼社会系统理论研究》，载《自然辩证法研究》2007 年第 12 期。

50. 张小虎：《犯罪预防与犯罪控制的基本理念》，载《河南政法管理干部学院学报》2008 年第 1 期。

51. 王娜：《法国犯罪学学科独立之争》，载《法学评论》2013 年第 4 期。

52. Jearl Walker：《深思多米诺骨牌成串倒塌和悬出桌外的道理》，载《科学》1981 年第 12 期。

三、英文文献

1. Harry Elmer Barnes and Negley K. Teeters, *New Horizons in Criminology*: *The*

American crime problem,NJ.Prentice Hall,1951.

2. George B.Vold,*Theoretical Criminology*,New York,Oxford University Press,1958.

3. Jrgen Habermas,*Knowledge and Human Interests*,trans.by Jeremy J.Shapiro：Beacon Press,1972.

4. Vernon Fox,*Introduction to Criminology*,England Cliffs,NJ Prentice-Hall,1976.

5. Douglass C.North & Robert Paul Thomas,T*he First Economic Revolution*,The Economic History Review,Vol.30,No.2(1977).

6. Richard A.Posner,*Economic Analysis of Law*(2nd.ed.),Boston：Little Brown,1977.

7. Thomas McCarthy,*The Critical Theory of Jürgen Habermas*,The MIT press,1978.

8. Habermas J.*The Theory of Communication Action：A Critique of Functionalist Reason*, Boston,Beacon Press,1981.

9. Habermas, Work and Weltanschauung：The Heidegger Controversy from a German Perspective,trans.by John McCumber,*Critical Inquiry*,Vol.15,No.2.(1989).

10. William S.Laufer & Freda Adler(eds.),*Advances in Criminology Theory*,Vol.1,New Brunswick,NJ.Transaction,1989.

11. Laurie A.Briggs,*Presumptive Mens Rea：an Analysis of the Federal Judiciary's Retveat From Sandstrom v*.Montana.64 Notre Dame L.Rev.367,(1989)

12. Gabriel Nahas and Colette Latour eds,*Cannabis：Physiopathology*,*Epidemiology*,*Detection*,CRC Press,1993.

13. Jurg Gerber and Eric L.Jensen eds.,*Drug War*,*American Style：The Internationalization of Failed Policy and Its Alternatives*,Garland Pub.,2001.

14. Gabriel Nahas and Colette Latour eds,*Cannabis：Physiopathology*,*Epidemiology*,*Detection*,CRC Press,1993.

15. Phil Gramm,*Drugs*,*Crime and Punishment：Don't Let Judges Set Crooks Free*, N.Y. Times,1993,at A19.

16. UNDP,*Concepts of Governance and Sustainable Human Development*, 1996：9－10.

17. Kent Roach,*Systemic Racism and Criminal Justice Policy*,Windsor Yearbook of Access to Justice,(1996).

18. Paul O'Grady,*Relativism*,Acumen Publishing Limited,2002.

19. Amy Tan, *Singapore death penalty shrouded in silence*,Reuters,Singapore, April 12,2002.

20. James Gordon Finlayson, *HABERMAS*: *A Very Short Introduction*, Oxford University Press, 2005.

21. Louisa Degenhardt, Elizabeth Conroy, Stuart Gilmour and Linette Collins, *The Effect of A Reduction in Heroin Supply in Australia upon Drug Distribution and Acquisitive Crime*, The British Journal of Criminology, Vol.45, No.1（January 2005）.

22. Klaus Dingwerth and Philipp Pattberg, *Global Governance as a Perspective on World Politics*, Global Governance, vol.12（2006）.

23. Text of the Resolution on Impunity Adopted by the UN Commission on Human Rights at Its 61st Session, 21 April 2005, chap.XVII, E/CN.4/2005/L.10/Add.17.

24. ARD, CROSS, JONES, *Criminal Law*（seventeenth edition）, Oxford：Oxford University Press, 2006.

25. John Pratt, Penal Populism, *Routledge Taylor & Francis Group*, London & New York, 2007.

26. Timothy Mosteller, *Relativism*: *A Guide For The Perplexed*, Continuum International Publishing Group, 2008.

27. Vincent, *Modern Political Ideologies*, A John Wiley & Sons Ltd, 2010.

28. Brian Harrison, *Breaking Free From Insanity*: *A White-Collar Crime Approach to Drug War Policy*, 15 UDCDCSL L.Rev.129（2011）.

29. Henrik Tham, *The Influence of the Drug Issue on Criminal Policy*, Journal of Scandinavian Studies in Criminology and Crime Prevention, Vol.13,（2012）.

30. Andrew Niklas Luhmann, *Theory of Society Volume*1, Trans.by Rhodes Barrett, Stanford University Press, 2012.

四、中文报刊

1. 李大钊：《再论问题与主义》，原载 1919 年 8 月 17 日《每周评论》第 35 号。

2. 刘思扬、马利：《朱镕基在全国地方政府机构改革工作会议上强调积极稳妥推进地方政府机构改革》，载《人民日报》1999 年 7 月 24 日。

3. 郝铁川：《从"统治"到"治理"——一种新的社会管理理论评价》，载《文汇报》2002 年 6 月 7 日。

4. 黄晓峰：《冯象谈公权力和职业伦理》，载《东方早报》，2009 年 12 月 13 日。

5.鞠靖:《市长不是城市的老板——专访长沙市长张剑飞》,载《南方周末》,2012年10月4日。

6.胡云腾:《法院处罚律师条款已被删除》,载《南方都市报》,2012年12月3日。

五、网络资源

1.《许霆高调回家　父亲批法院无公道好友骂银行霸道》,载 http://news.sohu.com/20100801/n273908274.shtml,访问日期:2010年8月1日。

2.杜涌涛、付雁南等:《李克强强调:改革是中国最大的红利》,载 http://finance.people.com.cn/n/2012/1122/c1004-19667962.html,访问日期:2012年12月26日。

3.单士磊:《废除"通奸罪"引发韩国社会大讨论》,载 http://legal.people.com.cn/n/2015/0303/c188502-26624246.html,访问日期:2015年7月20日。

4.黄秀丽:《"邓玉娇案"审判观察》,载 http://www.infzm.com/content/30113,访问日期:2015年8月3日。

5.《著名法学家马克昌就邓玉娇案答新华社记者问》,载 http://news.xinhuanet.com/legal/2009-06/16/content_11553083.htm,访问日期:2015年8月3日。

6.新华网:《许霆出狱年薪十余万　称赚钱就还当年所取17万》,载 http://news.xinhuanet.com/legal/2012-08/23/c_123618232.htm,访问日期:2015年8月3日。

为了更好的生活

（代后记）

对当代中国而言,刑事政治理论具有特别重要的理念价值。一方面,在法治国家建设与法学研究精英化、专门化的大背景条件下,规范刑法及其教义诠释必然具有重要的地位和作用,因此衍生出的"与政治无涉"的观念颇为流行。另一方面,流行往往也是通俗的别名,无关科学的本质和判断。源于"美好生活"的政治(善治)本义,法治不过是人类社会追求更好生活的方略,法学也具有服从追求更好生活的属性,其与政治学的融通本就是人性与生活的要义,何来纯粹、专门抑或与政治无涉的法学(刑法学)研究?

同理,犯罪牵涉众人的生活,乃毫无疑问的众人之事,亦需众人、众学科的共同努力,乃毋庸置疑的公共问题。公共问题的公共解决所涉甚广,极难一蹴而就。为此,这本书的写作耗时之长实超我的想象:2009 年,经恩师首肯,就确定了相关的选题。到今天,才正式完成这部导论。说好听点,殊为不易;说白了,才疏学浅。不管怎么说,终归自己水平有限,愧对恩师等。

这期间,国家治理的理念与实践都发生了翻天覆地的变化,饱受诟病的劳教制度寿终正寝,磐石般的户籍制度开始松动,反腐落到实处,司法改革也迈向了纵深之处……然而,历程逶迤曲折目标不变,生活颠沛流离初衷难改,殊途同归。虽说遭遇非同一般,但一切都在改善。毕业伊始,给自己插上了过于理想的翅膀,怀抱着满满的信心,偏偏跑到了彩云之南。为此经历过一段黯淡时日——社会不好不坏,人心难以揣测。但好比人性本恶孕育治恶之学,殊为不易易成非常之心。如此时日,犹当感激!

刑事政治的研究是一项与国家治理目标、社会发展水平、个人品质与阅历都有着密切联系的事业。善治理念乃国家治理之美,历久弥新;学术品质乃学术事业之基,亘久不变。如今,学术研究熙熙攘攘。面对这繁花似锦的社会,不纸醉金迷就不错了,几人能衣带渐宽? 更何况,刑事政治的批判理性还以"各自主张、各自让步、各自实现"为要旨,不经千锤百炼抑或千百众里,焉知究竟。因此,在这个现实得不能再现实的社会,底线也是一览众山的高点。说到底,不经一番寒彻骨,怎得梅花扑鼻香?

然而,刑法绝非不食人间烟火的存在。普罗米修斯从太阳神那里盗来火种送给人类,给人类带来了光明,却受到宙斯的惩罚。冥冥之中,烟火自有罚则。史前,人类也是食物的采集者。有证据表明,北京周口店遗留下来的头盖骨不过是被采集过的"食物",绝非我们过早"认定"的祖先。如今,人类貌似已是最强大的生物了,那生我育我的地球都在我们的保护之下。话说回来,偷来的烟火烧不了上天的法则,"上九天揽月,下五洋捉鳖"也不过是顺应自然法则的结果罢了。因此,我们的祖先采集了他们所能采集的一切,但始终匍匐在自然法则的面前——最强大的人类也不过自然选择的产物,烟火若此,SARS 也是。

匍匐在自然面前,人类依然取得了有目共睹的成就。亚里士多德提出,古希腊的人们为了更好的生活而生活在一起,这才有了城邦的肇始。稍晚,国人也将这个问题说清楚了——"鱼盐聚为市,烟火起成村"。因利而来,人们生活在一起,让渡必要让渡的权利,订立绝不交割自己生命的契约。因此,城邦及其法律(尤其刑法)必然具有源于人性、服从善治的属性和要求。源于人性的基本属性,城邦不得出台过于残酷的刑罚,死刑更不在合法之列;基于善治理念的要求,刑事反应还得民主、科学、有效,进而形成各归其位、各尽其能的方法体系。在犯罪治理的共同体中,犯罪人、被害人的利益应当得到合理回应,否则刑事权力一家独大、难以共治共享。由此可见,缘利而去,利他也是利己。

犯罪从来不是庶民的专利。千百年来,人们误以为贫穷才是犯罪的原因。但一首脍炙人口的《卖炭翁》无不让人警醒——"卖炭翁,伐薪烧炭南山中。满面尘灰烟火色,两鬓苍苍十指黑。卖炭得钱何所营? 身上衣裳口中食。"饥寒交迫,自有反抗。故有诗曰:"膏销骨尽烟火死,长安城中贼毛起。"刑事政治不仅关注毛贼之事,更探究膏销骨尽之因。自 E.H.萨瑟兰(Edwin Hardin Sutherland)正式提出"白领犯罪"以来,位高权重者的犯罪问题进一步浮出了水面。考虑到犯罪的条件和能力,贫穷绝非犯罪的专利,制度更是犯罪的原因。对此置若罔闻,就会开启涅克拉索夫式的大门,古今如此、中外皆然。

我的生活与学科早就融合在一起了。尽管流年不利,隔着斯芬克斯镇守的悬崖,我依然察觉到了"美好生活"的光芒。为了更好的生活而生活在一起才有了城邦的由来,作为保障法的刑法却有突出的次生性质——自然的人性基础与必然的政治路径,亦可谓动物有动物的纪律,人类亦有他们的罚则。基于犯罪问题的公共性质抑或公共问题公共解决的原理,刑法学与政治学、社会学、经济学等学科知识的融通本就是政治生活的自在自然与"自然的生产"。否则,刑法写得再好也只是隔靴搔痒,与民生疾苦及其美好生活无关。大而化之,没有民生福祉的改善,谈不上国家与社会的终极发展;不经历苦行僧一般的求学生涯,绝难体会到学术的真谛与奥妙;然学术再美,它也不是生命的全部。

国家(犯罪)治理殊为不易,刑事政治理论也是如此。

周建军
二〇一八年一月于春城

责任编辑:王世勇　李怡然

封面设计:汪　莹

图书在版编目(CIP)数据

刑事政治导论/周建军 著. —北京:人民出版社,2021.11

ISBN 978－7－01－023651－3

Ⅰ.①刑…　Ⅱ.①周…　Ⅲ.①刑事犯罪-研究-中国　Ⅳ.①D924.04

中国版本图书馆 CIP 数据核字(2021)第 160561 号

刑事政治导论

XINGSHI ZHENGZHI DAOLUN

周建军　著

人民出版社 出版发行

(100706　北京市东城区隆福寺街 99 号)

北京汇林印务有限公司印刷　新华书店经销

2021 年 11 月第 1 版　2021 年 11 月北京第 1 次印刷

开本:710 毫米×1000 毫米 1/16　印张:17.5

字数:270 千字

ISBN 978－7－01－023651－3　定价:69.00 元

邮购地址 100706　北京市东城区隆福寺街 99 号

人民东方图书销售中心　电话 (010)65250042　65289539